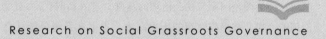
Research on Social Grassroots Governance

社会基层治理研究

李德才 王能引 著

中国科学技术大学出版社

内 容 简 介

基层社会治理是国家与社会治理的基础。进入新时代后,社会治理结构调整以及社会治理能力提升被提高到新的历史高度。本书在系统分析社会主要矛盾变化对社会基层治理的影响,社会转型发展给社会基层治理带来的挑战,以及社会结构变迁对社会基层治理方式的冲击基础上,提出了社会基层治理结构的升级与创新路径。本书可供广大社会基层工作者、社会工作专业大学生参阅或作理论读本。

图书在版编目(CIP)数据

社会基层治理研究/李德才,王能引著. —合肥:中国科学技术大学出版社,2022.8
ISBN 978-7-312-05328-3

Ⅰ.社… Ⅱ.①李… ②王… Ⅲ.社会管理—研究—中国 Ⅳ.D63

中国版本图书馆 CIP 数据核字(2021)第 280818 号

社会基层治理研究
SHEHUI JICENG ZHILI YANJIU

出版	中国科学技术大学出版社
	安徽省合肥市金寨路 96 号,230026
	http://press.ustc.edu.cn
	https://zgkxjsdxcbs.tmall.com
印刷	安徽省瑞隆印务有限公司
发行	中国科学技术大学出版社
开本	710 mm×1000 mm 1/16
印张	11.5
字数	207 千
版次	2022 年 8 月第 1 版
印次	2022 年 8 月第 1 次印刷
定价	60.00 元

前　言

进入新时代,社会治理结构调整以及社会治理能力提升被提高到新的历史高度,这是人民群众的诉求,也是社会主义现代化建设的需要。社会基层治理是国家治理的基础,社会基层治理现代化是国家治理体系和治理能力现代化的题中应有之义。加强对社会基层治理的研究,对于推进社会治理结构的合理化、治理方式的科学化、治理过程的民主化,具有重要的现实意义。

农村社会和城市社会构成了我国社会形态的两大部分。近年来,我国城镇化进程不断加快,大量农村劳动力源源不断地涌入城市,这些离开农村进入城市寻求发展机会的劳动力主要是青壮年农民,这部分群体具有一定的文化和技术,是农村社会发展的中坚力量,他们离开土地到城市就业、创业,不仅使农村失去了大量的人力资源,而且还会在一定程度上削弱农村经济社会发展的基础。现在农村的"空心化"现象十分严重,随着大量土地的流转,不少农民拖家带口居住在城镇,这导致乡村学校招生不足,乡村文化建设落后,乡镇经济发展受到一定影响,城乡社会发展不平衡现象更加明显。

与此同时,城市大量外来人口的涌入,既改变了城市社会主体结构形式,也深刻地影响了城市的基层政治生态环境。在市场经济条件下,新增的外来人口尽管长期在城市工作和生活,表面上与城市居民无异,实质上却与城市居民有着巨大的差别,对于这部分群体来说,他们因为不具有城市居民的身份,所以一直被城里人视为外来者,经常会徘徊于城市的主流社会生活之外,难以真正融入城市生活之中,其在城市应当享有的各项权利也不能得到有效保障。在这样的背景下,社会结构逐渐变成了由城市居民、农民和游走于城市和农村之间的流动人口三部分组成。这种社会结构形式是特定时期历史发展的产物，在这种社会结构体系下，由于大量流动人口的存在，一方面城市社会结构发生了变化，流动人口已成为城市生活的一部分，城市居住人口的成分越来越复杂；另一方面，不同的利益群体具有不同的利益诉求，而且这种诉求逐渐呈现多元化的发展趋势，城市社会的矛盾和问题也越来越多样化、复杂化，这集中反映在城市交通拥挤、住房价格飙升、民生资源紧张、环境污染加重等。由城镇化、都市化建设带来的这些新情况、新问题，给城市社会基层治理提出了新课题、新挑战。

传统的社会基层治理一般是由地方政府部门行使社会管理权力，担负全能的角色，由政府说了算，其他社会组织和民众很难参与到政府的社会管理之中，绝大多数情况下只能充当被管理的对象，被动地接受政府的管理。实践证明，这种社会基层治理模式，由于治理主体过于单一，往往在治理过程中会产生这样或那样的问题。

在现代社会，随着社会经济、文化、科技等方面的发展，人们的思想观念、生活方式、工作方式甚至存在方式都发生了明显变化，社会组织结构及其运行模式也随之发生了变化。同时，一些新的社会组织应运而生，新的社会阶层不断涌现，意味着社会主体更加多元，社会治理需要考虑的因素更加广泛复杂。所有这些事实都表明，无论是农村社会还是城市社会，其生活状态、主体结构、治理方式都已经发生了明显变化，因此，加强社会基层治理研究是我们当前面临的重大现实课题。

一、社会转型背景下基层治理研究的重点问题

社会基层治理研究要在社会调查和文献研读的基础上，以党的十九大精神为指导，特别是遵循十九届四中全会的决议，以问题为导向，从农村社会和城市社会两个维度，对当前我国的基层治理现状进行研究，定位于为政府决策提供可借鉴的研究成果。研究重点应该放在社会主要矛盾的转化、社会变迁和社会转型发展对社会基层治理提出的新挑战、新课题上，分析传统的社会管理方式存在的弊端、遇到的困难及在新时代的不适应性，探讨社会转型背景下基层治理结构的创新以及基层治理的可行路径。

习近平总书记在党的十九大报告中明确提出："中国特色社会主义进入

新时代,我国社会主要矛盾已经转化为人民日益增长的美好生活需求和不平衡不充分发展之间的矛盾。"新时代我国社会主要矛盾的变化,势必会对社会生活的各个方面产生深刻而深远的影响。譬如,经济发展模式、文化供给模式、社会管理模式等,都要适应社会主要矛盾的变化,并且要随之变化。特别是全面建成小康社会之后,人民对美好生活需要日益广泛,人民群众不仅对物质文化生活提出了更高要求,而且在民主、法治、公平、正义、安全、环境等方面的要求日益增长。人民群众新的全面诉求与社会供给能力以及基层服务水平之间还会产生新的矛盾。全面建成小康社会后,城乡之间的不平衡问题还将继续存在,东西部的差别还将继续存在,不同群体之间的收入差异还将继续存在,这些都会使人们的心理产生不平衡,从而给社会基层治理带来新的问题。毫无疑问,社会治理工作体制与模式的创新能够有效平衡人民群众日益增长的美好生活的需要与现阶段社会发展现状之间的矛盾,有效推进社会发展秩序的稳定与和谐社会的建设进程。[①] 同时,社会主要矛盾的变化对社会基层治理方面产生了哪些重大影响,提出了哪些具体要求,社会基层治理应该进行哪些创新,等等,这些问题都是需要深入系统研究的。

从广义上理解,社会转型就是从一种社会形态到另一种社会形态的转化。这种转化是整体性的,甚至是革命性的变革。任何国家发展过程中的转型都存在一些着普遍性的问题,诸如,传统习惯与现代方式的对抗,暂时性的结构失衡、制度失准、行为失范,等等。这些问题会广泛出现在政治、经济、社会、文化等各领域。

当前,中国社会转型的基本态势表现包括:在经济领域,由计划经济向市场经济深度转型,中国特色社会主义市场经济体系基本形成;在政治领域,民主法治建设得到加强,中国特色社会主义宪政结构不断发展和完善,政府与社会的良性互动关系基本建立;在社会领域,城乡二元结构已经打破,新的社会组织和新的社会阶层异军突起,人们的生活方式和行为取向已发生巨大变化。这些变化从根本上要求改革国家的治理结构,提升国家治理的现代化水平,当然也深深地影响了社会基层治理的模式。进入新时代,

---

[①] 孔凯,马光焱.新时代背景下政府社会治理创新研究[J].南方农机,2018(13):120.

社会主义市场经济体制得到巩固和完善,我国社会制度体系也发生了巨大变化,社会治理模式也必然随着社会的发展而不断创新。计划经济向市场经济的转型,使得资源配置方式发生根本性变化,而以"放管服"为标志的政府职能的转变,也使政府一元主导的社会管理向多元共治的社会治理模式转型。尤其是不同类型社会组织的兴起,既给社会基层治理转变带来了机遇,也给传统社会基层治理方式提出了新挑战。作为社会基层治理的重要主体,不同社会组织代表着不同的利益群体。社会组织通过参与社会基层治理,表达不同群体的利益诉求。这也是需要花大力气研究的时代性新课题。

我国社会结构在不同时期呈现出不同的特点,而不同的社会结构要求具有与之相适应的社会治理模式。在计划经济体制下,社会结构相对简单,明确划分为城市和农村,政府对社会管理实行严格的户籍管理制度,城乡之间民众的自由流动受到了严格限制,整个社会流动性小,社会关系相对单纯,社会秩序便于管理。这时,政府的这种行政管理模式富有成效。在市场经济条件下,流动人口迅猛增加,原有的城乡二元结构体系被打破,社会结构体系也随之发生改变。大量的流动人口,既改变了城市社会主体结构形式,也改变了农村社会主体结构形式,这必然会对原来的社会基层治理方式产生强烈冲击。众所周知,自 20 世纪 90 年代以来,随着我国快速转型发展,社会结构产生了激烈、持续和深刻的变化,社会主体日益多元化,社会构成成分更加复杂,新的矛盾、社会问题不断凸显。在这种情况下,单纯地依靠政府的行政管理手段很难满足社会发展和人民群众的需要。

现阶段,我国的社会结构已经发生很大变化,例如,在人口结构方面,老龄化社会特征日益明显;在城乡格局构成方面,城镇化进程持续加快,农村版图不断缩小,城市人口迅速扩张;在收入分配方面,中等收入群体继续发展,等等。以城镇化为例,按照当前我国城市发展的现状来看,城镇化的快速发展,使我们面临着"城市病"高发以及农村的"空心化"问题。因此,如何提升我国城镇化发展质量,且有效治理城镇化发展带来的新问题,是需要认真加以研究的。

政府主导下的主体多元化社会基层治理结构和模式,是提升社会基层治理现代化水平的必由之路。如前所述,长期以来,我国实行的是以政府为核心的单一化社会治理模式,它是以管理为手段,以行政权力为依托,以政府包办为特征的。未来,在社会治理方面,政府要向服务型模式转变,其职能也由"全能"转向"有限"。服务型政府要以服务为宗旨,不断加大在公共产品和服务供给上的投入力度,提高服务的质量,满足现代社会发展的需要,促进社会基层治理的现代化发展。

社会转型背景下研究社会基层治理问题,要注重探讨如何转变政府职能,发挥市场调节功能,调动社会组织和广大民众在基层社会治理中的作用,构建党委领导、政府主导,社会组织为主体,群众广泛参与、合作与协调的共建、共管、共享的基层社会治理机制。在现代社会,市场机制在基层社会治理中的作用越来越大,市场经济体制的发展,为政府职能和管理模式的转变提供了前提条件。随着市场化的发展,企业的独立性加强,它已经成为独立的经济实体,在基层社会治理中,企业已经能够成为公共产品和公共服务的重要提供者,这大大加快了公共产品和服务供给中生产和提供的分离,有效促进了公共事务中多元主体参与机制的形成。为此,社会基层治理开始由政府的单一中心主体模式向政府、市场、社会组织、民众参与等多中心模式转变,并逐渐实现了社会基层治理方式的多元化。一般来说,多元主体治理模式能够避免政府行政治理手段单一带来的治理不到位的现象,有效促进政府治理观念的转变。在单一中心主体治理模式下,实现的是"末端管理",很难实现社会基层治理的前瞻性。而在多元主体参与的社会基层治理模式下,各治理主体可以从不同的角度参与其中,并通过不断积累治理经验,找寻社会问题产生的根源,从源头上把问题消灭在萌芽状态之中,从而实现"源头治理",提高基层社会治理的效率和质量。

二、社会转型背景下基层治理研究的目标取向

社会基层治理是篇大文章,事关国家发展的全局,因此对它的研究必须牢牢把握正确的价值导向和明确的目标取向。在研究内容上,既要注重社会基层治理主要目标的研究、形成总体思路,又要重点抓住建立健全长效机制、搭建管理平台、创新治理路径等关键环节。在研究方法上,必须注意宏观决策与微观操作的统一性,着力提高研究成果的决策咨询价值。

2018年7月3日,习近平总书记在全国组织工作会议上的讲话指出:"强化政治引领,发挥党的群众工作优势和党员先锋模范作用,引领基层各类组织自觉贯彻党的主张,确保基层治理正确方向。"这为构建党组织统一领导、各类组织积极协同、广大群众广泛参与的基层治理体系指明了方向。要坚持在党的领导下健全与基层群众自治相关的制度,保证基层社会治理沿着党指引的正确方向前进。

党的基层组织是党在社会基层组织中的战斗堡垒,在推动社会基层治理现代化方面发挥着重要作用。在社会基层治理中,基层党组织必须发挥领导基层治理力量、构筑基层治理体系、优化基层治理结构、提升基层治理能力的职责。加强党的领导是我国社会基层治理的显著特点和最大优势,因此要以提升组织力为重点,推进党的基层组织设置和活动方式创新,着力构建基层社会治理新格局,把机关、企事业单位、学校、街道社区、村民委员会、社会组织等基层党组织建设成为领导基层治理的坚强战斗堡垒,筑牢社会长治久安的压舱石。① 因此,构建社会基层治理新格局,需要把党的领导贯彻到社会基层治理全过程,提高党的政治领导力、思想引领力、群众组织力、社会号召力,寻求社会意愿和诉求的最大公约数。

"政府是社会有序发展的首要维护者,必须发挥社会治理的主导作用,通过发挥核心价值观的精神主导、为社会大众全心全意服务的政策主导、以法治为社会治理基石的制度主导作用,使社会管理向注重社会治理和服务转变。"② 党的十九大报告强调"深入转变政府职能,深化简政放权,创新监管方式,增强政府公信力和执行力,建设人们满意的服务型政府。"政府在社会基层治理中既不能包办和越位,也不能缺位和错位,而应该准确定位,发挥好自身的主导作用。政府在基层社会治理方面,既要承担必要的主体责任,还要承担主要的监督责任。

政府要充分发挥在社会治理中的主导作用,必须积极构建社会立体化管理与服务体系。一是构建主体多元和方式多样的公共服务供给体系,建立共建、共管、共享的公共服务站点,注意调动社会力量的参与热情,同时,

---

① 王永祥.确保基层治理正确方向[EB/OL].[2020-07-03].https://www.cqcb.com/topics/xjpbd/2629800_pc.html.
② 马丽娟.充分发挥政府在社会治理中的主导作用[J].辽宁行政学院学报,2015(1):54-57.

注重发挥市场运作机制作用。二是要树立"互联网+社会治理"思维,充分利用科技手段,将"线上线下"一体化运作,立体化作业,将社会公共资源整合,并使大数据技术与传统管理网络有机融合,让社会管理服务体系变成真正的"天罗地网"。三是要将社会治理重心向基层下移。现在无论是乡村还是城镇,居民社区的功能日益多样,管理重心可以下移也必须下移。政府要善于把发挥自身的主导作用与广泛调动社区的能动作用密切结合起来。四是厘清政府与市场在社会管理和社会服务中的职责权限,明确规范各职能部门和社会组织的管理与服务行为,按照属地管辖原则,以"片区"为主,以"线条"为辅,构织齐抓共管、协调运行的社会基层治理工作体系。

党的十九届四中全会还提出,坚持和完善共建共治共享的社会治理制度。共建共治共享指的是政府、社会组织、社区、企事业单位、居民等共同参与、合理分工、密切合作、齐抓共管,一起管理公共事务,维护社会秩序,营造良好的发展环境和创造安居乐业的美好生活。法治是社会基层治理的制度保障和基础性准绳。通过法律和制度供给为社会基层治理有效运行提供规则。据此,要加强社会基层领域的立法、执法工作,不断完善社会基层治理相关法律法规制度体系,增强社会基层法律法规的可操作性和执行性。要以"自治清单"厘清政府与社会基层治理组织的权责边界,建立完善基层群众自治制度,梳理群众依法自治事项,进一步释放自治活力,回归治理本源。同时,要在法治的框架下,充分发挥好市场机制的调节功能。市场经济是法治经济。市场在社会基层治理中具有配置资源的重要功能,自由、平等、竞争、开放是市场经济发展的重要特征,市场经济体制促进了政府与社会关系的转变,政府应当及时调整治理理念,逐步下放治理的权限,加强政社合作,改进公共服务提供方式,让社会力量积极参与到城市治理中来,通过法律赋权把本应属于市场的功能归还给市场。

党的十九届四中全会提出"构建基层社会治理新格局",体现了我党对社会基层治理规律认识的深化,为加强和创新社会基层治理提供了科学指引。要充分发挥基层群众自治的积极作用,努力构建基层社会治理新格局。要以更加多样的方式加强和创新基层社会治理,建立人人有责、人人尽责、人人享有的社会治理共同体。积极探索协商式的、合作式的服务方式。努力推动治理重心下沉,建立业委会、物业公司、居民小组等多方参与的联动机制。对于群众的合理诉求,要千方百计解决好,维护好;对于非合理诉求,也要耐心引导,用法治、政策和感情消释矛盾、化解风险。要想方设法让社区群众更多积极参与到公共事务中来,让群众了解社区工作、参与社区事务。①

自治是基层社会运行的重要方式和依托,是基层社会充满活力的重要源头。基层社会自治构成了基层社会治理的重要内容。②"健全基层党组织领导的基层群众自治机制,在城乡社区治理、基层公共事务和公益事业中广泛实行群众自我管理、自我服务、自我教育、自我监督"。自治不但有利于激发群众的积极性、主动性和创造性,增强社会认同,还有利于减少矛盾冲突、增进社会和谐。加强和创新基层社会治理,必须充分发挥基层群众自治的积极作用。要广泛调动民众参与社会基层治理的积极性。社会基层治理必须坚持"以人为本,服务为先"的原则,改变过去社会管理中"以物为点"的做法,由从"物"聚焦到"人和事",从"管理物"到"服务人,办好事"。换言之,社会基层治理要紧紧围绕人民群众这个核心展开,制定的政策措施也应当以民众需求为主,把为民众服务作为社会基层治理的主要目标,而不是把民众限定为社会基层治理的对象,要明确政府与群众之间是服务与被服务关系,把人民群众作为社会基层治理的受益者,做到以人为本、服务优先。只有这样,才能广泛调动民众参与基层社会治理的积极性。

文化是集体行动得以产生的规范性因素,也是基层社会治理可持续的基础。要加强基层社会治理文化建设。提高民众的思想素质,培养民众的社会责任感。在现代社会治理中,民众思想文化水平的提高,能够大大拓宽其视野,使他们了解我国的社会发展现状及其需求,明确自身在社会治理中的责任和义务,从而积极投入社会治理中。

---

① 许晓东,张乐.加强和创新基层社会治理[N].人民日报,2019-12-17.
② 李文钊.辩证认识基层社会治理的根本性问题[N].北京日报,2019-12-23.

目　　录

前言 ·· (ⅰ)

第一章　社会变迁与社会治理思想的演进 ························· (1)
　　第一节　当代中国社会变迁与社会治理思想的形成 ············· (1)
　　第二节　近代西方社会变迁与社会治理思想的演进 ············· (17)

第二章　社会转型对基层治理的影响 ······························ (25)
　　第一节　社会主要矛盾变化对社会治理的影响 ··················· (25)
　　第二节　社会结构变化对基层治理方式的冲击 ··················· (29)
　　第三节　社会转型发展使基层治理面临新挑战 ··················· (33)

第三章　新时代下的基层治理新诉求 ······························ (38)
　　第一节　以人民为中心的治理理念 ································ (38)
　　第二节　"协商、民主、法治、德治"的治理方式 ············· (42)
　　第三节　构建"共建、共治、共享"的治理格局 ················· (50)

第四章　都市化与城市基层治理体系变革 ························· (55)
　　第一节　都市化背景下的社会问题分析 ··························· (55)
　　第二节　城市社区与基层治理现代化 ······························ (61)
　　第三节　多元共治与城市基层治理创新 ··························· (73)

第五章　新农村建设与乡村治理方式转变 ························· (91)
　　第一节　农村社会变迁与乡村治理结构的变化 ··················· (91)
　　第二节　村民自治视域下的乡绅文化建设 ························· (99)

第三节　社会组织在加强和创新乡村治理中的作用……………（107）
　　第四节　优化农村治理结构与提升基层治理能力………………（114）

第六章　网络社会与基层治理模式创新……………………………（129）
　　第一节　网络社会形态对传统基层治理方式的挑战……………（129）
　　第二节　虚拟社会环境与现实社会基层治理……………………（135）
　　第三节　信息时代与基层治理现代化……………………………（142）

第七章　服务型政府与治理方式的现代化…………………………（148）
　　第一节　服务型政府的内涵与定位………………………………（148）
　　第二节　加快政府治理现代化进程………………………………（156）
　　第三节　农村公共文化服务体系建设与服务型政府的构建……（163）

参考文献………………………………………………………………（170）

后记……………………………………………………………………（171）

第一章 社会变迁与社会治理思想的演进

第一节 当代中国社会变迁与社会治理思想的形成

一、当代中国社会发展的变迁

1949年10月1日,新中国成立预示着中华民族屡受外敌入侵的屈辱近代史正式宣告结束,中华民族的发展进入了一个崭新的时代。新中国成立不只是一个政权代替了另一个政权,一种政治力量代替了另一种政治力量。它是中华民族历史上前所未有的社会大变革。[①] 中华人民共和国的成立,标志着一个伟大时代的到来。新中国的发展没有成功经验可以借鉴,必须经过不断探索,努力寻找符合自己的发展道路。从1949年新中国成立到中国特色社会主义进入新时代,我国社会发展历程充满了艰难曲折,最终在中国共产党的英明领导下,经过中国人民不懈的奋斗,终于找到了一条适合中国国情的社会发展道路,即中国特色社会主义道路。随着中国特色社会主义道路不断完善和发展,我国社会主义现代化建设取得了举世瞩目的成就,中华民族再次屹立于世界民族之林,中华民族伟大复兴中国梦的实现第一次离我们如此之近。

纵观我国社会发展的全过程,我国社会主义制度建设主要经历了两个发展阶段。第一个阶段是从新中国成立到1978年改革开放前夕,这一阶段是我国社会主义制度建立和探索的重要时期。第二个阶段是以1978年12月召开的十一届三中全会为标志的,一直延伸到当前中国特色社会主义现代化建设新时期,这一时期,

---

[①] 金冲及.二十世纪中国史纲:第三卷[M].北京:社会科学文献出版社,2009:690.

给中国社会发展带来了曙光,中国社会发展的面貌为之一新,社会主义现代化建设开始进入快车道。

(一)改革开放前的社会发展变化

1. 国民经济恢复时期

新中国成立后,我国社会面貌发生了翻天覆地的变化。自 1840 年后历经浩劫、饱受外辱的时代宣告结束,中国人民翻身做了主人,并迎来了民族独立和人民解放。社会发展的中心开始转到经济建设上来,开始了国民经济的恢复改造工作。这个阶段,除了继续完成民主革命遗留的任务,工作重心是加快恢复国民经济发展。相对来说,农业是国民经济发展的重要基础,影响着其他各项事业的发展,因此,新中国成立后,加快恢复农业经济建设,促进农村社会发展变得尤为重要。为了有效推动农业发展,加快农村土地制度的改革,1950 年,《中华人民共和国土地改革法》正式颁布施行。土地改革运动是一场深刻的社会大变动,它改变了中国的社会结构。一直以来,我国作为传统的农业国,农村人口占全国人口的绝大多数,通过土地改革运动,广大农民获得了土地,这不仅提高了他们劳动的热情,也大大提高了他们在农村的政治地位,使他们成了农村的主人。土地改革把地主阶级控制下的旧农村变成人民当家作主的新农村,是一场激烈的阶级斗争。[①] 与此同时,我国在城市也加快了工矿企业的民主改革,提高工人的政治觉悟,增强他们的主人翁责任感,工人成了企业的主人,开始担负起建设国家的重任。

2. 过渡时期

经过建国初期的一系列社会变革,我国国民经济得到了恢复和发展,为大规模经济建设提供了前提条件。但在国民经济恢复时期,我国社会发展重点还是在农业和轻工业发展方面。1952 年全国农业总产值仍明显高于工业总产值,中国仍是个落后的农业国家。[②] 为了改变这种状况,推进现代化发展,我国开始加快工业化建设步伐,重点是加快发展重工业。1953 年我国开始实行发展第一个"五年计划",并于当年提出了党在过渡时期总路线,即"一化三改造"。"一化三改造"又称公有化改造,即中共中央提出要在一个相当长的时间内,一是逐步实现社会主义工业化,这是总路线的主体;二是逐步实现对农业、手工业和资本主义工商业的社会主义改造,这是总路线的两翼。这两个方面互相联系,互相促进,互相制约,体现了发展生产力和改革生产关系的有机统一,是一条社会主义建设和社会主义改造并

---

① 金冲及.二十世纪中国史纲:第三卷[M].北京:社会科学文献出版社,2009:750.
② 金冲及.二十世纪中国史纲:第三卷[M].北京:社会科学文献出版社,2009:776.

举的路线。

经过不懈努力,到了1956年,我国工业化水平大幅提高,城市人口大幅增加,比重不断上升。对个体手工业经济的社会主义改造从供销入手,从小到大,由低到高,以点带面,逐步实行合作化,1956年,我国基本上实现了对手工业的社会主义改造。通过把私营资本主义工商业不断纳入国家计划的轨道,我国对资本主义工商业进行社会主义改造,到1956年底,已实现公私合营的企业数占原有私营企业数的99%。私营资本主义经济在中国已基本上不复存在。在农村,农业社会主义改造是在自愿互利的基础上,通过组织互助组开始,发展到初级农业合作社,再到建立高级农业合作社,至1956年,全国农村基本上实行了农业合作化,而且以高级社为主,实现了农业集体公有制。

在过渡时期,我国社会主义改造的实质就是国家对农业、手工业、资本主义工商业进行社会主义改造,把生产资料私有制转变为生产资料公有制,公有制经济逐渐成为我国社会经济的主体,剥削阶级作为一个阶级已经被消灭。

3. 社会主义建设时期

随着社会主义改造基本完成以后,中国阶级关系和国内主要矛盾发生了根本性变化。具体来说,国内的主要矛盾不再是农民阶级和资产阶级之间的矛盾,而是人民对于建立先进的工业国的要求同落后的农业国的现实之间的矛盾,是人民对于经济文化迅速发展的需要同当时经济文化不能满足人民需要的状况之间的矛盾。基本矛盾的变化,预示着我国社会发展方向的调整,加强经济建设成为社会发展的主要任务。

新中国的诞生是中国历史上翻天覆地的社会大变动。许多事情处于初创时期,既没有现存的答案,也没有成熟的经验。[①] 因此,我国社会发展的探索过程并非一帆风顺,而是充满着曲折与挑战。从社会发展的结果来看,这一阶段我国社会制度建设经历过辉煌,但也遭遇过重大挫折。由于第一个"五年计划"提前完成,滋长了一部分人的骄傲情绪,整个社会开始出现急于求成的思想动态。这种不切实际的发展目标,导致了"大跃进"和"人民公社化运动"的爆发,给我国社会发展带来了非常严重的危害。人民公社化运动的主要特点是"一大二公",即强调人民公社规模大,公有化程度高。人民公社化运动倡导的平均主义和大锅饭,严重挫伤了广大农民的生产积极性。"大跃进"和人民公社化运动严重违背了社会发展的客观规律,阻碍了社会生产力的发展,造成了广大人民群众思想上的混乱,引起了社会结构体系的变化。在这个时期,由于城乡差别的存在,很多农民进入城市寻找工作,

---

① 金冲及.二十世纪中国史纲(第三卷)[M].北京:社会科学文献出版社,2009:697.

由此增加了城市供给的压力。因此,为了防止、制止农村人口盲目外流,1958年1月全国人大常委会第九十一次会议讨论通过了《中华人民共和国户口登记条例》,该条例主要规定了以限制农村人口向城市流动为核心的户口迁移制度,标志着城乡之间的户籍壁垒,城乡二元结构体系开始形成,户籍制度人为地把城乡两部分居民分成了两种不同的社会身份,造成了社会新的不平等,同时还隔断了城市和乡村的有机联系,使整个社会的发展处于僵化状态,缺少活力,社会发展停滞不前。

(二) 改革开放后社会发展

1. 农村联产承包责任制的建立

1978年12月召开的十一届三中全会,拉开了我国改革开放的大幕。我国改革最初是从农村开始的,1978年,安徽凤阳小岗村18户农民包产到户的壮举,犹如一把大火迅速燃烧了中国大地,全国各地纷纷响应,一时间包产到户遍地开花。由于包产到户打破了人民公社化运动时期社会僵化不前,给农村社会生产带来了极大的活力,大大促进了社会生产力的发展。党中央审时度势,在全国范围内推广联产承包责任制,人民公社制度迅速瓦解。联产承包责任制的实施,改变了我国社会结构形式,人民公社时期平均主义社会发展模式不复存在,联产承包责任制实行以户为单位,一家一户从事生产经营,提高了社会生产的效率,大大释放了社会生产活力,人民群众生活水平也得到了很大的提高。不仅如此,农村联产承包责任制的实施,使广大民众的思想得到了解放,民众的社会责任意识开始加强,权利意识大大提高。

2. 社会主义市场经济的建立

改革开放前,计划经济严重阻碍了商品经济的发展,工商业发展由政府利用行政权力进行严格控制,企业缺少生产的自由度,商品生产缺乏灵活性,市场机制不健全,市场在商品经济发展中的作用极其有限。改革开放后,随着市场经济体制的逐步建立,国营经济体制的弊端逐渐显现出来,严重阻碍了社会经济的发展。在这样的发展背景下,加快国营经济体制改革,实行股份制经济,发挥市场竞争机制的作用,已经成为市场经济条件下经济发展的必然选择。我国实行股份制改革,工人的"铁饭碗"被打破,他们的危机意识增强,生产的积极性大大提高,进一步推动了我国工业生产的发展。在制度建设方面,股份制改革不仅是企业制度的改革,也是社会结构变化的一个促进因素,"铁饭碗"制度被打破,更新了人们思想理念,社会人员流动加速,城乡之间壁垒开始松动,城乡二元的社会结构形式动摇。

社会主义市场经济的建立,给中国社会发展带来了曙光,中国社会发展的面貌焕然一新,社会主义现代化建设开始进入快车道。随着社会主义市场经济体制逐渐建立,中国特色社会主义制度得到了进一步巩固与发展,我国社会发展成效显著,令世界瞩目。尤其在经济发展方面,经过改革开放40多年的积累,我国经济发展取得了巨大的成就,早在2010年,我国GDP总量就超越了日本,一跃成为世界第二大经济体。近年来,我国经济增速不断加快,截至2020年,我国GDP总量实现历史性突破,首次突破100万亿元大关。远远超越第三位的日本,与美国的差距也在进一步缩小。在我国经济建设取得辉煌成就的同时,我国政治制度建设也在不断发展和完善。民主与法治思想得到了进一步强化,人民主体地位不断提高,人民群众生活不断得到改善,生活品质进一步提升,百姓在社会生活中的获得感和幸福感达到了一个新的高度,公平正义成为社会的核心价值追求。回顾新中国成立70年来的光辉历程,改革开放给我国社会发展带来了翻天覆地的变化,它不仅解放了人们的思想,同时也为我国社会主义制度建设开辟了新道路,使我国的社会发展达到了前所未有的高度。为此,1993年,我国第一次把改革开放作为基本路线写入宪法,2018年,《中华人民共和国宪法》修正案,又把原宪法序言中"在长期的革命和建设过程中"修改为"在长期的革命、建设、改革过程中",将"改革"作为我国社会主义制度建设的一个重要过程单独列出来,写入宪法,充分体现了改革在我国社会主义现代化建设中的重要价值。

在市场经济条件下,我国社会制度建设也取得了很大的进步。法律制度不断发展和完善,加快了我国社会发展的法治化进程,法治逐渐成为社会发展的核心,人治思想随着社会的不断进步,逐渐退出了历史舞台。社会治理理念的不断发展,加快了我国社会主义现代化建设,人们的价值追求开始转向对美好社会的向往。

二、我国社会发展的变迁对社会治理思想的影响

伴随着社会制度的不断发展,我国社会治理思想也在不断变化。新中国建立之初,社会发展相对落后,人民群众生活水平较低,甚至连温饱问题也没有得到根本解决,社会发展也基本上是围绕如何提高生活水平展开。在这一时期,我国社会发展始终把经济建设放在第一位,其主要目标是解决人民日益增长的物质文化需要同落后的社会生产之间的矛盾。这一基本矛盾作为社会发展的主要问题,在相当长的一段时期内主导着我国经济发展的方向。相应地,这一时期社会治理的重心基本上围绕社会经济建设展开,主要任务就是要着力解决民众的生计问题。由于这一时期实行严格的计划经济体制,政府实行自上而下单一主体管理体制,在社

会管理过程中政府处于绝对的主导地位。这一时期,社会管理的主要内容就是有效调配公共资源,加强对社会的管理,社会治理主体单一,治理目标明确,治理环境相对稳定,民众利益诉求相对简单,对社会治理的期望值不高,社会治理体制建设现代化程度低。

改革开放后,我国社会主义市场经济体制逐步确立,民众的思想得到了解放,权利意识不断增强,对生活品质要求进一步提高。在这样的发展背景下,社会需求开始发生变化,广大人民群众对物质和精神的追求开始提高,社会供需之间的矛盾也发生了根本的变化。相应地,社会需求的变化给社会治理提出了更高的要求,提高社会管理水平,创新社会治理模式,为社会发展提供更加优质的服务逐渐成为社会治理的价值追求与导向。这一时期,新的社会治理体系开始形成,为了有效应对基本社会矛盾的变化,政府在社会治理中需要进一步强化民主与法治意识,发挥民众在社会治理中的积极作用。为了落实社会治理自治制度建设,政府还必须进一步加强社会组织建设,促进社会组织健康发展,发挥社会组织在社会治理中的作用,构建主体多元的社会治理体系,使社会治理更具时代特点,适应现代社会发展的需要。

随着社会的发展,广大人民群众的权利意识进一步加强,他们对社会发展的期望值越来越高,为了强化广大人民群众的社会主体地位,实现以人民为中心的社会治理思想,2001年1月,在全国宣传部长会议上,江泽民同志明确提出:"我们在建设有中国特色社会主义、发展社会主义市场经济的过程中,要坚持不懈地加强社会主义法制建设,依法治国;同时也要坚持不懈地加强社会主义道德建设,以德治国。对一个国家的治理来说,法治和德治从来都是相辅相成、相互促进的。二者缺一不可,也不可偏废。法治属于政治建设、属于政治文明,德治属于思想建设、属于精神文明。二者范畴不同,但其地位和功能都是非常重要的。我们要把法治建设与道德建设紧密结合起来,把依法治国与以德治国紧密结合起来。"[①]这一重要治理思想是对我们党领导人民治理国家基本方略的完善和创新,是社会主义现代化体制机制建设的有益探索和重大成就。在现代社会治理中,把依法治国与以德治国紧密结合起来,强调法治与德治就如"车之两轮、鸟之双翼",在不断发挥法治的权威性和强制性的同时,还要积极推进社会主义思想道德建设,发挥德治的感召力和劝导力,二者共同作用,推动现代社会治理体系的不断前进。

进入21世纪后,十六大和十六届三中全会、四中全会,从全面建设小康社会、开创中国特色社会主义事业新局面的全局出发,2005年2月,胡锦涛同志在省部

---

① 江泽民.江泽民文选:第三卷[M].北京:人民出版社,2006:200.

级主要领导干部提高构建社会主义和谐社会能力专题研讨班讲话中指出:"构建社会主义和谐社会,是我们党从全面建设小康社会、开创中国特色社会主义事业新局面的全局出发提出的一项重大任务,适应了中国改革发展进入关键时期的客观要求,体现了广大人民群众的根本利益和共同愿望。"和谐社会战略思想的提出,体现了党全心全意为人民服务的根本宗旨,它能够维护社会稳定,重构社会结构,调整社会关系,化解各类矛盾和问题,让全社会形成合力,努力实现中国经济与社会的协调发展。

2013年召开的党的十八届三中全会通过《中共中央关于全面深化改革若干重大问题的决定》,该决定明确提出:"全面深化改革的总目标是完善和发展中国特色社会主义制度,推进国家治理体系和治理能力现代化。"[1]这一重大命题的提出,预示着我国社会治理的发展呈现出新的特点,加快推进社会治理现代化将成为我国社会治理发展的主要目标,我国社会治理的发展由此提升到了一个新高度。

2017年11月,党的十九大召开,会上正式确立了习近平新时代中国特色社会主义思想,中国社会发展进入了一个新时代。新时代是认识和把握我国社会发展的阶段性特征,对我国社会发展阶段的坐标作出的精准定位。新时代条件下,我国社会基本矛盾发生了根本性变化,这是我国社会主义现代化发展的新特点,也是我国社会发展的必然趋势。党的十九大报告明确指出,我国新时代社会的基本矛盾已经转变为人民日益增长的美好生活需求和不平衡不充分的发展之间的矛盾。从历史发展的角度看,我国社会主义制度建设,经历了从建国初期的一穷二白的社会面貌,到改革开放初期逐渐解决人民群众的温饱问题,再到2020年全面建成小康社会几个阶段。在社会主义制度不断发展的过程中,我国社会建设发展取得了巨大的进步,人们生活需求更为广泛,追求的目标也越来越高,已经不再满足于简单的物质文化需要,更多的是向民主、法治、公平、正义、安全、环境等方面延展。为此,党的十九大报告强调指出:"必须坚持和完善中国特色社会主义制度,不断推进国家治理体系和治理能力现代化,坚决破除一切不合时宜的思想观念和体制机制弊端。"十九大报告强调要不断推进国家治理体系和治理能力现代化,反映了我国现阶段的社会治理能力和治理水平的不足,这对我国国家和社会的治理发展提出了更高的要求。不仅如此,党的十九大报告还进一步提出:"从现在到二〇二〇年,是全面建成小康社会决胜期。""从十九大到二十大,是'两个一百年'奋斗目标的历史交汇期。我们既要全面建成小康社会、实现第一个百年奋斗目标,又要乘势而上开启全面建设社会主义现代化国家新征程,向第二个百年奋斗目标进军。""从二

---

[1] 中共中央关于全面深化改革若干重大问题的决定[M].北京:人民出版社,2013:3.

〇二〇年到二〇三五年,在全面建成小康社会的基础上,再奋斗十五年,基本实现社会主义现代化。到那时,我国经济实力、科技实力将大幅跃升,跻身创新型国家前列;人民平等参与、平等发展权利得到充分保障,法治国家、法治政府、法治社会基本建成,各方面制度更加完善,国家治理体系和治理能力现代化基本实现。""从二〇三五年到本世纪中叶,在基本实现现代化的基础上,再奋斗十五年,把我国建成富强民主文明和谐美丽的社会主义现代化强国。实现国家治理体系和治理能力现代化。"[①]从党的十九大报告的这些表述中不难发现,我国社会主义现代化建设"两个百年奋斗目标"的实现过程,也是我国国家治理体系和治理能力现代化不断建设发展并逐步完善的过程。归纳起来,推进国家治理体系和治理能力现代化作为我国全面深化改革的总目标,是我国社会主义现代化事业建设发展的重要推动力量,对于完善和发展中国特色社会主义制度,具有重大而深远的理论价值和现实意义。

三、我国社会治理思想的发展变化

(一)社会治理思想的初步探索

新中国的成立,结束了一个旧时代,开始了一个新时代。中国社会结构和它的前途命运,在这以前和这以后发生了根本的变化。[②] 中华人民共和国的成立,实现了民族独立和人民解放,但由于中国一百多年来都处于半殖民地半封建统治下,外敌入侵,内乱频仍,中国的发展几乎是千疮百孔,百业凋敝,民生困苦,失业众多。特别是多年战乱的破坏,很多基础设施已经损毁,没有完整的生产体系,工业发展基础薄弱,农业发展举步维艰,全国工农业生产已经跌入低谷。在这样的条件下,如何实现社会稳定,解决民众的温饱问题,把工农业发展有效引导到正常发展轨道上来,这是年轻的共和国首先面临的一个重要挑战。由于这一时期社会的主要矛盾已经由新民主主义革命时期的无产阶级与资产阶级之间的矛盾转变为落后的社会生产与人民生活水平不断提高之间的矛盾。为了有效解决这个新矛盾,我国把恢复和发扬社会经济作为社会发展的重中之重,社会建设的主要目标也就转变为解决人民群众的温饱问题。这样,在建国之初,加强经济建设,提高人民的生活水

---

① 习近平.决胜全面建成小康社会,夺取新时代中国特色社会主义伟大胜利[M].北京:人民出版社,2017:27-29.

② 金冲及.二十世纪中国史纲:第三卷[M].北京:社会科学文献出版社,2009:691.

平,自然就成了社会发展的主要价值取向。

社会主义基本制度确立后,由于贫穷落后仍然是影响我国社会发展的关键因素,如何消除贫困,提高人民群众的生活水平,直接影响到我国社会治理的发展方向。

第一,社会治理理念落后。在计划经济体制下,改革开放前,中国在加强"党的一元化领导"的口号下,国家权力不断集中,逐渐形成了高度集中的计划经济体制和政治、经济一体化的中央高度集权的一元化领导的管理体制。与中央高度集权的管理体制相适应,形成了一种以中央权力为中心、以行政命令为主导的自上而下单向式的管理模式。[①] 这种治理模式倡导"管制"的社会治理理念,强调社会治理以"管"为主,充分体现国家的权威,与我国社会主义制度所倡导的"以人民为中心"的思想相去甚远。一般来说,管制强调的是对社会的绝对统治,缺少民主与法治精神,不符合现代社会发展一贯坚持的民主、法治、公平、公正的原则。在管制型社会治理模式下,我国社会治理着重国家对社会的有效控制,其主要目的是维护社会稳定,竭力回避社会矛盾和问题,不愿意从根本上解决这些问题。这种消极的社会治理思想,不仅难以有效发挥社会治理的作用,有时还会因为忽视民众的利益诉求,造成更多的社会矛盾和冲突。

第二,社会治理目标单一。这一时期,我国社会发展的根本目标是提高广大人民群众的生活水平。中国人口众多,经济基础薄弱,加之长期的战乱破坏,使得民众生活雪上加霜。新中国成立后,人民群众终于摆脱了颠沛流离的生活状态,实现了社会生活的稳定,但贫困问题又成为制约我国社会发展的一个重要因素,减少贫困,消除社会发展隐患,理所当然就成为这一时期我国社会治理的主要任务。由于新中国建立初期社会经济基础差,社会财富还远不能满足社会发展的需要,所以,政府需要把有限的公共资源紧紧掌握在自己手中,并根据社会发展所需,按计划进行调配,让有限的公共资源发挥最大的作用。因此,我国社会治理主要以政府的管制为主,政府在社会治理中拥有绝对的权威。这样,政府可以通过有效控制和分配社会资源,进一步强化对社会的控制,这不仅有利于树立政府的威信,发挥政府在社会治理中的主导作用,同时政府还能够通过合理调配社会资源,有效缩小社会差距,促进社会的均衡发展。

第三,全面实行计划经济体制。社会主义经济建设的最大特点就是实行计划经济体制。计划经济在我国社会主义制度确立之初也发挥了重要作用,它既是国家发展的主要形式,也是社会治理的重要模式。在计划经济体制下,社会治理理所

---

① 俞可平,等.中国的治理变迁:1978—2018[M].北京:社会科学文献出版社,2018:171.

当然是按计划办事,政府是治理政策的制定者和实施者,在社会经济发展中处于绝对的核心地位。严格意义上说,这一时期我国实行计划经济体制意义重大,在一定程度上适应了社会发展需求。众所周知,新中国脱胎于一个军阀割据、战乱不断的旧社会体制,广大民众长期受战乱影响,凝聚力差,再加上广大民众在旧制度体制下一直处于受剥削和压迫的地位,没有丝毫的政治权利,这些因素直接导致了广大人民群众主体意识不强,权利意识淡漠,对社会治理缺乏热情。因此,在我国社会主义制度建立初期,国家实行计划经济体制,除了能够有效调控社会资源外,还能够通过政府力量把民众凝聚到一起,培养民众的主体责任意识,提高他们在社会治理中的积极性,充分发挥民众的集体智慧,促进不同社会治理主体同心协力、上下一致,共同推进社会治理的发展。

第四,社会治理体制缺乏灵活性。在计划经济体制下,政府包揽社会治理事务,社会组织和广大民众在社会治理中缺少相应的话语权。这种治理体制在社会主义制度确立之初曾经对社会的稳定发展起到了一定推动作用,但随着我国政治、经济和社会发展的不断推进,计划经济体制的弊端逐渐暴露出来,建立在计划经济体制下的社会治理模式也越来越难以适应社会的发展需要。由于计划经济强调以政府计划为主,忽视其他社会力量在社会发展中的作用,这不仅会导致政府由于过度垄断权力出现懒政、甚至乱政现象,同时还会造成民众在社会治理中缺少话语权,其利益诉求难以得到满足,从而大大挫伤民众参与社会治理的积极性,民众的民主权益难以得到有效保障,不利于我国民主制度的发展。严重的话,还容易激发民众的不满情绪,影响社会稳定与发展,不利于和谐社会的形成。

(二)社会治理思想的逐步形成

1978年,我国召开了具有重大历史意义的十一届三中全会,从此进入改革开放和社会主义现代化建设的新历史时期。在改革新思潮的影响下,经济、政治、文化和社会各方面都经历了一次新思想的洗礼,社会发展取得了巨大成就。改革开放四十年来,在全国各族人民共同努力下,我国经济建设成绩斐然。然而,中国的改革开放,并不是在各种条件都已具备的顺利环境下开始的,相反,倒是在异常复杂和艰难的环境中迈出它的第一步。[①] 改革开放之初,由于刚刚经历"文革",我国社会经济发展在屡遭挫折后,发展极其缓慢,并不断拉大与世界发达国家之间的差距,常言道,穷则思变,广大人民群众在面对极其困难的生活局面时,一部分民众开始寻找新的出路,在众多的探索实践中,安徽凤阳小岗村18户农民包产到户的壮

---

① 金冲及.二十世纪中国史纲:第三卷[M].北京:社会科学文献出版社,2009:1114.

举,犹如一声惊雷,响彻中国大地,中国尘封已久的大门被打开了。思想的大门一旦打开,新的思潮就像潮水一样迸发出来,求变的呼声日益高涨,人们的思想开始发生转变,一改过去墨守成规、不敢越雷池一步的畏缩心态,开始把眼光投向更远的地方。在这样的背景下,一场轰轰烈烈的改革运动在中华大地全面铺开,沉寂已久的中国社会再次曝出响彻世界的声音。据统计,改革开放四十年,即从1978年到2018年,我国经济总量增长了80倍,全球占比从1.8%上升到15%,我国人均GDP在1978年为156.4美元,处于世界倒数第四位,到了2018年,我国人均GDP已经达到了8800美元,已经处于世界中高收入水平国家的行列。纵观我国经济建设发展的历程,2010年,我国跃升为世界第二大经济体后,我国经济发展的脚步丝毫没有停顿,目前我国经济总量进一步逼近美国,在2010年,我国的经济总量还只是美国经济总量的1/3左右,但到了2018年,我国的经济总量已经达到了美国经济总量的2/3左右,双方之间的差距进一步缩小。根据最新统计,截至2020年,我国经济总量在突破100万亿元大关以后,已经达到了美国经济总量的70%,双方进一步拉近的趋势将更加明显。

在我国经济建设突飞猛进的同时,我国政治建设也取得了长足的进步,民主法治思想不断加强,公平正义得到贯彻落实,政治更加清明,人民当家作主的地位更加凸显。在这个基础上,我国社会治理理念不断更新,治理模式也在不断发展和创新。在新的社会治理体系下,民主与法治已经成为我国现代社会治理的主要价值追求。为此,习近平总书记强调:"我国社会主义制度保证了人民当家作主的主体地位,也保证了人民在全面推进依法治国中的主体地位。坚持人民主体地位,必须坚持法治为了人民、依靠人民、造福人民、保护人民。要保证人民在党的领导下,依照法律规定,通过各种途径和形式管理国家事务,管理经济和文化事业,管理社会事务。"[1]民主与法治在现代社会治理中作用的不断加强,加速了我国社会治理现代化的进程,推进了我国社会主义现代化建设。

第一,民主成为现代治理思想的价值取向。民主是现代国家治理体系的本质特征,是区别于传统国家治理体系的根本所在。[2] 民主作为现代政治制度的基本特征之一,一直是各国政治发展的主要目标。我国在漫长的封建统治时期和半殖民地和半封建制度下,实行的是君主专制制度,人民毫无权利可言,民主思想在专制统治制度下难有立足之地。新中国的成立,人民当家做了自己国家和社会的主人,开启了我国民主制度的新篇章,在中国共产党的领导下,我国民主制度开始建

---

[1] 习近平.习近平谈治国理政:第二卷[M].北京:外文出版社,2017:115.
[2] 俞可平,等.中国的治理变迁:1978—2018[M].北京:社会科学文献出版社,2018:6.

立和发展起来。中华人民共和国实行人民民主专政,强调人民当家作主。1954年制定的《中华人民共和国宪法》,作为我国第一部社会主义类型的宪法,第一条就明确规定:"中华人民共和国是工人阶级领导的、以工农联盟为基础的人民民主国家。"同时,宪法的第二条进一步强调:"中华人民共和国的一切权力属于人民。"这些规定是我国从宪法的高度对民主制度的确认。改革开放后,随着思想的解放,民主观念不断得到加强。为了进一步强化民主政治建设,加快我国民主建设的进程,1982年制定的《中华人民共和国宪法》进一步强化了民主原则。该宪法第一条就规定:"中华人民共和国是工人阶级领导的、以工农联盟为基础的人民民主专政的社会主义国家。"第二条又规定:"中华人民共和国的一切权力属于人民。"第三条还进一步强调:"中华人民共和国的国家机构实行民主集中制的原则。"1982年宪法中的上述规定进一步凸显了民主原则在我国政治生活中的重要地位,是我国政治制度建设不断进步的重要体现。随着改革开放不断深入,我国民主制度得到了进一步的完善和发展,民主思想逐步深入人心。相应地,在我国社会治理过程中,民主观念也在不断加强,民主治理已经成为现代社会治理的一个重要特征。为此,党的十九大报告提出:"要长期坚持、不断发展我国社会主义民主政治,积极稳妥推进政治体制改革,推进社会主义民主政治制度化、规范化、法治化、程序化,保证人民依法通过各种途径和形式管理国家事务,管理经济文化事业,管理社会事务,巩固和发展生动活泼、安定团结的政治局面。"[①]由此可见,民主政治建设作为我国现代政治制度建设的重要内容,也是我国社会治理发展的主导思想。发扬社会主义民主,不断推进民主制度建设,有助于加快我国治理现代化的发展步伐。

第二,法治在现代社会治理中的作用不断加强。法治是与人治相对应的概念,人治强调个人权力凌驾于法律之上,而法治正好与其相反,强调法律在社会生活中至高无上的权威,要求一切都应当依法办事。在现代社会治理中,人治思想由于缺乏公平正义,容易受统治者个人的性情及好恶的影响,极易导致权力被滥用,往往被视为民主的障碍。法治强调"权自法出",即所有的公共性权力都应有合法性依据。法治是与市场经济、工业文明相适应的一种治国方式,是现代民主政治建立的基础。在现代社会治理中,随着我国社会主义现代化建设的不断推进,民主思想逐步得到加强,政府职能开始发生转变,政府在社会治理中不断简政放权,扩大了社会治理主体的范围,进一步提高了广大民众在社会治理中的作用。随着社会治理思想的不断转变,法治逐渐取代人治,"社会治理"逐渐取代"社会管理",法治在社

---

① 习近平.决胜全面建成小康社会 夺取新时代中国特色社会主义伟大胜利[M].北京:人民出版社,2017:36.

会治理中的作用进一步加强,社会治理也更多地体现了民主原则,广大民众在社会治理中的地位和作用得到了前所未有的提升。当然,加强社会主义法治建设,要求社会治理实践中必须不断强化法治原则,强调不同社会治理主体在社会治理过程中,都必须严格依法行使权利和履行义务,不能超越法律规定的权限,只有这样,社会治理才能做到合法有序,并始终沿着正确的轨道不断向前发展。一般来说,法治是现代政治文明的一个基本特征,它是现代社会治理的最重要支撑和最根本的保障。《中华人民共和国宪法》第五条规定:"一切国家机关和武装力量、各政党和各社会团体、各企业事业组织都必须遵守宪法和法律。一切违反宪法和法律的行为,必须予以追究。任何组织或者个人都不得有超越宪法和法律的特权。"[①]我国宪法明确规定了社会主义法治原则,要求一切活动都必须以国家法律为依据,严格依法办事,加强社会治理建设自然也不例外。不仅如此,党的十九大报告中也强调:"坚持全面依法治国。全面依法治国是中国特色社会主义的本质要求和重要保障。必须把党的领导贯彻落实到依法治国全过程和各方面,坚定不移走中国特色社会主义法治道路,完善以宪法为核心的中国特色社会主义法律体系,建设中国特色社会主义法治体系,建设社会主义法治国家,发展中国特色社会主义法治理论,坚持依法治国、依法执政、依法行政共同推进,坚持法治国家、法治政府、法治社会一体建设,坚持依法治国和以德治国相结合,依法治国和依规治党有机统一,深化司法体制改革,提高全民族法治素养和道德素质。"[②]党的十九大报告进一步强调了法治原则在中国特色社会主义制度建设中的重要作用,明确社会主义法治体系建设的主要内容,为我国社会治理的现代化发展提供了重要保障,并指明了正确的发展方向。

第三,服务思想在现代治理体系中逐步形成。中国共产党的宗旨是全心全意为人民服务,一心一意为人民服务是我们党的优良传统。我国社会主义现代化建设,要始终贯彻以人民为中心的思想,把服务民众作为我国社会建设的重要着力点与落脚点。遵循服务民众的宗旨,现代社会治理中政府的管制功能逐渐弱化,公共服务功能进一步加强,政府逐渐由管制型政府向服务型政府转变。服务型政府管理体制的确立,促进了治理主体的多元化发展,我国社会治理也由政府单一主体治理模式逐渐向多元共治的社会治理模式转变。1998年的《国务院机构改革方案》首次把"公共服务"确立为政府的基本职能,2004年,温家宝首次提出了"建设服务

---

① 中华人民共和国宪法[M].北京:中国方正出版社,2018:11.
② 习近平.决胜全面建成小康社会 夺取新时代中国特色社会主义伟大胜利[M].北京:人民出版社,2017:23.

型政府"的目标,2005年的《政府工作报告》正式将"建设服务型政府"确认为政府的目标,并且提出了相应的措施。党的十六大和十七大后,中国政府进一步明确了服务型政府的基本内容和相应的公共政策体系。党的十八大明确提出了"加快健全基本公共服务体系"的要求。[①] 由此可见,建设服务型政府不仅成为我国现代政治制度建设的一个重要发展方向,更为我国社会治理的发展提供了新的思路,丰富了治理思想,拓宽了治理的视野,增加了治理的路径选择,使我国社会治理的发展与我国社会发展现代化更加趋向一致。

(三)社会治理思想的进一步完善

1. 新时代社会治理的发展趋势

党的十八大以来,党中央从坚持和发展中国特色社会主义全局出发,提出并形成了全面建成小康社会、全面深化改革、全面依法治国、全面从严治党的战略布局。我国社会发展由此迈上了一个新台阶。在新的战略思想的指导下,我国经济、政治、文化和社会各方面的发展不断完善。2017年召开的党的十九大,正式提出了新时代习近平中国特色社会主义思想,这不仅是对我们党取得丰功伟绩的科学总结,也为我们党和国家的发展指明了新的发展方向,它郑重宣告了一个新时代的到来。在新时代,我国经济社会发展依然保持着巨大的活力,国家政治稳定,人们生活水平不断提高。2021年7月1日,在中国共产党百年华诞之际,第一个百年奋斗目标"全面建成小康社会"如期宣告达成。在这样的发展背景下,我国与时俱进不断完善中国特色社会主义治理体系建设,坚持以人民为中心的社会治理理念,推进社会治理模式的创新发展,努力打造共建共治共享的社会治理格局。

第一,共建共治共享充分体现了以人民为中心的治理思想。现代社会治理面临着利益诉求多元化,社会治理环境复杂,民众对社会治理的期望值高等诸多方面的挑战。在现代社会条件下,社会治理除了要进一步发挥政府在治理中的主导作用外,还必须充分调动社会各方面的力量,形成多元共治的社会治理格局,发挥群策群力的作用。因此,在现代社会治理中,通过构建共建共治共享的社会治理模式,可以完善现代治理体系,充分调动广大人民群众的积极性,发挥人民群众在社会治理中的主体作用。从社会治理的价值导向来看,人民群众在社会治理中作用的发挥,充分体现了我国人民当家作主的民主政治本质,符合我国社会主义制度发展的特点。习近平总书记曾指出:"我国社会主义民主是维护人民根本利益的最广泛、最真实、最管用的民主。发展社会主义民主政治就是要体现人民意志、保障人

---

① 俞可平,等.中国的治理变迁:1978—2018[M].北京:社会科学文献出版社,2018:16.

民权益、激发人民创造活力,用制度体系保证人民当家作主。"

第二,共建共治共享体现了民主协商的原则。在现代社会治理中,由于政府职能的转变,进一步促进了社会治理主体的多元化发展。与此同时,随着我国改革发展的不断深入,我国社会利益格局也在不断调整,社会利益群体呈现多元化特征。在现代社会治理中,不同社会治理主体有着不同的利益诉求,不同利益主体之间的利益区分越来越细,彼此利益相互交叉、重叠。在这样的背景下,如何有效协调这些利益群体之间的关系,提高它们在社会治理中的凝聚力,防止它们在社会治理中相互拆台、相互倾轧,这就需要建立一个比较完备的利益协调机制。因此,在现代社会治理中,应当不断强化民主制度建设,构建社会利益协调机制,加强和协调不同利益主体之间的关系,充分发挥不同治理主体在社会治理中的作用,实现社会治理主体1+1大于2的最佳治理发展形式,促进社会治理快速有序发展。概括来看,通过加强民主协商机制建设,构建共建共治共享的社会治理模式,促进社会治理制度建设更加科学合理,有效应对现代社会多元化发展需要,为现代治理制度建设打下良好的基础。

第三,共建共治共享充分体现了平等原则。在现代社会治理体系下,共建共治共享社会治理模式的构建,实现了社会治理主体的多元化,不同治理主体积极参与社会治理,各司其职,依照相关规定履行治理职责,享有治理成果。然而,在现代社会发展条件下,社会治理环境复杂多变,这就需要在治理过程中不断加强社会协调机制建设,通过创建公开公正的平等治理环境,发挥不同治理主体在社会治理中的作用。从现代治理发展的导向来看,随着社会治理主体的逐渐多元化,社会治理的主体由政府单一的公共机构主体转向包括社会组织、社区组织、企事业组织,甚至公民自己的多元化主体,治理过程不再是自上而下的单向度的制度管控,而是逐渐形成平等协商的合作模式,社会治理的平等性、协同性进一步加强。

2. 新时代社会治理思想的价值取向

现代治理追求的是善治。善治就是国家治理的理想状态。[①] 严格意义上说,善治就是实现国家治理体制和治理能力的现代化。这就要求国家治理必须符合现代社会的发展要求,与社会发展趋势相一致,体现社会治理规范统一、民主法治和全面协调的特征。

第一,国家治理规范化。国家治理是一项复杂的工程。在现代国家治理过程中,面对国际环境变化和国内发展新形势的需求等带来的诸多挑战,就必须加快构建现代治理的规则体系,使国家治理沿着正确的轨道运行。具体来说,要深入分析

---

① 俞可平,等.中国的治理变迁:1978—2018[M].北京:社会科学文献出版社,2018:4.

和准确判断当前世情国情党情,从我国实际出发,遵循治理规律,把握时代特征,加强和创新社会治理。① 在国家治理过程中,国家必须有统一的治理政策措施,有完整的实施方案,有具体的实施方法,国家治理体制完整,国家治理制度的制定实施具有全面性,能够完整体现社会发展特点,与社会发展目标相一致。也就是说,在国家治理实践中,要进一步完善国家治理规范体系建设,着力推进社会治理系统化、科学化、智能化、法治化,深化对社会运行规律和治理规律的认识,善于运用先进的理念、科学的态度、专业的方法、精细的标准提升社会治理效能,增强社会治理的整体性和协同性。②

第二,国家治理遵循民主法治原则。人民民主是社会主义的本质要求和内在属性。国家治理要突出人民群众在国家治理中的主体地位,着力践行以人民为中心的发展思想。具体来说,国家治理必须坚持民主性原则,发挥广大人民群众在社会治理中的主体作用,充分调动广大人民群众的积极性、主动性、创造性,保障广大人民群众的合法权益。国家治理要遵循主权在民的原则,在治理中要不折不扣地实现人民当家作主的权利。一般来说,法治是国家治理的重要保障,也是促进国家治理发展的重要推动力。党的十八届四中全会明确提出:"良法是善治之前提",这个论断强调了国家治理不仅需要有健全的法律制度,同时这些法律制度还必须与时俱进,能够充分体现时代特征,符合社会发展规律。也就是说,国家治理欲达到善治,必须有良法来进行保障。所谓良法,简单地说就是良好的法律,是指对社会发展起积极或推进作用的法。相反,如果徒有法律之名,却难以发挥法的真正作用,甚至还会阻碍社会的发展,这样的法不能称之为良法。因此,推进国家治理现代化,必须进一步强化法治建设,要能够根据社会发展需要,制定符合现代社会发展规律的法律。为此,党的十九大报告明确提出:"全面依法治国是国家治理的一场深刻革命,必须坚持厉行法治……推进科学立法、民主立法、依法立法,以良法促进发展、保障善治。"③

第三,国家治理应当全面协调发展。党的十八届五中全会提出了创新、协调、绿色、开放、共享五大发展新理念。其中协调发展是持续健康发展的内在要求。因此,在国家治理中,应当把协调发展放在发展全局的重要位置,坚持统筹兼顾、综合平衡,强调国家的整体性发展。从严格意义上说,协调既是发展手段又是发展目标,全面协调发展要求国家发展应当具有更广泛的视角,注重解决发

---

①② 习近平.习近平谈治国理政:第二卷[M].北京:外文出版社,2017:386.
③ 习近平.决胜全面建成小康社会 夺取新时代中国特色社会主义伟大胜利[M].北京:人民出版社,2017:38.

展不平衡问题,正确处理发展中的重大关系,不断增强发展的整体性。从具体的治理实践来看,协调发展就是要协调好各种社会力量,平衡各方面利益关系,为国家治理提供强大的推动力。从治理的内容来看,国家治理体系是一个制度体系,分别包括:国家的行政体制、经济体制和社会体制。① 国家治理体系建设涉及政治、经济和社会等诸多方面。因此,在国家治理中必须综合考量治理的实效性,指导治理政策的制定和实施,协调好不同治理主体之间的关系,制定相应的治理措施,把国家治理与社会治理紧密结合,建立与现代经济发展、政治发展和文化发展相适应的现代治理机制,实现治理的协调发展,推进国家治理体系和治理能力现代化。

第二节 近代西方社会变迁与社会治理思想的演进

一、近代西方社会变迁对社会治理思想的影响

(一)资产阶级社会治理思想的形成

在西方资产阶级发展的历程中,以蒸汽机广泛使用为标志,欧洲成为近代工业的发源地。工业革命的发展推动了城市与社会结构的变化,欧洲在工业化发展的过程中,也掀起了政治改革运动的高潮,推翻封建专制统治,建立资产阶级共和国运动不断高涨。1640年,英国爆发了资产阶级革命,英国资产阶级经过长期的斗争,推翻了封建统治,并在1689年颁布了《权利法案》,该法案以法律形式对王权进行明确制约,建立了议会君主立宪制,为资本主义制度的确立开辟了道路。法国在1789年也爆发了轰轰烈烈的大革命,这次革命推翻了波旁王朝的封建统治,为法国资产阶级掌权扫清了障碍。同一时期,在英属北美殖民地,新兴美国的崛起,客观上也推动了资本主义的发展。② 资本主义制度最大特点就是实行宪政制度,倡导国家权力属于人民,限制政府的权力,保障公民的权利。正因为如此,资产阶级

---

① 俞可平,等.中国的治理变迁:1978—2018[M].北京:社会科学文献出版社,2018:4.
② 资产阶级革命[EB/OL].[2020-11-10]. https://baike.baidu.com/item/%E8%B5%84%E4%BA%A7%E9%98%B6%E7%BA%A7%E9%9D%A9%E5%91%BD/8114024.

宪政制度的确立，解放了思想，民众的权利意识空前高涨，主权在民思想进一步得到贯彻。

资产阶级革命推动了社会生产方式的变化。随着科学技术水平的不断提高，社会财富也在快速增长，人民群众生活水平进一步提升，这些变化大大促进了社会生产力的发展。在资产阶级发展过程中，资本主义先进的生产方式代替了封建社会落后生产方式，社会生产力迅速提高，不断上升的社会生产力，又进一步促进了整个人类社会的社会劳动组织和社会管理制度的不断发展和完善。从另一个层面来看，随着资本主义制度的确立，社会阶层也发生了变化，不同社会阶层的利益诉求具有差异性，这对社会管理提出了更高的要求。因此，在西方资本主义制度确立后，改革社会管理制度，创新社会治理思想，以适应资本主义社会发展的新要求，自然就成了西方资本主义社会发展的主要改革方向。

1. 民主思想取代专制思想

在资产阶级革命之前，以英国为代表的欧洲等国在封建专制统治制度下，实行的是封建君主专制统治，君主具有至高无上的权力，民众作为专制统治的对象，在社会治理中只能被动地接受管理，没有参与国家治理决策的权利。近代资产阶级革命的爆发，推翻了封建专制统治，建立了资本主义制度，制定了象征人民权利的宪法，民主制度逐渐建立和发展起来，"主权在民"思想得到了社会的广泛认同，人民成为国家的主人，西方近代民主政治制度得以最终确立。

2. 法治思想取代人治思想

人治是封建专制制度的一个重要特征，在封建专制制度下，君主掌握管理国家的一切权力，实行专制统治，以个人意志取代国家意志，国家的发展由君主说了算。然而，随着资本主义制度的确立，封建君主专制制度被推翻，国家治理中人治思想也随之被抛弃。在资产阶级民主制度体制下，资产阶级宪法的确立标志着法治社会的到来，法律制度不仅是资本主义社会的主要制度体系，同时也是资本主义社会各项制度发展的有效保障，法治建设正逐渐发展成为资本主义社会的主要价值取向。法治取代人治是资本主义制度的一大特征，也是推动资本主义发展的重要动力。

3. 服务思想取代管制思想

封建专制统治的主要目的就是不断强化其专制统治，加强对民众的有效控制，以维护封建统治秩序。在封建专制统治制度下，封建统治阶级通过限制广大人民群众的自由和权利来维护君主专制和封建统治秩序，广大人民群众在封建专制统治制度下毫无权利和自由可言，其参与国家管理的各项权利基本上被剥夺干净，彻底沦为被统治的对象。革命取得胜利后,资产阶级推翻了封建专制统治,夺取了国家政权,建立了资本主义制度。资本主义制度倡导主权在民思想,强调保护民众的合法权益,不断加强公共管理,倡导民主理念,政府服务思想得到了进一步发展。

(二)西方社会治理思想的发展演进

"管理"与"治理",二者含义有很大区别,它们是两种不同的社会治理模式。管理是指政府通过制定政策措施加强国家对社会的有效控制,而治理则是由国家、社会组织和公民依照法律制度的规定来对社会进行有效管理,推进社会有序发展。相对来说,管理制度是政府从建立起就有的一种制度体系,其目的是维护政府的统治。社会治理概念出现的历史不长,它是近几十年才逐渐兴起的一种社会管理发展模式。社会治理思想的兴起是西方社会发展的产物,它既是对西方经济社会现实的反思,也是西方政治民主理论的拓展和延伸,同时也是西方社会由现代性向后现代性发展的产物。[①] 治理是20世纪末才在全球范围内兴起的一个研究主题,全球治理委员会在1995年给治理作了较为有代表性的定义:"治理是或公或私的个人和机构经营管理相同事务的诸多方式的总和。它是使相互冲突或不同的利益得以调和并且采取联合行动的持续的过程。"社会治理思想的兴起与西方社会的发展相适应的。从发展的角度来看,社会治理思想取代社会管理,意味着社会秩序的维护和达成不再是政府单方面的义务,而是政府与公民和社会共同的义务;政府不再是单一管理主体,社会不再是被管理的客体;治理过程不再是自上而下的单向度管控,而是多元主体的平等协商与合作。[②] 近年来,西方经济发展在经历了很长一段时期高通胀、高失业的滞胀经济危机之后,经济发展出现了严重问题,西方社会一直引以为豪、被视为资本主义制度优越性充分体现的高福利制度难以为继。为了有效摆脱经济危机、加强社会改革,实行新的社会经济制度迫在眉睫。为此,西方国家从管理制度改革入手,不断加强社会管理改革,创新社会管理形式,着力提高政府的治理效率,有效应对社会高失业和老龄化带来的社会危机。在这样的背景下,加快现代社会治理体系建设,发挥国家、社会和公民在社会治理中的作用,促进国家、市场和社会的有效合作,逐渐发展成为资产阶级政治制度改革的关键,有效引领社会治理的发展方向。

---

① 李慧.中西方的治理理论:背景、理念及其比较[J].中共石家庄市委党校学报,2017(4):30.
② 俞可平,等.中国的治理变迁:1978—2018[M].北京:社会科学文献出版社,2018:339.

1. 政府权力的有限性

治理理念的发展,强调政府在社会治理过程中,应当改变政府单一主体的管理形式,推进社会组织和广大人民群众积极参与的多元主体社会治理模式。多元主体社会治理模式充分发挥社会组织和广大人民群众在社会治理中的作用,强化民主机制建设,努力提高社会治理的代表性。与此同时,政府在社会治理中通过简政放权,转变职能,实现对权力的松绑,改变了政府在社会治理中什么都想管,但什么也管不好的弊端,能够有效提高政府在治理中的效率。因此,推进多元主体社会治理模式建设,弱化政府在社会治理中的微观管理职能,强化政府的服务功能,明确政府、市场和社会在社会治理中的角色定位,理顺了不同治理主体在社会治理中的关系,为现代社会治理的发展创造了有利的条件。

2. 社会治理主体的多元化

现代社会治理强化服务意识,强调政府对公共资源的合理调配,政府简政放权的目的是让社会承担更多的治理职责。在现代治理体制下,由于政府对社会控制的进一步放宽,政府对社会组织发展的约束不断减少,社会组织得到了更快的发展。社会组织的不断发展壮大,不仅调动了广大民众参与社会治理的积极性,实现治理主体的多元化,发挥社会组织在社会治理中的重要功能,同时,不断增强的社会组织力量还能够有效监督政府行使权力,有利于促进政府依法行政,规范政府在社会治理中的职责权限,促进社会治理更加合法有效。

3. 政府服务意识不断加强

现代治理已不再是政府对社会进行严格的管控,现代社会治理的目的是为了维护广大民众利益,更多体现的是政府服务功能的不断强化。因此,现代社会治理强调服务型政府建设,提高政府的服务意识,充分发挥市场在资源配置中的决定性作用,通过市场竞争机制为社会提供更加优质的公共产品和服务,已经发展成为政府在现代社会治理中主要职责。服务型政府建设,强化政府在社会治理中服务功能的发挥,不断促进政府职能的转变,推动社会治理主体的多元化发展,强调在资本主义市场经济条件下,应当充分发挥市场机制在现代社会治理中的作用,积极协调好政府与其他社会治理主体之间的关系,加强不同社会治理主体之间的互动,充分体现多元共治的社会治理思想。

(三)西方现代治理思想对我国社会治理的影响

西方国家经过多年的探索,逐渐形成了符合西方社会发展要求的现代治理思想。在西方现代社会治理体系的构建过程中,西方治理理论的发展经历了一个从探索到形成,再到逐步完善的过程。从运行意义上讲,社会治理实际上是治理社会,换言之,所谓社会治理,就是指特定的治理主体对于社会实施的管理。社会治理理论是西方治理理论的重要组成部分。由于西方国家治理理论奉行社会中心主义和公民个人本位,因此,理性经济人的社会自我管理,在理论逻辑上构成了西方国家治理理论的核心理论内容。从特定意义上可以认为,西方国家的治理理论,本质上即以理性经济人为基础的社会自我治理理论。[1] 西方治理理论经过长期的实践,不断地进行调整,逐渐形成了符合西方社会发展特点的社会治理体系,在一定程度上切合了西方社会的发展方向,推动了西方社会的发展。然而,我国作为社会主义国家,在国家性质上与西方资本主义制度有着本质的区别,在国家治理理念上也有着较大的差异,在很长一段时期内,我国社会治理思想与西方社会治理思想显得格格不入,似乎运行在两个不同的轨道上。20世纪70年代末期,我国终于迈出了改革开放的脚步,随之而来的是西方社会发展理念对我国社会产生的冲击,一度被我们视为洪水猛兽的西方社会发展思想,对我国社会发展的影响不断扩大。在开放包容发展思想的影响下,一些西方先进的社会治理理念开始被我们吸收和利用,进一步充实和完善了我国社会治理思想,推动我国社会治理不断迈向现代化。

1. 促进社会治理从政府中心主义向社会中心主义转变

从我国社会主义制度的确立到改革开放大幕的拉开,我国实行严格的计划经济体制。在计划经济体制下,我国实行单一主体的社会治理模式,政府担负全能的角色,对社会实行自上而下的管控。这种社会治理模式最大的弊端就是政府在社会治理中包揽一切社会事务,垄断社会管理权,由于政府在社会治理中权力过大,又缺乏必要的社会监督,经常会出现政府在社会治理中超越治理的权限,乱作为或者不作为,致使社会治理出现混乱,治理效果不佳。改革开放后,随着我国经济政治改革步伐不断加快,我国民主制度得到了进一步发展,民主权利的保护亦不断加强。在这样的背景下,受西方社会中心主义思想的影响,我国社会治理理念发生了较大的变化,政府开始简政放权,加快转变职能,不断提高服务意识,民众在社会治理中的权利也得到了有效保障,社会治理回归社会本位。从社会治理的价值目标来看,现代社会治理的主要目的就是通过有效的社会治理,维护广大民众的利益,推进民主政治建设和发展。由此可见,现代社会治理的本质简单地说就是为了维护广大民众的利益,民众作为社会治理的力量源泉,既是社会治理的重要参与者,也是社会治理的直接受益者,现代社会治理体制体现了社会中心的思想,强调服务

---

[1] 刘志昌.国家治理与公共服务现代化[M].杭州:浙江人民出版社,2015:20.

人民的理念,符合现代社会发展的客观要求,有利于促进现代社会治理体制的进一步完善。

2. 强化社会治理中公民主体意识

西方现代社会治理中倡导公民个人本位思想,进一步体现公民在社会治理中的重要地位。公民本位是指政府在经济、社会与管理活动中,首先考虑的是公民的利益,也就是追求公民利益的最大化,同时,为了保障公民利益最大化还必须保障公民的意志在整个公共管理中的决定作用。[①] 在传统的社会治理中,政府实行自上而下的管制,政府在社会治理中的主要目标就是加强对社会的控制,这也是管制型政府的主要特点。在管制型政府治理模式下,政府垄断社会治理权力,民众在社会治理中只能作为社会治理的对象,被动地接受政府的管理,难以在社会治理中发挥治理主体的功能,其利益诉求也很难得到有效保障。随着西方现代治理体制的建立和发展,民众在社会治理中的权益不断得到加强,社会治理中公民本位观念不断强化,政府的服务意识进一步提升,完善公共服务体系建设逐渐成为社会治理的主要目标。在经济全球化发展的大背景下,我国改革开放的力度不断加大,开放的领域不断拓宽,西方社会发展思想对我国的影响也在不断加深,受西方公民本位主义治理思想的影响,我国社会治理理念也在不断发展和创新,服务型政府发展模式进一步得到认同。在现代社会治理中,加强服务型政府建设,强调以人民为中心的思想,积极倡导权为民所用,利为民所谋,政府权力的行使最终回归到服务民众的本位。不仅如此,在服务型政府建设中,公民个人在社会治理中的作用不断上升,民主治理思想逐步形成,社会治理主体多元化发展得到加强,有效促进了社会治理的现代化发展。

3. 打造共治共享的社会治理格局

"国家治理"概念的提出,强调推进国家治理体系和治理能力现代化。在新的治理思想的启示下,我国不断强化服务型政府建设,强调以服务为中心,促进多元治理主体协调发展,积极回应不同利益主体的利益诉求,有效保障广大人民群众的利益。因此,在现代治理体制下,为了有效推进社会治理现代化,必须加快改进社会治理方式,健全社会治理体系,形成共同治理理念,促进多元主体共同参与社会治理,构建多元主体协商机制,打造共建共治共享的社会治理格局。共建共治共享社会治理体制的构建,能够有效增进广大民众在治理中的获得感、幸福感和安全感,体现社会治理的社会中心和公民本位思想,着力为广大民众提供更加优质的社会服务,提高社会治理的效率。

---

① 聂鑫,林建华.公民本位:构建服务型政府之本[J].中国石油大学学报(社会科学版),2008,2(1):38.

（四）西方现代社会治理思想对我国社会治理发展的重要启示

在西方现代社会治理中，倡导社会中心主义，把社会作为治理发展的重点，重视公民社会的发展，社会力量参与治理较多，政府在社会治理中的权力受到一定的限制。因此，在西方现代社会发展过程中，公民社会相对发达，社会自我管理能力强，能够承担社会自我治理的重任。政府在社会治理中的作用不再是垄断一切社会事务，其在社会治理中的职责范围不断缩小，但这并意味着政府在社会治理中承担责任的减少，只不过是政府职能发生了转变，政府在现代社会治理中的作用将更多体现在治理的决策上，政府通过制定相关的社会治理政策，强化对社会治理的宏观调控，通过调动社会组织和公民个人积极参与社会治理，提高他们在社会治理中的自主治理能力。西方社会治理的发展历程给我国的社会治理提供了很好的借鉴。在我国现代社会治理中，通过研究西方国家在现代社会治理发展过程中的得与失，把握现代社会治理发展的规律，并根据现代社会建设发展的需要，制定符合我国现代社会发展特点的社会治理模式，推进我国社会治理的现代化发展。

1. 加快公民社会建设步伐

由于我国长期实行计划经济体制，政府的权力过于集中，其他社会力量参与社会治理的渠道不畅，民众参与社会治理的积极性不高，社会组织发展相对缓慢。这一方面是由于政府对社会组织的社会作用和重要性认识不到位，弱化了社会组织在社会治理中的主体作用。同时，由于广大民众在社会治理中的主体地位得不到确定，民众在社会治理中对政府的依赖性较高，对社会组织的作用认识不足，致使社会组织在治理中的公信力不高，缺乏强有力的社会认同，社会组织发展面临着多重困境。另一方面，由于政府在社会治理中长期处于主导地位，广大民众被排除在社会治理的主体范围之外，再加上政府为了垄断社会治理权力，遏制社会组织的发展，阻碍社会组织在社会治理中作用的发挥，使社会组织的发展举步维艰，难以在社会治理中发挥有效作用。然而，随着现代社会的发展，社会治理体系不断创新，服务型政府建设已经成为现代社会发展的主要价值导向。服务型政府的主要职能是为社会提供更加优质的公共服务，政府的治理工作回归到服务社会的本位。服务型政府建设强调政府权力的有限性，要求政府在社会治理中应当不断地简政放权，强化政府的服务功能，加大社会力量参与社会治理的力度。因此，在现代社会治理中，要进一步加快公民社会建设的步伐，积极发挥社会组织在社会治理中的主体功能，有效弥补政府在社会治理中的缺失，积极维护广大人民群众的权益，提高社会治理的实效性。诚然,在现代社会治理中,社会组织能否健康发展往往取决于公民社会的发展状况,只有不断完善公民社会的发展,强化社会组织的主体功能,社会组织才能适应现代社会的发展需要,代表广大民众的利益,并积极参与到社会治理之中,促进社会治理主体的多元化发展,推进社会治理现代化。

2. 发挥市场机制的作用

在现代治理体制下,治理主体的多元化发展趋势,意味着政府治理权力的有限性。在社会主义市场经济条件下,随着其他社会主体在社会治理中作用的不断提升,市场机制在社会治理中的作用进一步提高。市场经济体制强调在社会治理过程中,要发挥市场机制作为社会资源的基本力量,通过市场这只"看不见的手"实现资源合理配置,通过竞争机制实现公共利益最大化。① 由此可见,市场机制不同于政府单一主体管理机制,前者强调政府、市场和社会在社会治理中应当各司其职,扮演好各自的角色,通过平等协商与合作形式加强对社会的治理,而政府单一主体治理体制强调政府在社会治理中主要通过垄断社会治理权,实行自上而下的权力管控方式,加强对社会的管理。因此,现代社会治理应当充分运用市场机制,有效促进其他社会治理主体行使社会治理权力,避免了政府对治理权力的垄断,充分体现了社会治理的民主性和普遍性,促进现代社会治理协调发展,着力提高社会治理的效率。

3. 加强社会治理规范建设

在现代社会治理中,由于倡导社会中心主义和公民个人本位思想,社会治理的主体范围不断拓展,并呈现出多元化的发展趋势。在主体多元的社会治理体制下,不同社会主体参与社会治理,必须依法依规有序进行,避免不同主体在社会治理过程中一拥而上,导致社会治理的混乱。具体来说,在现代社会发展过程中,随着政府职能的转变和社会治理权力的不断下放,我国公民社会发展不断加快,社会利益群体不断增多,不同利益群体由于价值追求存在着差异性,在社会治理过程中矛盾与冲突日益增加,如果对这些矛盾与冲突不能进行有效控制,任其发展,势必会导致社会治理的混乱,甚至还会陷入无政府状态。因此,在多元主体的治理体制下,应当进一步加强对社会治理的有效控制,构建切实可行的社会治理规范体系,使社会治理发展有法可依,有章可循,在充分发挥不同社会主体参与社会治理积极性的同时,通过推进社会治理规范化建设,实现社会治理的有序发展。

---

① 俞可平,等.中国的治理变迁:1978—2018[M].北京:社会科学文献出版社,2018:343.

第二章 社会转型对基层治理的影响

第一节 社会主要矛盾变化对社会治理的影响

一、我国社会主要矛盾的变化

（一）我国社会主要矛盾的发展

当前，我国社会已经进入到了一个新的时代。随着我国经济社会的不断发展，社会的主要矛盾也在不断变化。

新中国成立初期，由于剥削阶级还没有被消灭，我国社会的主要矛盾仍然是人民大众与帝国主义、地主阶级和国民党残余势力的矛盾。在1952年，党中央提出了过渡时期的总路线，强调新民主主义革命在全国胜利和土地制度改革在全国完成，此后国内的主要矛盾转为工人阶级与资产阶级之间、社会主义道路与资产阶级道路之间的矛盾。为了解决这些矛盾，我国对农业、手工业和资本主义工商业进行了社会主义改造，随着"一化三改造"的完成，我国社会主义制度基本建立，我国的社会主要矛盾开始发生转变。1956年中共八大召开，这次会议上明确提出："我国国内的主要矛盾国已经是人民对于建立先进的工业国的要求同落后的农业国的现实之间的矛盾，已经是人民对于经济文化迅速发展的需要同当前经济文化不能满足人民需要的状况之间的矛盾。"同时，会议还强调："这一矛盾的实质，在我国社会主义制度已经建立的情况下，也就是先进的社会主义制度同落后的社会生产力之间的矛盾。党和全国人民的当前的重要任务，就是要集中力量解决这个矛盾，把我国尽快从落后的农业国变为先进的工业国。"严格意义上说,中共八大正确地分析了社会主义改造基本完成以后,中国阶级关系和国内主要矛盾的变化,确定把党的工作重点转向社会主义建设。

1978年,我国拉开改革开放的序幕,社会发展的路线方针政策再次回到"以经济建设为中心"的发展轨道上,随着社会发展主要目标的变化,我国社会主义矛盾得以重新认定。1981年党的十一届六中全会通过的《关于建国以来党的若干历史问题的决议》中明确了我国社会的主要矛盾是"人民群众日益增长的物质文化需要同落后的社会生产之间的矛盾"。在当时的条件下,由于社会经济还不够发达,民众生活水平相对较低,因此,物质文化需要仍然是广大群众关注的焦点。

随着我国改革开放的不断深入,尤其是2001年中国加入世界贸易组织以后,在党和政府正确领导下,我国社会经济发展取得了显著进步,经济水平不断提高,社会物质财富的积累也在不断增加,国家整体发展水平得到了较大提升。到了2010年,我国正式超越日本成为世界第二大经济体,随后,经济发展稳步上升,到了2017年党的十九大召开,我国GDP总量已经达到了15万亿美元,短短的6年时间,我国的GDP总量就已经是日本的两倍多,同时,还进一步缩短了与美国的经济差距。在我国GDP总量迅速增长的影响下,长期以来我国饱受诟病的人均GDP也得到了很大提升,截至2018年6月,我国人均GDP为8 643美元,处于世界第71位,这与1978年人均GDP为381美元,处于世界倒数十名之内,已经有了巨大提升。正是这些发展进步状况,引起了我国社会主要矛盾的发展变化。

(二)新时期我国社会主要矛盾的变化

我国经济的发展促进了社会的不断变化。随着人民群众生活水平的进一步提高,解决温饱问题似乎已经变成为过去的口号。在新的发展时期,人民群众关注的重点已经变为如何提高生活品质,创建美好生活。在这样的背景下,我国社会发展目标也就从温饱和小康向全面小康社会演进。为此,我国社会主要矛盾也随之发生变化,创造美好生活已经成为社会发展的主要目标。鉴于此,习近平总书记在党的十九大报告中明确提出了:"中国特色社会主义进入新时代,我国社会主要矛盾已经转化为人民日益增长的美好生活需求和不平衡不充分发展之间的矛盾。"[①]新时期社会主要矛盾的变化彰显了我国社会发展战略的转变,为下一步我国的社会发展指明了方向。从当前发展状况来看,我国贫困人口数量已经大大减少,民众早

---

① 习近平.决胜全面建成小康社会 夺取新时代中国特色社会主义伟大胜利[M].北京:人民出版社,2017.

已解决了温饱问题,尽管还有贫困人口的存在,但占我国社会总人口的比例已经大大减少。2016年,"四个全面"发展战略的提出,明确了2020年全面建成小康社会的蓝图,为此,党和政府致力于脱贫运动,提出了精准扶贫战略,从国家层面有效推进扶贫政策的贯彻实施。这些政策措施现已取得了较大的成果,根据国家统计局数据,截至2017年末,我国农村贫困人口从2012年末的9 899万人减少至3 046万人,累计减少6 853万人;贫困发生率从2012年末的10.2%下降至3.1%,累计下降7.1个百分点。农村贫困人口的大幅减少,一方面显示了我国脱贫战略取得的成效;另一方面,农村生活水平的提高也大大缩小了城乡之间的差距,减少了城乡发展不平衡的矛盾。由于种种原因,我国社会发展长期实行城乡二元结构体制,即在社会生产中,城市经济以现代化大工业为主,而农村经济则以典型的小农经济为主,在社会生产过程中,而工业化一直是我国发展的主要目标,因此,我国城市经济的发展始终作为社会发展的重点,在社会发展中能够集聚更多的社会资源,从而使得城市的总体发展水平较高。相反,我国农村的发展由于政策的倾向性不够,发展一直较为缓慢,整个农村地区的发展相对落后,这些差距的存在也正是我国当前社会发展不均衡的重要因素之一。

近年来,随着我国社会的不断发展,城镇化水平不断提高,农村大量劳动力源源不断地进入城市寻找发展机会,这些劳动力主要是青壮年农民,这部分群体具有一定的文化和技术,是农村社会发展的中坚力量,他们离开农村到城市发展创业,不仅使农村失去了大量的人力资源,同时他们带走的大量资金,还会大大削弱农村社会发展的经济基础,导致城乡差距不断拉大,城乡社会发展不平衡现象更加明显。不仅如此,由于地域的差异,我国东西部发展也存在着较大的差距,东部沿海地区依靠得天独厚的地域优势,吸引了大量的外来资本,经济活力强。同时,先进技术和人才也会不断涌入,东部沿海地区的经济发展犹如插上了翅膀,一飞冲天,一跃成为我国经济发展的领头羊。然而,与之形成鲜明对比的是,我国中西部地区的发展由于缺少资金、技术和人才,再加上交通不便,社会经济发展受制因素较多,难以跟上东部沿海地区的发展步伐。尽管近年来我国开始加大中西部发展的力度,制定了中部崛起、西部大开发的战略部署,但从发展取得的实际成效来看,中西部与东部地区的发展差距依然存在。这种区域发展的不均衡,已经严重影响了我国社会整体发展水平的提高,不利于和谐社会发展环境的形成,必然会对我国社会发展战略的实施带来较大的障碍。

(三)新的社会矛盾对社会治理的影响

党的十九大报告中明确提出了新时期社会的主要矛盾,着重阐明了人民群众对美好生活的追求。所谓美好生活,简单理解就是政治清明,经济发达,社会稳定,人民生活幸福。只有满足了这些条件,才能称得上美好生活。但从当前我国社会发展的状况来看,要想实现人民的美好生活,还有不少路要走。改革开放四十年来,尽管我国在政治、经济、文化、社会等诸方面都取得了显著的进步,但不可否认的是,我们社会发展还远未达到十九大报告提出的美好生活要求。这就要求我们在今后的发展中,必须不断加大发展力度,创新发展模式,提高发展水平。

首先,在发展战略的制定上,政府应具有超前的眼光,要能够从全球发展的高度,结合我国社会发展的现状,制定出符合中国社会特点的发展战略,做好社会发展的顶层设计,这是当前推动我国社会发展的关键环节。只有社会发展方向明确了,社会建设才能够做到有的放矢,才能按照既定战略稳步前进。如果社会发展的决策出现了偏差,其导向就会出现问题,这样,整个社会的发展就会误入歧途,社会进步也就无从谈起。在这方面中国曾有过惨痛的教训,在20世纪六七十年代,由于我国社会发展战略决策的失误,导致我们党对当时社会发展的主要矛盾认识出现偏差,错误地用"以阶级斗争为纲"取代"以经济建设为中心"的社会发展战略,从而导致了我国社会发展出现了空前的危机,国家在政治、经济、文化和社会各方面都遭受到了极大的破坏,丧失了大好的发展时机,严重影响了我国现代化的发展进程。因此,加快社会发展步伐,要不断创新和完善社会发展理念,党和国家要高屋建瓴,正确把握社会发展动态,制定系统的社会发展规划,理顺社会发展关系,为社会稳定有序地发展奠定基础。

其次,在经济制度建设方面,要加快社会主义市场经济建设,建立适应我国社会主义市场经济发展的机制。在具体实践中,要积极发挥市场的主导功能。政府作为社会发展的重要主体,应当有效发挥在经济建设中的指导作用,贯彻民众生活民众建的思想,发动民众积极参与社会发展建设,理顺政府、市场和社会三者之间的作用,协调好它们之间的关系。严格意义上说,当前我国社会主要矛盾中的发展不平衡不充分,主要还是体现在经济发展方面。随着改革开放的深入,我国经济发展的总体水平已经迈入了经济强国的行列,但国内经济发展中存在的问题也较为突出,在城乡二元结构体制下,我国城乡差距依然较大,在社会经济发展过程中,重城市发展、轻农村发展的现象仍然存在,随着我国城镇化进程的加快,城乡差距有进一步拉大的危险。不可否认,如果放任城乡发展不平衡现象的加剧,社会关系就会越来越复杂,社会矛盾解决的难度会进一步加大,社会不安定因素自然会增加,社会治理需要的稳定社会环境更难以得到满足,社会治理将会面临着巨大的挑战。

再次,在社会发展方面,社会发展不平衡现象的存在,对民众参与社会治理的积极性也将会产生巨大的冲击。落后的社会发展状况,严重的社会不公,经济差距的拉大，必然会对民众参与社会治理的积极性造成打击，使得他们对社会发展的期望值降低，对社会发展的兴趣不大，参与社会治理的欲望不高。另外，社会发展的落后状况，必然会导致基础教育、医疗、社会保障等基础建设的发展存在着不足，社会发展的整体水平不高，民众的整体素质有待加强，这些也会在一定程度上阻碍社会的发展。因此，社会发展不平衡不充分现象的存在，将给社会治理带来很大的负面影响，不利于社会治理的有效推进。

第二节　社会结构变化对基层治理方式的冲击

一、我国社会结构变迁

我国社会结构在不同时期呈现出不同的特点。新中国成立后，一直到改革开放前，我国实行的是计划经济体制。在国民经济发展中，计划经济体制强调政府对社会资源的绝对控制权，充分显示政府在社会治理中的全能作用。在计划经济体制下，社会结构相对简单，明确划分为城市和农村，对社会管理实行严格的户籍管理制度，由于户籍制度的限制，城乡之间民众的自由流动受到了严格的限制，整个社会流动性小，社会关系相对简单，社会秩序相对稳定。毋庸讳言，计划经济时期，由于政府的权力过于集中，在社会管理中，政府由上而下实行严格的社会管理，社会发展体制僵化，活力明显不足，民众参与社会治理的机会少，能力有限，民主意识不强，社会主义制度倡导的人民当家作主的政治权利难以得到真正体现。

1978年，十一届三中全会的召开，我国正式进入了改革开放的新阶段。改革开放的重要特点就是要打破计划经济体制的束缚，建立符合社会发展规律的市场经济体制。随着社会主义市场经济体制的确立，社会发展活力被充分激发出来，经济发展不断推进，人们的思想也越来越开放。市场机制在社会发展中的作用越来越大，市场在社会治理中的主导作用进一步凸显出来。在这种条件下，原有的社会结构体系开始发生变化，特别是户籍管理制度。尽管户籍仍然存在，但其对城乡居民流动的限制已大大减少。在市场经济条件下，市场发展具有自由性，需要大量自由流动的劳动力，充足的劳动力资源在市场经济发展中起着举足轻重的作用。随着社会主义市场经济的不断加强，民众自由流动开始加速，大量农村剩余劳动力开始流向城市寻找发展机会,社会结构体系也随之发生改变,原有的城乡二元结构体系被打破。城市大量外来人口的涌入,改变了城市社会主体结构形式。城市新增的外来人口尽管长期在城市工作生活,表面上与城市居民无异,但实质上二者有着巨大的差别,对于这部分群体来说,他们由于不具有城市居民的身份,经常会被城市主流社会排除在城市生活之外,一直被视为外来者,难以真正融入到城市生活之中,其在城市应当享有的各项权利也不能得到有效保障。在这样的背景下,社会结构逐渐变成了由城市居民、农民和游走于城市和农村之间的流动人口三部分组成。这种社会结构形式是特定社会发展的必然结果,在这种社会结构体系下,由于大量流动人口的存在,一方面城市社会结构发生了变化,流动人口已成为城市生活的一部分,无论城市居民愿意与否,他们都必须接纳这部分群体,这样,城市居住人口的成分越来越复杂,不同的利益群体具有不同的利益诉求,因此,社会利益诉求也逐渐呈现出多元化的发展趋势。同时,大量农村劳动力进入城市发展,也使得农村社会空心化现象加剧。由于进入城市寻找发展机会的绝大多数都是农村青壮年,留守农村的基本上是老人、妇女和儿童,这部分群体由于知识水平和能力的不足,难以承担农村社会发展的重任,导致农村基层治理人才的严重缺乏。鉴于此,党的十八大以来,我国在全面建设小康社会的过程中,为了有效消除农村的贫困现象,大力实行精准扶贫,往农村派驻了大量扶贫干部,帮助贫困农户尽快脱贫。

  近年来,随着社会发展速度的加快,我国城市化水平进一步提高。根据国家统计局的数据,截至2017年底,我国城镇化率达到了58.52%,是1978年城镇化率17.92%的3倍多。2018年末,我国常住人口城镇化率达到59.58%;2019年末,我国城乡结构中,城镇常住人口84 843万人,比上年末增加1 706万人;乡村常住人口55 162万人,减少1 239万人;城镇化率为60.60%,比上年末提高1.02个百分点。根据2021年5月11日公布的第七次全国人口普查数据,我国城镇化水平持续提高,常住人口城镇化率达到了63.8%。我国城市化水平的提高推动了社会的快速发展,社会结构形式也在不断变化。在城市化发展过程中,由于城市的规模不断扩大,大批农民失去土地,不得不进入城市生活,其身份也由原先的农民变成了实实在在的城市居民,但这部分群体居民身份的变化并不能代表他们社会意识的必然转变,这些人由农村进入城市以后,相当一部分人仍然保留着原有的社会价值意识,与城市生活格格不入,难以适应城市的生活节奏。不仅如此,社会生活的不适应只是一个方面,这部分群体由于长期生活在农村,早已习惯于农村的生活状态,他们城市生活的经验严重缺乏。更为严重的是,这部分进入城市生活的农民与那些主动进入城市寻找发展机会的农民不同,这部分人大多数无专业技术,缺少在城市谋生的一技之长,只能从事一些简单的工作,收入低,生活压力大。他们在思想上始终与城市保持着距离,迟迟难以融入城市社会,缺少对城市的认同感。这部分群体由于长期对城市生活的不适应,往往又会导致他们对社会的不满情绪,势必影响到社会的稳定发展,不利于和谐社会的形成,给社会治理带来不利的影响。

二、社会结构变迁与社会基层治理方式

(一) 单一治理主体时期基层治理方式

改革开放之前,我国社会结构形式为城乡二元结构,城市和农村区别非常明显,社会结构形式单一,相对稳定。从社会发展状况来看,我国一直都是一个传统的农业大国,农村人口占大多数,城市人口占比相对较少,但城市集中了全国绝大多数的工业企业,经济发展条件比农村优越,城乡社会差别明显。在基层社会治理方面,由于城乡差别的存在,城乡社会治理模式亦呈现出不同的特点。城市基层治理以单位制为主要形式。单位制一直是我国城市社会治理的基本体制,整个城市社会围绕单位制度形成了一整套以"国家—单位—个人"为核心的刚性结构的社会管理运行机制。[①] 单位制兴起于新中国建立初期,其建立的目的是有效推进国家建设采用的一种社会制度。在政治上,党和政府通过单位组织,能够迅速落实国家方针和政策,实现国家的战略部署。在经济上,由于我国实行计划经济体制,国家资源的控制和调配都是由政府统一负责,通过单位组织国家能够有效调配资源,确保国家经济发展的顺利推进。在社会管理方面,政府通过单位组织不断加强社会管理,把国家的各项政策措施落实到位,加强对社会的控制,促进社会稳定发展。由此可见,单位集政治、经济、社会管理功能于一身,其不仅担负国家经济发展的重任,同时还担负着社会管理的职责,在政府的政策贯彻引导、教育发展、社会建设和治安保障等方面,其都扮演着重要角色。可以这样说,单位本身就是一个复杂的社会系统,单位在全能型政府治理模式下的角色担当,使单位管理成为政府加强社会治理的一个重要方式,有事找单位解决,成为计划经济时期社会管理的一个重要特点。与城市单位制结构治理形式不同,在新中国建立初期,我国农村基层实行行政村管理制度,行政村是设置在乡镇之下的一级政权,是农村基层社会的行政管理单元,担负着农村基层管理的职责。到了1958年,人民公社制度确立以后,我国农村基层管理又变成以人民公社实行统一领导,分为公社管理委员会、生产大队、生产队三级管理体系。

---

① 谢建社.新时代中国社会变迁与社会治理若干问题研究[M].北京:中国社会科学出版社,2018:60.

生产队作为最基本的管理单元,承担着行使管理职权的功能,是国家权力到达基层社会的最终承接载体。上述基层组织担负着社会治理的责任,民众作为被管理的对象,只能被动地接受管理,难以参与到基层治理的决策中,社会治理单一化趋势明显。

在这一时期,无论基层治理是由谁来承担,它们基本上都是在行使政府的管理职能,严格意义上说,社会治理的整体仍然是政府,社会治理主体单一化趋势明显。政府作为唯一的治理主体,不仅是各项治理政策措施的制定者,也是具体治理措施的落实者,甚至对于治理效果的评价,同样也是由政府说了算。这种自上而下的社会治理模式,难以体现广大民众社会治理的意愿,社会治理的民主性不强,社会主义民主制度难以得到有效体现,人民当家作主还只能停留在口号阶段。这种单一主体的社会治理体系,不仅挫伤了民众参与社会治理的积极性,同时,单一主体的社会治理模式还严重阻碍了社会组织的健康发展,致使社会组织的发展过于缓慢,不能在社会治理中发挥应有的作用。

(二)治理主体多元化发展时期基层治理方式

随着改革开放的不断发展,我国社会主义市场经济开始建立和发展起来。市场强调公开、公平、公正和平等原则,在市场经济条件下,政府的职能发生了转变,政府开始简政放权。在这样的背景下,社会治理也发生了相应的变化,政府在社会治理中不再是唯一的治理主体,其他社会组织和广大民众在社会治理中的作用开始发挥出来,并逐渐形成了以政府为主导、社会组织和民众积极参与、充分发挥市场调节作用的多元主体治理体系。在多元主体治理模式下,政府在治理中的权力开始调整,政府权力从大量原属于社会的领域退出,将原属于社会的事情还给社会,使社会自身的活力被逐渐释放出来,使得社会管理运行机制的行政化色彩逐渐淡化,政府管理走向精炼化和专业化。[①] 当然,政府在社会治理中职能的变化,并不代表政府在社会治理中作用的减小,政府仍然在社会治理中需要发挥重要的作用,只是政府发挥作用的方式发生了变化。一般来说,政府作为国家管理者,是国家各项资源的掌控者,政府不仅能够在政策上提供大力支持,同时政府还是社会治理资金的主要提供者,离开了政府的有力支持,社会治理恐怕很难有实质性性的成效。因此,政府作用的发挥仍然是社会治理发展的重要条件,只不过此时政府参与社会治理已不再是通过垄断权力的方式进行,更多的是采用灵活多变的形式,强化政府与社会的互动,在政府与社会之间形成合作、协商、互惠的关系。不仅如此,为了有效发挥政府在社会治理中的作用,还必须通过建立相关的法律制度来对政府

---

① 谢建社.新时代中国社会变迁与社会治理若干问题研究[M].北京:中国社会科学出版社,2018:69.

的行为进行有效约束,防止政府在社会治理中滥用职权。

　　加强社会治理还应当积极发挥市场的调节作用。政府在社会治理中不断调整职能,实行简政放权,大量社会治理事项将由社会自己来承担,这就需要积极发挥市场在社会治理中的调节作用,通过市场竞争机制的发挥,可以为社会治理提供更多的选择。为了进一步提高社会治理的质量,政府可以运用市场机制,利用购买的方式,为社会提供更加优质的公共产品和公共服务,充分满足广大人民群众的需要,提高社会治理的水平。同时,在社会治理中市场机制作用的有效发挥,还能够避免政府权力过大产生权力腐败,有利于廉洁社会环境的形成,净化社会风气,提高政府的权威,为社会治理发展创造有利的条件。

　　随着社会主义现代化的不断推进,我国社会发展中利益多元化趋势加剧,不同利益群体在社会治理中的利益诉求得到了加强。社会治理主体多元化的发展现状,大大促进了民众权利意识的提高,民众的民主观念进一步加强,参与社会治理的愿望更加强烈。在这样的背景下,社会组织不断建立和发展起来,民众通过社会组织表达自己的利益诉求,并积极参与到社会治理之中。社会组织的不断增加,大大促进了多元主体社会治理模式的形成。多元主体的社会治理模式,不仅使社会民主观念得到了加强,同时也进一步优化了社会治理结构,有效促进了政府职能的转变,提高了政府的服务意识,民众参与社会治理的愿望得到了真正实现,民众参与社会治理的积极性进一步提高,社会自治在社会治理中得到了进一步强化,多元共治的社会发展模式更已经成为现代社会发展的必然选择。

第三节　社会转型发展使基层治理面临新挑战

一、计划经济向市场经济的转型

　　新中国成立后,我国长期实行计划经济的发展模式。1978年,改革开放的号角在古老的中华大地骤然响起,我国社会的发展进入了一个崭新的阶段,社会各项事业的发展在改革开放大潮的推动下不断前进,尤其是经济领域的发展,成效更为明显。改革开放后,我国社会发展的重心开始转向经济领域,经济改革的浪潮一浪高过一浪,短短40年的时间,我国社会主义市场经济发展已经展现出巨大的生命力。随着经济发展水平的不断提高,我国的经济规模不断扩大,经济的影响力与日俱增,并逐渐成为社会发展的重要引擎,带动我国各项事业的发展齐头并进。随着计划经济体制被打破,社会主义市场经济逐步建立和发展起来,我国社会制度体系也发生了巨大的变化,社会治理模式也不断发展创新。

第一,政府职能发生了转变。在计划经济时期,政府作为社会发展的唯一主体,具有绝对的权威,政府主导着社会治理事务,实行自上而下的单一主体社会治理模式,社会组织和民众只能作为被治理的对象,被动地接受政府管理,不具有社会治理的决策权,难以参与到社会治理的管理体系中。然而,随着我国改革开放战略的实施,我国社会主义市场经济体制建立和发展起来,市场机制在社会治理中开始发挥越来越重要的作用。市场的发展强调竞争,在竞争机制的推动下,社会组织和民众在社会治理中的作用不断提高,并逐渐成为社会治理的重要参与者,此消彼长,相应地政府在社会治理中的管理权力逐渐减弱,政府开始简政放权,进一步实施治理权力的下放。具体来说,计划经济体制下大力倡导的全能型政府管理模式开始发生改变,政府在社会治理中管理权限的范围不断缩小,原先由政府承担的相当一部分社会管理职责,通过市场运行机制让渡给社会组织和广大民众。在现代社会治理中,政府更多的是发挥引导的功能,其角色定位也由社会治理绝对主体逐渐演变为社会治理的重要参与者。

第二,社会组织不断兴起。市场经济发展的一个重要特点就是竞争。竞争也就是不同的经济主体在平等条件下为争夺经济利益而展开的较量,竞争是市场经济的基本特征。严格意义上说,竞争具有选择作用,物竞天择、适者生存是自然的规律,也是社会发展的规律。竞争能够实现优胜劣汰,使社会不断发展创新。社会治理也一样,通过市场机制的构建,让不同社会治理主体参与到社会治理中来,通过竞争机制,选择最优的社会治理模式,这样社会治理可以达到事半功倍的效果。当然,竞争需要有不同的主体参与,这样才能形成有效的竞争机制。社会组织作为社会治理的重要主体之一,代表着不同的利益群体,社会组织通过参与社会治理,表达不同群体的利益诉求,维护这些群体的合法利益。为了有效推动市场经济的发展,政府开始转变职能,进一步加大简政放权的力度,不断强化与社会组织的交流与沟通,构建社会治理协调机制,积极发挥社会组织在社会治理中的作用,尤其在公共产品和服务的供给上,通过市场机制的作用,使社会组织担负起更多的社会治理职责。在新的社会发展条件下,社会治理模式的发展变化,一方面大大减轻了政府的负担,使政府能够将更多的精力投入社会治理的决策上,充分发挥政府在社会治理中的引导作用,有效避免政府在社会治理中"种了别人的田,荒了自己的地";另一方面,社会组织在社会治理中作用的不断加强,也有效地推动了社会组织的发展,使我国社会组织的发展开始走向正轨,切实维护了广大民众的利益,真正体现出了社会组织服务社会的初衷。

第三,民众参与社会治理的积极性提高。政府职能的转变,市场机制的建立,也有效地激发了民众参与社会治理的积极性。在计划经济体制下,民众由于长期处于被管理者地位,在社会治理中只能被动地作为社会治理的对象,缺少治理主导权,因此,他们对政府的社会管理事务基本上都是"事不关己,高高挂起"的态度。随着社会主义市场经济的建立,市场竞争机制促进了社会治理主体的多元化,民众作为社会治理的主体之一,参与社会治理的机会大大增加,参与的热情不断高涨,权利意识也在不断上升。从社会治理的效果来看,民众参与社会治理促进了社会治理理念的转变,进一步创新了社会治理的模式,极大地推动了我国社会治理体系的完善和发展。相应地,民众在社会治理中主体地位的确立,强化了民主思想,彰显了社会民主观念,民众的社会责任意识和奉献精神得到了加强,民众在社会治理中的积极参与,有力推动了我国社会治理工作的发展和提升。

二、社会转型使社会治理面临新挑战

社会转型能够有效推进政府职能的转变,提高社会组织和民众在社会治理中的积极性。但不可否认,社会转型也必然会导致社会发展环境的变化,给社会治理带来一定的冲击,使社会治理面临着一系列的问题和挑战。随着我国社会经济的发展,我国传统农业国的地位开始发生变化,特别是近年来,随着我国城镇化发展的快速推进,我国城市化水平不断提升。在我国城市发展过程中,社会结构随之发生改变,社会阶层也因此发生了根本性变化,农村人口在整个社会人口中所占比例逐渐下降,相反城镇人口的占比却在进一步上升。据统计,2011年我国城镇人口占比首次突破50%,随后城镇人口占比逐年上升,到2017年,中国城镇常住人口81 347万人,乡村常住人口57 661万人,城镇人口占总人口比重(城镇化率)为58.52%。城镇常住人口在我国总人口中的占比已大幅上升。根据我国新型城镇化规划(2014—2020年),到2020年全面建成小康社会之际,我国常住人口城镇化率目标将达到60%。城乡人口在社会总人口中占比的变化,不只是简单的数据变动,更重要的是我国社会结构形式的变化,新型城镇化发展趋势开始成为我国社会发展的新特点。伴随着社会结构的调整,我国在社会治理过程中存在的一些问题开也逐渐暴露出来。

第一,在城市化的过程中,随着农民身份的改变,其生活方式也发生了巨大变化。城镇化的发展,大批农村土地在城市化过程中成为城市的一部分,失去土地的农民也因此转变为城市居民。然而,这部分群体由于长期生活在农村,农村生活习性根深蒂固,即便身份发生了转变,其生活习惯、价值理念等都难以发生根本性的变化。在城市生活环境中,很多人都出现了难以适应的现象,对城市社会的不适应,使他们倍感孤独,过去熟悉的社会生活状态不复存在,生活环境由熟人社会一下子变成了陌生人社会,由于城乡社会生活价值理念的差异,更使得这部分身份转变的农民对城市生活无所适从。这些给城市社会的发展带来了诸多不确定因素,影响着城市社会的和谐发展。

第二,对城市原居民来说,由于不适应城市新增人口的变化,他们对外来人口具有较强的排斥性。城市新增外来人口中很大一部分是在城市化过程中转变身份的农民,他们的文化水平相对较低,很多人依然保留着农村生活理念和生活习惯,他们在城市生活中一般不拘小节,公共意识较差,生活散漫,往往与城市严谨的生活方式格格不入,难以被城市居民所接受,从而导致双方之间在许多方面存在着一定的对立情绪,不利于和谐社会环境的形成。这种社会价值理念的差异,不仅对城市社会的稳定产生一定的影响,无形中也大大增加了社会治理的难度。

第三,在城市化的过程中,城市化进程的加快大大加重了城市治理的压力。随着城市化的发展,城市规模不断扩大,城市人口迅速增长,对城市治理的要求也在不断提高。众所周知,近年来,加快城市化发展的步伐已经成为推动我国发展的重要战略,社会各项事业的发展也都是围绕这个主题展开。但不可否认的是,我国城市化发展的各项准备工作并未完全到位,城市快速发展过程中还存在着一些突出的问题亟待解决。由于对城市化发展的认识不到位,政策的制定缺乏前瞻性,各项工作准备严重不足,特别是城市基础设施等配套建设不到位,城市有限的空间难以容纳不断涌入的外来人口,公共产品和服务的供给明显不足,直接导致了城市居民生活品质和生活质量的下降。具体来说,在当前城市社会发展的过程中,随着城市规模的不断扩大,城市的交通拥堵问题、治安环境问题、公共基础设施建设等问题一下子暴露出来,给社会治理造成了一定程度的混乱,给城市治理带来了很多不确定性因素,大大增加了城市治理的难度。

三、有效应对社会转型给基层治理带来的挑战

社会转型带来社会阶层的变化,不同的社会阶层具有不同的利益追求,如何有效平衡不同社会阶层的利益需求,加强社会治理的效果,就必须根据社会发展的需

要,不断创新社会治理模式。

第一,发挥政府在社会治理中的主导作用。政府是国家权力的实际执行者,具有绝对的权威,政府能够通过制定国家方针和政策,引导社会发展的方向。因此,加强社会治理,政府应当做好顶层设计,通过对社会发展的总体把握,创新发展理念。一般来说,理念是行动的先导,一定的发展实践都是由一定的发展理念来引领的。发展理念是否对头,从根本上决定着发展成效乃至失败。[①] 只有政府的社会治理方向明确了,社会治理的目标才能确定,社会治理才能有章可循,并取得实质性的效果。相反,如果社会治理的方向发生了偏差,社会治理就会出现混乱,社会治理的效果就会事倍功半,对社会治理的发展就会产生一定的阻碍,势必会影响到整个社会发展的进程。

第二,发挥市场机制的调节功能。社会主义市场经济的发展,促进了社会结构模式的改变,市场机制在社会治理中的作用进一步凸显,社会治理模式不断创新。在新的社会治理模式下,充分运用市场机制加强对社会治理结构的调整,这已经发展成为新形势下我国社会治理发展的一个主要特点。在社会治理中,市场机制的构建促进了不同利益群体的产生,在社会发展中形成利益主体多元化的格局。然而,不同利益群体具有不同的利益诉求,如何协调好不同利益群体的关系,单纯依靠政府的力量,一般很难达到目的,其中一个关键的因素就是政府本身也是利益诉求的一方,这样,要想使政府在主导利益分配中做到公平公正,不偏不倚,着实非常困难。因此,加强社会治理,就要切实发挥市场机制在资源配置中的决定性作用。理论和实践都表明,市场配置资源是最有效率的形式。[②] 通过市场机制实行资源配置,减少政府的直接配置,这种资源配置形式更能够被不同利益群体所接受,从而有效减少社会纷争,促进和谐社会环境的形成,为社会治理打下坚实的基础。

第三,加强基层社会文化建设。文化是影响社会发展的一个重要因素。文化发展能够提高民众的思想素质,培养民众的奉献意识和社会责任感。在现代社会治理中,民众思想文化水平的提高,大大拓宽了他们的视野,使他们能够更加清楚地认清社会发展形势,了解我国社会发展现状和社会发展需求,这样,他们才能在社会治理中明确责任和意识,全身心地投入社会治理中来。只有民众积极参与到社会治理中,社会治理主体多元的结构模式才能形成,这样才能有效理顺政府、市场和社会三者在社会治理中的关系,强化协调意识,建立新型的社会治理模式,使社会治理逐步走向正轨。

---

① 习近平.习近平谈治国理政:第二卷[M].北京:外文出版社,2017:179.
② 中共中央宣传部.习近平新时代中国特色社会主义思想三十讲[M].北京:学习出版社,2018:146.

第三章　新时代下的基层治理新诉求

第一节　以人民为中心的治理理念

一、当前社会发展基本状况

改革开放40年来,我国经济、政治、文化、社会等各个方面都取得了显著的成就,社会各项事业发展有序推进。社会发展取得了巨大的进步,依法治国得到了进一步贯彻和实行,社会稳定,人民生活水平不断提高。40年来,我们解放思想、实事求是,大胆地试、勇敢地改,干出了一片新天地。从实行家庭联产承包,乡镇企业异军突起,取消农业税、牧业税和特产税到农村承包地"三权"分置,打赢脱贫攻坚战,实施乡村振兴战略,从兴办深圳等经济特区、沿海沿边沿江沿线和内陆中心城市对外开放到加入世界贸易组织,共建"一带一路",设立从"引进来"到"走出去",从搞好国营大中小企业、发展个体私营经济到深化国资国企改革、发展混合所有制经济,从单一公有制到公有制为主体、多种所有制经济共同发展和坚持"两个毫不动摇",从传统的计划经济体制到前无古人的社会主义市场经济体制再到使市场在资源配置中起决定性作用和更好发挥政府作用,从以经济体制改革为主到全面深化经济、政治、文化、社会、生态文明体制和党的建设制度改革,党和国家机构改革、行政管理体制改革、依法治国体制改革、司法体制改革、外事体制改革、社会治理体制改革、生态环境督察体制改革、国家安全体制改革、国防和军队改革、党的领导和党的建设制度改革、纪检监察制度改革等一系列重大改革扎实推进,各项便民、惠民、利民举措持续实施,使改革开放成为当代中国最显著的特征、最壮丽的气象。①

随着我国改革开放的不断深入和发展,我国的社会结构也相应发生了变化。在计划经济体制下,我国城乡二元结构体制在相当长的一段时间内处于统治地位,是我国社会发展的主要结构模式。建国初期,在城乡二元制结构体制下,我国的社会发展也曾取得过一定的进步,在这个发展阶段中,我国开始由传统的农业国向工业化国家转变。在这一时期,我国社会治理机制相对简单,即对户籍制度进行严格的限制。在计划经济体制下,我国户籍制度与社会各项管理制度紧密挂钩,涉及各项社会保障制度严格遵照计划执行,我国城乡居民的流动相对较少,社会结构模式也相对简单,农村和城市作为两种典型的社会结构体系,有着截然不同的社会特征,分别维持着不同社会阶层发展的需要。改革开放后,我国在经济建设取得不断进步的同时,社会结构形式也发生了重大变化,城乡二元结构体制开始松动。改革开放促进了市场经济的发展,市场机制在社会发展中的作用进一步加强,我国城乡人员之间的流动开始加速,大批农村剩余劳动力开始进入城市寻找发展机会,这部分人群尽管长期在城市工作生活,但他们始终难以融入城市生活之中,由于这些外来人口生活环境相对封闭,与群体外的社会交流较少,致使他们与城市居民的融合存在着一定的障碍。不仅如此,在市场经济条件下,我国的户籍制度开始松动,但在现实生活中,由于城乡二元结构体制的存在,外来人口在城市生活中仍然被区别对待,其在医疗保障、基础教育、社会福利等方面很难与城市居民享有同等的权利,他们虽然是城市生活中的一个群体,但其在城市生活中的主体地位难以得到真正的确立,时常被排除在城市主流社会以之外。

二、确立"以人民为中心"的治理理念

人民是历史的创造者。我国社会主义事业的发展,离不开广大人民群众的大力支持。在不同的发展时期,人民群众都发挥着重要的作用。在革命战争年代,正是由于人民群众的积极参与,我们才打败了残暴的日本侵略者,取得了近代以来反对外来侵略的胜利,也正是在广大人民群众的大力支持下,中国共产党领导的人民军队才最终取得了新民主主义革命的胜利,建立了新中国。新中国的建立预示着中华民族进入了一个崭新的发展时期,为了改变中国一穷二白的面貌,广大人民群众又义无反顾地投身到社会主义建设之中,为我国社会主义制度的确立和发展作

---

① 习近平.在庆祝改革开放 40 周年大会上的讲话[EB/OL].[2018-12-18]. http://www.xinhuanet.com/politics/leaders/2018-12/18/c_1123868586.htm? baike.

出了不懈的努力。40年前,安徽凤阳的一个偏僻的村庄,18户农民顶着风险包产到户,开创了我国改革开放的先河,从此,中国社会发生了翻天覆地的变化,进入了一个鼎盛的发展阶段。党的十八大以来,在以习近平总书记为核心的党中央领导下,我国社会主义现代化建设再上新台阶,实现中华民族伟大复兴的中国梦成为社会发展的重要目标,在实现中国梦的过程中,广大人民群众再次迸发出巨大的能量,他们积极投身于社会主义现代化建设,推动中华民族再次腾飞,中华民族伟大复兴的中国梦正在一步步的成为现实。

在新时期,进一步推进社会主义现代化建设,需要广大人民群众积极参与。充分发动群众,实现社会发展的多元化,积极应对当前社会发展中利益群体和利益诉求多元化的发展趋势,将是新时期中国社会发展的一个重要课题。在多元化的社会结构中,如何坚持以人民为中心的宗旨,有效加强社会治理,建立和完善社会治理体制,更新治理观念,创新治理模式,是新时期我国治理发展的关键。

（一）党的领导是落实新治理理念的保证

中国共产党的领导是我国社会主义事业取得胜利的保证。中国共产党的领导地位是历史和人民的选择,在新时期,我国宪法也明确规定:"中国共产党领导是中国特色社会主义最本质的特征。"中国共产党领导始终强调以人民为中心,坚持把人民的利益放到首位,在执政过程中,始终强调权为民所用,利为民所谋,想人民之所想。因此,只有在中国共产党的领导下,我国社会主义事业才能蒸蒸日上,人民当家作主才能真正实现。在新时期社会治理中,也必须强化中国共产党的领导地位,在中国共产党的正确领导下,实现人民的主体地位,提高民众参与社会治理的积极性和创造力,这是加强社会治理重要基础。在新的发展时期,我国社会面临的主要矛盾已经发生了变化,社会主要矛盾已经转化为人民日益增长的美好生活需求和不平衡不充分发展之间的矛盾。要想实现人民对美好生活的向往,就必须进一步健全民主制度、拓宽民主渠道、丰富民主形式、完善法治保障,确保人民依法享有广泛充分、真实具体、有效管用的民主权利。为中国人民谋幸福,为中华民族谋复兴,是中国共产党人的初心和使命,也是改革开放的初心和使命。我们党来自人民、扎根人民、造福人民,全心全意为人民服务是党的根本宗旨,必须以最广大人民根本利益为我们一切工作的根本出发点和落脚点,坚持把人民拥护不拥护、赞成不赞成、高兴不高兴作为制定政策的依据,顺应民心、尊重民意、关注民情、致力民生,既通过提出并贯彻正确的理论和路线方针政策带领人民前进,又从人民实践创造和发展要求中获得前进动力,让人民共享改革开放成果。①

(二)坚持社会主义制度是落实新治理理念的根本

1840年,鸦片战争爆发,腐朽的清政府战败,中国被迫割地赔款,从此进入了半殖民地和半封建时代。1921年,中国共产党成立,经过28年的不懈努力,中国共产党领导广大人民群众建立了新中国,中国从此再次屹立于世界民族之林。社会主义制度的确立,是近代以来中华民族的大事件,从此中国社会的发展进入了一个新的发展阶段,社会主义制度爆发出的巨大能量不断推动我国社会向前发展。1978年,以党的十一届三中全会召开为标志,我国改革开放的大幕正式拉开,中国社会发展开始进入一个快速化发展的轨道。改革开放强调我国社会主义现代化建设,必须不断强化民主法治建设,强调人民主权原则,国家的一切权力属于人民,社会主义各项制度建设必须强调以人民为中心的核心展开,充分体现广大人民的意志,发扬民主,这是中国特色社会主义事业发展的重要条件。在新时代,我们要不断加强中国特色社会主义建设。中国特色社会主义是党和人民100多年来奋斗、创造、积累的根本成就。改革开放以来特别是党的十八大以来,我们党带领人民走中国特色社会主义道路,极大激发了中国人民的创造力,极大解放和发展了社会生产力,极大增强了社会活力,极大提升了我国国际地位,社会主义在中国展现出强大生命力。② 只有社会主义发展取得伟大成就,我国社会主义制度才能进一步完善和发展,人民群众的各项权益才能得到真正保证,人民当家作主的地位更加真实。

(三)人民当家作主是落实新治理理念的关键

我国宪法第二条规定:"中华人民共和国的一切权力属于人民。"人民当家作主是我国社会制度的主要特征。在社会治理中如何体现人民当家作主,是社会治理取得成效的关键。为此,我国宪法第二条规定:"人民依照法律规定,通过各种途径和形式,管理国家事务,管理经济和文化事业,管理社会事务。"该规定为广大民众参与社会治理提供了重要法律依据,也大大促进了民众参与社会治理的积极性。因此,创建新时期社会治理的模式,一定要以人民为中心,围绕为人民服务这个中心,想民众之所想,积极反映民众的诉求,维护民众的利益,这是社会治理的根本原

---

① 习近平.在庆祝改革开放40周年大会上的讲话[EB/OL].[2018-12-18]. http://www.xinhuanet.com/politics/leaders/2018-12/18/c_1123868586.htm?baike.
② 中共中央宣传部编.习近平新时代中国特色社会主义思想三十讲[M].北京:学习出版社,2018:56.

则,也是社会治理的最有效措施。树立以人民为中心的社会治理思想,一方面体现了我国宪法精神,强调了人民在社会发展中的主体地位;另一方面,还能够有效提高广大人民群众的社会责任意识,充分调动他们参与社会治理的积极性,进一步强化广大民众在社会治理中主体地位,促进多元共治社会治理模式的构建。

(四)服务民众意识是落实新治理理念的基础

当前,我国社会发展状况已经发生了很大的变化,社会主义市场经济体制已经建立起来。在市场经济条件下,利益主体的多元化发展,有效促进了政府职能的转变,政府全能的社会治理模式已经发生改变,社会治理由计划经济时期的命令-服从式的社会管理向主体多元的社会治理转变,政府单一主体的社会治理模式已经不能适应现代社会发展的需要。随着社会主义现代化的发展,我国法治建设越来越完善,民众的法律水平不断提高,权利意识不断增强,民众在社会治理中的利益诉求不断增多,参与社会治理的积极性也在不断提高,实现当家作主的愿望愈加强烈。因此,在现代社会治理中,为了有效应对社会发展的多元化,政府应当进一步简政放权,增强服务意识,把服务民众作为社会治理的首要任务。在具体的治理过程中,构建新的社会治理体制,应当不断改善公共产品和服务的供给效率,优化公共产品供给和提高公共服务质量,减少政府对治理权力的垄断,发挥社会组织和民众在社会治理中的主体作用,让广大民众充分参与到社会治理中来,实现人民当家作主的权利。

第二节 "协商、民主、法治、德治"的治理方式

一、社会治理方式的转变

传统的社会治理一般是由政府垄断社会治理权力,政府在社会治理中行使社会管理权力,一切由政府说了算,政府在社会管理中担负着全能的角色,其他社会组织和民众很难参与到政府的社会管理之中,绝大多数情况下只能充当被治理的对象,被动地接受政府的管理。从严格意义上说,这种社会治理模式的实质就是社会管理,治理的过程更多体现为政府的严格管理,政府利用其拥有的绝对权力,根

据管理的需要,制定相应的社会管理制度,把整个社会纳入政府管理体系中。因此,政府行使管理权力的目的不是为了满足人民群众的各项需求,而是为了达到其统治社会的目的。实践证明,这种社会治理模式,由于治理主体的单一性,往往在治理过程中会产生这样或那样的问题,具体来说,由政府作为社会治理单一的主体,一方面体现了政府对权力的执著追求,其行使管理权的主要目标就是达到对权力的垄断;另一方面,政府在行使管理权力的过程中由于缺少必要的监督,导致权力容易被滥用,给社会治理带来不利的影响。同时,政府单一主体社会治理模式,更多强调的是命令与服从,缺少必要的合作与协调,致使民众的利益诉求难以得到有效的回应,大大挫伤了民众参与社会治理的积极性。改革开放后,随着我国经济体制改革的不断发展与深入,我国政治体制改革的步伐也在不断加快,政府的职能开始发生转变,简政放权,建立有限政府和服务型政府是我国政府职能转变的主要发展方向。随着政治改革的不断推进,政府服务意识越来越强,共建社会治理的理念基本形成,在社会治理中,社会力量开始发挥越来越重要的作用,市场调节机制在社会治理中的作用也得到了进一步的加强,社会治理真正回归到社会本位。这样,我国社会治理开始有序推进,社会治理状况不断改善,大大促进了新的社会治理体系的建立和发展。

二、协商是社会治理的主要形式

协商顾名思义就是协调商量。在现代社会治理中,协商治理就是各利益主体就社会治理事项进行不断协调,努力达成共识的社会治理过程。协商是我国传统的社会价值理念。中华民族长期以来形成了天下为公、兼容并蓄、求同存异等优秀政治文化传统,强调人与人之间要"忠恕仁和",人与人之间要"合群睦众"。民间社会也素有调节说和的风尚,协调协商在日常生活中发挥着排难解纷、止讼息争的功能。[①] 因此,在社会治理中,强化协商机制的构建,能够为不同利益群体提供表达诉求的平台,促进不同利益群体之间的交流,有利于建立协商共治的社会治理机制,促进民主决策,推进国家治理体系和治理能力的现代化。具体来说,通过社会主义协商民主,能够更好地让民众表达诉求、理顺情绪,有效化解分歧、增进共识,形成顺民心、合民意的政策措施;能够让人们增进彼此理解,在关心自身利益的同时更多关切对方利益、理解公共利益、考虑长远利益;能够广泛形成人民群众参与

---

① 中共中央宣传部.习近平新时代中国特色社会主义思想三十讲[M].北京:学习出版社,2018:173.

各层次管理和治理的机制。①

在现代社会发展条件下,社会治理体制更多体现为主体多元社会发展趋势。随着我国社会主义市场经济体制的确立,政府的职能开始发生转变,政府在社会治理中不再追求对治理权力的垄断,更多的是发挥在社会治理中的主导作用,担负着引领者的角色。为此,在现代社会治理体制下,社会组织不断增多,其在社会治理中的作用也越来越大,民众参与社会治理的机会也逐渐增多,社会治理主体多元化逐步形成。然而,随着社会治理主体的增加,不同社会主体代表着不同的利益群体,在社会治理中,这些利益群体无一例外地都会竭力维护本群体的利益,最终会导致不同利益群体之间产生矛盾与冲突,由此引发社会治理混乱的状况,对社会治理的有序推进产生严重的阻碍。因此,在当前条件下,加强现代治理体制建设,组织协调是关键,只有协调好不同利益群体之间的关系,有效应对各利益群体的利益诉求,减少社会治理过程中不同利益群体之间的矛盾与冲突,形成稳定有序的社会治理环境,社会治理的基础才能更加稳固扎实。当然,平等协商的社会治理方式,不仅需要各利益群体有协商的意愿,能够积极参与协商活动,更重要的是政府应当加大对社会治理的引导力度,在社会治理中发挥好桥梁和纽带作用。一般来说,政府在社会建设中有着得天独厚的优势,政府作为国家政策的制定者,能够有效引导社会发展的方向,同时,政府还掌握着公共资源的分配权,能够通过对公共资源的调配来进一步强化对社会的治理,通过其拥有的权威把不同利益群体撮合到一起,协调各方利益,共商社会治理大计,不断创新社会治理发展的模式。

从现代社会治理发展的趋势来看,加强社会治理,推进协商治理的发展,是我国社会治理体制发展的一个重要特征,它对我国社会治理将产生积极的影响。第一,治理主体多元化的形成。在现代社会治理过程中,政府通过不断简政放权,将社会治理的权力进行分解,随着社会组织和广大民众在社会治理中作用的不断提高,社会治理主体呈现多元化发展。不同社会治理主体在政府的统一协调下,通过彼此间的交流与合作,逐渐形成统一的治理理念,在治理中强调不同社会治理主体的作用,能够有效促进社会各阶层积极参与到社会治理中来,使社会治理更具有普遍性和代表性。第二,社会治理形式更加灵活。协商治理更多体现在不同治理主体的相互协作上。由于不同社会治理主体代表的利益群体不同,它们在社会治理中的利益诉求也千差万别,如果社会治理采用统一的治理形式,将很难满足众多利益群体的多样化需求。因此,加强社会治理,必须改变社会治理模式单一的弊端,针对不同的社会发展状况,采用灵活多变的社会治理形式,实现治理形式多管齐

---

① 中共中央宣传部.习近平新时代中国特色社会主义思想三十讲[M].北京:学习出版社,2018:176.

下,最大限度地满足不同利益群体的需要。当然,社会治理形式多样化也容易引起治理的混乱,使社会治理难以有效控制,为此,政府在社会治理中应及时调整社会治理策略,积极发挥政府在社会治理中的引导作用,使社会治理沿着正确的轨道运行。

三、民主是社会治理的基石

民主是我国政治制度的主要特征,充分发扬民主是社会主义事业取得成功的重要保证。一直以来,我国非常重视民主制度建设,不断创新民主形式。新中国成立后,我国制定的1954年宪法中就明确规定了:"中华人民共和国一切权力属于人民。人民行使权力的机关是全国人民代表大会和地方各级人民代表大会。"这是从宪法的高度确立人民当家作主的权利。改革开放后,我国制定的1982年宪法中也明确规定了:"中华人民共和国一切权力属于人民。人民行使权力的机关是全国人民代表大会和地方各级人民代表大会。"同时,该宪法还进一步强调:"人民依照法律规定,通过各种途径和形式,管理国家事务,管理经济和文化事业,管理社会事务。"鉴于我国宪法对民主制度的不断强化,在我国社会治理中,如何发扬民主,体现人民当家作主的权利,已然成为我国社会治理的关键。一般来说,民主就是体现人民的意志,把保障人民的利益作为最高准则,这就要求加强社会治理必须时刻想着人民,真正把人民利益放到首位,在社会治理中要自始至终努力贯彻权为民所用、利为民所谋的思想,这样,社会治理才能充分体现民意,最大限度满足民众的利益诉求。

在当前纷繁复杂的社会发展环境下,不同社会群体的矛盾和冲突时有发生。在这样的背景下,社会治理如何有效体现民主,真正实现广大人民群众参与社会治理的权利,这就需要政府高层在制定治理政策时,要能够高瞻远瞩,做好顶层设计,把发扬民主充分贯彻到治理体系的构建中。在我国当前社会治理中,由于社会治理涉及的利益群体众多,不同利益群体有不同的利益诉求,如何在社会治理中统一各方的意志,减少分歧,制定出具有普遍代表性的社会治理体系,这就要求充分发扬民主,协调各方的力量,齐心协力,共同探索治理之策。具体来看,政府在现代治理过程中,应当进一步弱化对权力的垄断,积极放权,充分发扬民主,认真听取民众的意见,并且多从民众的视角来思考问题,解决问题。也就是说,加强社会治理建设,应当积极推进社会组织的发展,把更多的社会治理权让渡于社会组织,扩大社会组织在社会治理中的权限,支持它们积极为民众发声。

从本质来看，民众在社会治理中不能只作为社会治理的对象，更不能成为社会治理的看客，民众应当成为社会治理发展的催化剂，是社会治理的最终获益者。因此，我国社会治理发展的一项重要任务就是充分调动广大民众参与治理的积极性，发挥广大人民群众的聪明才智，这样，社会治理的发展才能符合广大人民群众的意志，真正体现人民当家作主的社会主义特征。不仅如此，民众作为社会发展的亲历者和直接受益人，对社会发展的状况更为了解，对社会治理效果的感受也最为深刻，只有民众参与社会治理的意识被充分激发出来，他们参与社会治理的热情才会高涨，这样才能够有效摆脱计划经济时代严重脱离群众、导致干群关系紧张的社会治理模式，建立起符合我国社会发展特点的社会治理体系，完善我国社会治理制度的建设。

民主治理是现代社会治理的主要形式，也是实现善治的基本条件。加强民主治理要始终贯彻以人民为中心的社会治理理念，实现人民当家作主。首先，人民是历史的创造者。从革命战争年代到社会主义建立时期，再到改革开放新时代，人民群众都不遗余力地投入社会革命和建设的过程中，他们任劳任怨，不计个人得失，始终屹立于时代发展的潮头。正是由于这些千百万人民群众的英勇斗争，才最终取得革命胜利。在社会主义建设时期，又是由于一些普通民众力图求变的壮举，我国改革开放的大幕才正式开启，实现中华民族伟大复兴的中国梦开始扬帆起航。可以这样说，人民群众是历史的创造者和社会发展的决定力量。人民是真正的英雄，人民是决定党和国家前途命运的根本力量，要依靠人民创造历史伟业。波澜壮阔的中华民族发展史是中国人民书写的，中华民族迎来从站起来、富起来到强起来的伟大飞跃是中国人民奋斗出来的。① 其次，必须时刻牢记为人民服务的宗旨。以人民为中心，一心一意为人民服务是我们党的宗旨。中国共产党在建立之初就强调了中国共产党是无产阶级的政党。早在抗日战争时期，毛泽东在纪念张思德的追悼会上发表了《为人民服务》的演讲，再次强调我们党是为人民服务的政党。改革开放总设计师邓小平也强调说："中国共产党的含义或任务，如果用概括的语言来说，只有两句话：全心全意为人民服务，一切以人民的利益作为每一个党员的最高准绳。"党的十八大以来，以习近平同志为核心的党中央秉持以人民为中心的发展理念，把人民对美好生活的向往作为中国共产党奋斗的目标，习近平总书记指出："党的一切工作，必须以最广大人民根本利益为最高标准。""我们要不断解决

---

① 中共中央宣传部.习近平新时代中国特色社会主义思想三十讲[M].北京:学习出版社,2018:88.

人民最关心最直接最现实的利益问题,努力让人民过上更好生活。"[1]

四、法治是社会治理的重要保障

法律是治国重器,法治是国家治理体系和治理能力的重要依托。[2]习近平总书记在党的十九大报告中强调指出:"法治兴则国家兴,法治强则国家强。"一个国家的发展离不开法治的保障,可以这样说,法治是一切事业取得成功的保证,现代社会的发展离不开法治的保障,一旦法治建设出现问题,社会发展的政策措施就会难以推行和实施,社会秩序就会遭到破坏,人民群众的利益就不能得到有效保障,社会发展与进步也会面临严重阻碍。故此,从一定意义上说,现代社会必然是法治社会,法治已经成为现代社会的一个重要标志。

纵观我国法治发展的历程,我国法治建设经历了一个曲折的过程。在相当长的一段时间内,由于受人治思想的影响,我国法治建设在社会发展中的作用始终未能有效发挥出来,其在社会发展中的地位被严重边缘化,法治环境遭到严重破坏。改革开放后,我国着力加强法律体系建设,重塑法治的权威,逐步加大依法治国的力度。1997年召开的中国共产党第十五次全国代表大会的报告中明确提出:"我国经济体制改革的深入和社会主义现代化建设跨越世纪的发展,要求我们在坚持四项基本原则的前提下,继续推进政治体制改革,进一步扩大社会主义民主,健全社会主义法制,依法治国,建设社会主义法治国家。"这是"依法治国"首次在党代会上正式提出。1999年宪法修正案将宪法第五条增加一款,作为第一款,规定:"中华人民共和国实行依法治国,建设社会主义法治国家。"这是从宪法高度确认依法治国原则,意义十分重大。党的十八大以来,以习近平同志为核心的党中央从关系党和国家前途命运的战略全局高度来定位法治、布局法治、厉行法治,围绕为什么推进依法治国、建设什么样的法治国家等一系列重大问题,进行全面探索,形成了丰富经验,取得了重大成就。[3]2017年召开的党的十九大再次强调:"积极发展社会主义民主政治,推进全面依法治国。"由此可见,依法治国不仅是社会主义现代化建设的一个根本任务和原则,也是建设中国特色社会主义政治的一个基本目标。随着我国依法治国战略的不断推进和发展,法治的地位进一步提升,社会主义法治建设也逐步走上快速发展的轨道。

在社会治理中,我国法治的进步和完善有效推进了社会治理的发展。在社会

---

[1][2][3] 中共中央宣传部.习近平新时代中国特色社会主义思想三十讲[M].北京:学习出版社,2018:87,183,184.

主义法治体系下,政府在社会治理中的职能开始发生转变,由垄断型政府开始向法治型政府转变,政府的权力范围进一步缩小,政府在行使权力的过程中不断增强法治意识,强化权力行使的合法性和正当性,用法治的手段强化对权力的监督,有效减少了政府在社会治理中的不作为或乱作为的现象,提高政府行政的效率。同时,政府依法执政还大大解放了社会的力量,使得社会组织能够在法律的框架内为广大民众发声,充分表达广大民众的利益诉求,进一步体现社会主义民主思想。对广大民众来说,法治建设的完善和发展,大大提高了民众的法律意识,能够帮助他们从法律的角度思考问题,运用法律的手段来维护正当的权益。随着民众在社会治理中权利意识和责任意识不断提高,民众参与社会治理的整体意识开始加强,他们不再只简单地维护个体的发展权益,更多的是从社会和国家发展的高度认识社会治理,参与社会治理,从而推动社会治理的发展稳步前进。

在现代社会的发展中,加强法治建设,推进依法治国,是有效构建中国特色社会主义法治体系的前提条件。首先,要进一步完善法治建设。加强法治建设的基础要求必须加快形成完备的法律规范体系。在法治建设的过程中,并非法律制度越多越好,更重要的是要强化法律质量建设,要根据我国社会发展的需要,建立和完善相应的社会主义法律体系,这样,社会治理不仅能够做到有法可依,同时这些法律制度还能够体现出时代发展特点。众所周知,恶法亦法。一部法律如果不能适应社会发展需要,甚至有违社会发展规律,这样的法律在社会发展建设中不仅发挥不了应有的作用,有时还会严重阻碍社会的发展。故此,良法是善治的前提。在现代社会的治理中,要紧紧围绕提高立法质量和立法效率,继续加强和改进立法工作,坚持科学立法、民主立法、依法立法,坚持立改废释并举,增强法律法规的及时性、系统性、针对性、有效性,提高法律法规的可执行性、可操作性。[①] 其次,提高民众的法治意识。民众法治意识的提高,有助于我国法律制度的贯彻实施。这就要求我国的法治建设必须坚持人民主体地位,坚持法治为人民、依靠人民、造福人民、保护人民。要把体现人民利益、反映人民愿望、维护人民权益、增进人民福祉落实到依法治国全过程,使法律及其实施充分体现人民意志。[②] 在我国法治建设的过程中,人民群众作为法治建设的受益者,也是法治建设的参与者,只有他们严格遵守法律规范,从内心敬畏法律,法律的权威性才能充分体现出来,法治建设在社会治理中的作用也才能更大限度地发挥出来。再次,加快法律实施的步伐。法律的生命力在于实施,法律的权威也在于实施。因此,法律作用的发挥最终体现在其实施

---

①② 中共中央宣传部.习近平新时代中国特色社会主义思想三十讲[M].北京:学习出版社,2018:187,186.

的过程中。加强社会治理,需要不断完善法律制度建设,强化法治在社会治理中的作用,推动法律的有效实施。只有这样,社会治理才能够充分保障不同利益群体的权益,维护他们的利益诉求,为广大民众参与社会治理提供法律依据。因此,在现代社会治理中,通过法律制度的有效实施,规范政府在社会治理中权力的行使,加大权力监督力度,确保权力在法律规定的范围内实施,真正实现政府在权力行使的过程中有权必有责、有责要担当、失责必追究,从而构建廉洁的社会治理环境,推动社会治理健康发展。

五、德治是社会治理的重要依托

法治与德治就如"车之两轮、鸟之双翼",不可偏废,国家和社会治理需要法律和道德协同发力,同抓共用。一段时间以来,我国社会治理中特别注重德法共治思想的发展和创新。2001年1月,江泽民同志在全国宣传部长会议上的讲话中强调指出:"我们在建设有中国特色社会主义,发展社会主义市场经济的过程中,要坚持不懈地加强社会主义法制建设,依法治国,同时也要坚持不懈地加强社会主义道德建设,以德治国。"这是我国社会经济步入新的发展时期所提出的一个重要治国方略。2002年党的十六大召开,胡锦涛同志在党的十六大报告中进一步强调:"要坚持把依法治国和以德治国结合起来,不断加强全民族的思想道德建设,促进依法治国基本方略的实施"。这表明实现依法治国方略必须把依法治国与以德治国有机结合起来,共同促进我国社会制度的不断发展。党的十八大报告中又再次重申:"要坚持把依法治国和以德治国结合,加强社会公德、职业道德、家庭美德、个人品德教育,弘扬中华传统美德,弘扬时代新风。"[1]党的十九大报告中也进一步强调了依法治国与以德治国相结合的原则,并把它作为新时代我国社会主义建设各项工作全面准确贯彻落实的保障。由此可见,在现代社会发展中,加强法治与德治建设,使法治和德治在国家治理中相互补充、相互促进、相得益彰,能够有效推进国家治理体系和治理能力现代化。

发挥德治在国家治理中作用在我国有着悠久的历史传统。在我国漫长的封建社会统治时期,封建统治阶级都不断强调德政建设,在那个时期,尽管存在着法律制度,但德治一直在封建统治制度中占有非常重要的地位,德主刑辅是那个时期国家治理的最主要形式。新中国成立后,强调法制建设的重要性,社会主义法制开始

---

[1] 胡锦涛.坚定不移沿着中国特色社会主义道路前进 为全面建成小康社会而奋斗[M].北京:人民出版社,2012:32.

建立和发展起来,依法治国逐渐成为社会发展的主要趋势。然而,建国初期,由于我国法律制度还不够完善,依法治国还不能真正落实到位,人治思想的影响在短期内还难以完全消除,个人崇拜的风气盛行,这一切导致了我国在很长一段时间内由人治作为主导,忽视法治在社会治理中的重要作用,人治大于法治现象在社会治理中还普遍存在着,致使法治在社会治理中的作用难以真正发挥出来,社会治理的法治化水平不高,治理效果不佳。

改革开放后,我国加快了法治建设的步伐,强化依法治国理念,同时,以德治国作为依法治国的思想基础和重要补充,其在社会治理中的重要地位进一步明确。因此,在新的发展形势下,如何理顺法治与德治的关系中,有效推进依法治国与以德治国相结合,俨然成为我国社会治理现代化的重要发展路径。在社会主义现代化建设中,要不断强化法治在社会治理中的主导地位,强调法治建设是社会治理发展的重要保证。由此可见,在现代社会治理中,一切治理事务都应当依法办事,只能在法律规定的框架内行使治理权,不能超越法律规定的权限。不仅如此,强化法治在社会治理中作用的同时,还应当进一步明确社会主义道德建设对社会治理的重要价值。加强社会道德建设,能够提高人们的思想道德水平,从而带动整个社会思想素质的提高。道德建设的发展,促进了人们规则意识的提高,使人们的行为规范得到了加强。因此,在时代社会治理中,要不断提高人们的法治思想和法治观念,增强他们的守法思想,这样,遵纪守法才能水到渠成。同时,在社会治理中还要充分发挥德治的作用,从而构建德法共治的社会发展新模式。2014年中共中央关于全面推进依法治国若干重大问题的决定中就曾明确指出:"坚持依法治国和以德治国相结合。国家和社会治理需要法律和道德共同发挥作用。必须坚持一手抓法治、一手抓德治,大力弘扬社会主义核心价值观,弘扬中华传统美德,培育社会公德、职业道德、家庭美德、个人品德,既重视发挥法律的规范作用,又重视发挥道德建设的促进作用,以道德滋养法治精神、强化道德对法治文化的支持作用,实现法律和道德相辅相成、法治与德治相得益彰。"[①]

第三节 构建"共建、共治、共享"的治理格局

加强社会治理一直以来都是党和国家的重要发展议题。探索国家和社会的现

---

① 中共中央关于全面推进依法治国若干重大问题的决定[M].北京:人民出版社,2014:7.

代治理方式,把握治理规律,建立科学的社会治理体系,一直都是加强国家和社会治理的主要发展方向。十八届五中全会提出治理体系和治理能力现代化建设以后,我国社会治理发展开始迈上一个新的台阶。在新的社会发展阶段,创新社会治理模式,是我国现代治理体系建设的重要内容,也是推进我国现代化发展的重要基础之一。党的十九大进一步对加强社会治理作了明确部署,即努力提高社会治理的社会化、法治化、智能化、专业化水平,打造共建共治共享的社会治理格局。由此可见,加强新时期社会治理建设,必须贯彻以人为本的社会治理思想,强调社会治理的发展必须以人民为中心,加快转变政府职能,强化政府的服务意识,不断提高民众参与社会治理的积极性,真正实现民众对社会治理的有效参与,并充分享有社会治理的成果。

一、共建是社会治理的前提条件

社会治理是一项复杂的工程,需要社会各方的力量参与,社会治理的效果才能发挥出来。我国社会治理的发展是随着时代的不同而不断发展完善的。在计划经济时期,采取的是政府为单一主体的社会治理模式,政府包揽社会治理事务,政府既是社会治理政策的制定者,又是具体社会治理措施的实际执行人,同时还担当社会治理效果的最终评判者。在全能政府的治理模式下,其他社会主体和民众难以参与到社会治理的管理体系中,对社会治理的决策过程影响甚微。这个阶段,社会治理基本上是由政府一人唱独角戏,民众在社会治理中的参与性不够,共建社会治理模式难以有效建立,民众的权益不能得到有效保障。改革开放后,随着我国经济政治的发展,法律制度也在不断完善,民众权利意识开始增强,社会治理体系也不断发生变化。在新形势下,我国开始探索新的社会治理路径,不断调整社会治理理念,进一步加强各级党委对社会治理的领导,提高党对社会治理的领导能力。同时,不断转变政府的职能,促进由全能政府逐渐向有限政府转变,加大政府简政放权的力度,减少政府对治理权力的垄断,把主要精力放到社会治理政策的制定上来,进一步发挥对社会治理的协调作用,加强对社会治理的有效引导。在共建治理的理念下,不同社会主体积极参与到社会治理中,社会治理的主体范围不断扩大。一方面这实现了社会治理主体的多元化,增强了社会治理的社会基础,提高了社会治理的代表性;另一方面,在市场机制的作用下,多元主体参与社会治理,大大促进了其他社会组织和民众有效融入社会治理,这样,不同社会治理主体通过竞争机制为社会治理提供更加优质的服务,提高社会治理的质量。因此,在现代条件下,共建社会治理体系,能够有效推进社会治理的发展,逐步形成党委领导、政府负责、社会协同、公众参与、法治保障的社会治理体制。

加强社会治理,促进共建社会治理体系的形成。第一,要强化党的领导。中国共产党是中国特色社会主义事业的坚强领导核心,是最高政治领导力量,各个领域、各个方面都必须坚定自觉坚持党的领导。[①] 在现代社会发展中,要不断加强党的领导,创新社会治理机制体制,不断提高社会治理社会平,确保我国社会治理沿着正确的轨道运行,沿着社会主义制度的发展方向不断前进。第二,加快政府职能的转变。在现代社会发展条件下,推进服务型政府建设,政府的服务意识不断加强,在社会治理中不断实行简政放权,避免政府权力过于集中,有效遏制权力腐败现象的产生,促进廉洁政治建设,提高政府的威信。第三,共建社会治理需要各方力量的积极参与。社会组织和广大民众积极参与社会治理,激发全社会的活力,实现了治理主体多元化发展,不仅保障了不同利益群体参与社会治理的权利,同时也提高了广大民众的社会责任意识,促进了社会民主观念的提升,有助于提高社会治理的社会化。习近平总书记指出,注重动员组织社会力量共同参与,发动全社会一起来做好维护社会稳定工作,努力形成社会治理人人参与、人人尽力、人人共享的良好局面。扩大开放公共服务市场,通过政府购买服务、健全激励补偿机制等办法,鼓励和引导企事业单位、社会组织、人民群众积极参与社会治理。[②]

二、共治是社会治理的主要形式

现代社会治理追求的是善治。善治的基础就是共治,即不同社会主体共同参与社会治理。随着社会主义市场经济的建立和发展,社会利益群体不断分化,利益多元化现象不断加深,不同利益群体有着不同的利益诉求,在这种情况下,如何有效应对不同利益群体的利益诉求,保障各方的利益,最有效的办法就是让不同的利益群体参与到社会治理中来,形成共治的社会治理体制。这样,不同利益群体通过参与社会治理,能够在社会治理中及时表达意愿,有效维护群体利益,确保其合法权益得到有效保护。通过建设共治的社会治理结构,能够大大减少社会矛盾与冲突,有利于形成和谐的社会治理环境,促进善治目标的实现。当然,社会共治首先要强调社会治理体系和社会治理秩序的建设,不能众多治理主体简单地一拥而上,这样的话,不仅会导致社会治理秩序的混乱,还会给社会发展埋下不稳定的隐患,

---

①② 中共中央宣传部.习近平新时代中国特色社会主义思想三十讲[M].北京:学习出版社,2018:74,240.

使社会治理难以稳定发展。

　　社会共治是现代社会治理的重要形式,也是实现社会主义民主政治的重要基础。第一,社会共治有利于化解社会矛盾。当前,我国社会发展大局总体稳定的同时,社会利益关系日趋复杂,社会阶层结构分化,社会矛盾问题交织叠加,人民群众对社会事务参与意愿更加强烈,社会治理面临的形势环境更为复杂。[①] 加强社会共治,可以有效集中全社会的力量,强化集体力量的作用,在社会治理中发挥群策群力的效果。这样,社会治理不仅实现了主体多元协同治理,同时,社会治理的形势更加科学合理,能够有效实现社会治理从单向管理转向双向互动,社会治理的形式多样化,灵活性更强,有助于充分体现民意,化解社会参与公共治理的难题。第二,共治的社会治理体系更加规范。社会共治实现了社会治理主体的多元化,多元主体参与社会治理必须建立一个相应的社会治理机制。由于社会治理涉及政治、经济、文化和社会等诸多方面,实现社会共治就是要有效整合各方面的力量,坚持党的领导,充分发挥政府的主导作用,强化市场机制的调节作用,提高社会组织和民众参与社会治理的力度,有效建立共治的社会治理体系。具体来说,创新社会治理,共治是关键。要求树立大社会观、大治理观,将党总揽全局、协调各方的政治优势同政府的资源整合优势、企业的市场竞争优势、社会组织的群众优势有机结合起来,打造全面参与的开放治理体系。[②]

三、共享是社会治理的价值目标

　　共享是现代社会发展的主要特点,也是社会治理的主要目标。在社会治理中,共享就是共同享有社会治理成果。在计划经济时代,整个社会资源都是由政府来控制的,政府严格按照计划安排分配社会资源,民众享有政府提供的不同形式的社会服务。但在那个时期,由于政府管理机制相对僵化,缺乏灵活性,社会治理体系建设受人为因素和制度本身局限性的影响比较大,致使社会资源分配差异大、矛盾多,不公平现象非常明显。在社会主义市场经济条件下,政府在社会治理中的主体作用不断弱化,市场机制对社会资源分配的影响进一步上升,政府利用行政权力过度干预社会生产和服务现象大大减少,政府加快简政放权,社会治理开始由政府垄断模式逐渐转向以市场为主导的多元共治模式。在这样的治理体制下,不同治理主体通过竞争积极参与到社会治理体系中,使社会治理的水平得到了进一步的提高。

---

①② 中共中央宣传部.习近平新时代中国特色社会主义思想三十讲[M].北京:学习出版社,2018:235.

在新的发展时期,政府的职责发生了转变,政府开始致力于推动社会的发展,加强构建现代社会治理体系,努力消除贫困,促进社会共同发展。在党的十九大报告中就明确提出了:"增进民生福祉是发展的根本目的。必须多谋民生之利、多解民生之忧,在发展中补齐民生短板、促进社会公平正义,在幼有所育、学有所教、劳有所得、病有所医、老有所养、住有所居、弱有所扶上不断取得新进展,深入开展脱贫攻坚,保证全体人民在共建共享发展中有更多获得感,不断促进人的全面发展、全体人民共同富裕。"由此可见,我国现代社会治理的主要目标就是实现共享,让改革的成果惠及每一个人,使广大民众共同享有社会治理的成果。习近平总书记强调指出:"我们追求的发展是造福人民的发展,我们追求的富裕是全体人民的富裕。"因此,在现代社会发展条件下,加强社会治理的共享发展,具有非常现实的意义。第一,共享模式是新时期社会发展的必然。共享社会发展成果是消除新时期社会发展不平衡的有效措施之一。通过共享建设,大力消除社会贫困,实现全民小康社会,这是我国四个全面建设的重要内容。具体来说,全面建成小康社会,就是要积极回应社会关切,贴近人民群众生产生活实际,提升人民群众的获得感。要主动考虑人民群众的所思所想、所忧所盼,充分考虑不同群体,特别是弱势群体的利益诉求,让人民群众获得更多看得见、摸得着的实惠和好处。第二,共享也是实现为人民服务的宗旨。为人民服务的宗旨就是一心想着民众,一切为了民众,社会治理的根本目的就是提高民众的生活品质,通过共享建设,有效提高民众的生活水平。通过加强社会治理建设,让民众真正享受到社会治理的成果,使社会治理的发展能够不断满足人民日益增长的美好生活需要,不断促进社会公平正义,最终达到善治,进一步推进社会的发展。也就是说,在现代社会治理中,共治是目标,要使社会治理的成效更多、更公平地惠及全体人民,不断增加人民的获得感、幸福感、安全感。[①]

---

① 中共中央宣传部.习近平新时代中国特色社会主义思想三十讲[M].北京:学习出版社,2018:235.

第四章 都市化与城市基层治理体系变革

第一节 都市化背景下的社会问题分析

一、我国都市化发展历程

(一)新中国成立前,我国城市发展缓慢

中国自古以来就是一个农业大国,社会生活方式主要以农耕为主,农业人口在社会总人口中的占比处于绝对优势。在我国长达两千多年的封建统治时期,一直实行自给自足的小农经济,该经济的主要特点是封闭性强,商品经济发展相对薄弱。在小农经济体制下,我国社会经济的发展绝大多数情况下处于自给自足的封闭状态,简单的商品交换在小集市即可完成,不需要有较大的城市作为商品的集散地。因此,在封建制度体系下,我国商品经济发展缓慢,而城市作为商业集聚的中心,在商品流通不发达的情况下,很难兴起。

在很长一段时间内,我国城市发展基本上处于停滞不前的状态,这种状况一直持续到鸦片战争的爆发。19世纪中叶,由于当时清政府腐败无能、治国无方,致使清王朝国力衰落,国家危机四伏。然而,就在中国的发展逐渐日薄西山时,以英法为代表的一些西方国家经过第一次工业革命的洗礼,逐渐走上了工业化发展的道路,并发展为世界强国。随着这些西方国家国力的不断增长,它们的经济发展速度也在快速上升,为了维持经济的快速增长,西方列强急需寻找殖民地作为廉价的原料产地和商品销售市场,此时古老落后的中国由于地大物博和人口众多,自然就成了它们梦寐以求的殖民对象。19世纪中叶,大清帝国内外交困,积重难返,西方列强终于把侵略的魔爪伸向中国。1840年第一次鸦片战争爆发,腐朽的清政府战败,被迫向英国割地赔款,中国的大门被打开,侵略者开始像潮水般涌入中国,中国的主权逐渐沦丧,很快就成为西方列强重要的廉价原材料产地和工业产品的倾销市场。在中国半殖民地和半封建化的过程中,中国的很多城市被迫对外开放,成为与列强通商的重要商埠,外国商品从这里源源不断地进入中国市场。随着近代中国对外商业贸易的不断增长,一些开放的城市逐渐发展壮大起来,城市规模和数量都较以前有了较大的提高。不仅如此,在民族危机不断加剧的过程中,中国的地主阶级为了应对民族危机,维护封建专制统治,也曾尝试进行科学技术变革,以期达到民富国强,御敌于国门之外。19世纪60年代兴起的洋务运动,就是地主阶级寄望于通过学习西方的科学技术,发展中国近代民族工商业,实现师夷长技以制夷。尽管洋务运动随着甲午战败而宣告失败,但在洋务运动的推进过程中,逐步建立和发展起来的中国近代民族工商业客观上促进了我国近代城市的进一步发展。尽管如此,由于外国列强的压制,再加上封建制度本身的局限性,我国民族工商业的发展水平仍然较低,经济增长乏力,民众生活极度贫困,这些因素又大大影响了近代中国城市化的发展水平。根据统计数据,从1840年到1949年的100多年间,全国总人口从4.19亿人增至5.41亿人,共增加1.22亿人。在此期间,城镇人口由1843年的2 070万人,增至1893年的2 350万人,城镇人口在总人口的占比从5.1%上升为6.6%。至1949年增至5 766万人,在总人口中的占比上升至10.6。[①]从这些数据中不难发现,我国近代以来,城市化发展一直比较缓慢。

(二)新中国成立后我国城市的发展

新中国成立后,我国城市化发展开始起步,至今经历了两个不同的发展时期。

第一阶段,我国社会主义建设初期实现工业化,开启了我国城市化发展进程。新中国成立后,我国进入了新民主主义社会向社会主义社会过渡时期。1956年,随着我国基本完成对农业、手工业和资本主义工商业的社会主义改造,我国社会主义制度基本建立。在社会主义制度建设的初期,我国就制定了建立社会主义工业化强国的战略目标,因此,在那个时期,我国社会主义发展秉持以工业发展为主、农业发展为辅的社会发展战略,国家大力发展工业,尤其注重重工业的发展,农业发展的作用主要是为工业发展提供原材料,或进行初级加工,各产业的发展基本上都

[①] 赵文林,谢淑君.中国人口史[M].人民出版社,1988:626;中国城市手册[M].北京:经济科学出版社,1987:796.

是围绕着工业发展大局展开的。在当时的经济发展形势下,我国的工业发展较快,工业化水平不断提高。伴随着工业化发展的不断推进,我国城市发展的速度也在不断加快,城市的规模不断扩大,特别是一些新兴城市的不断涌现,进一步助推了我国城市化发展的进程。我国新兴城市的发展是在我国工业化发展过程中产生和发展起来的,城市性质相对单一,在我国社会主义建设初期起到了非常重要的作用,在这类城市中,以大庆和攀枝花等城市最具代表性。总的来说,在社会主义制度建设初期,我国城市化发展开始起步,但由于我国农业大国的根本没有改变,再加上我国工业化发展底子薄,发展潜力有限,我国社会主义建设早期的城市化发展规模不大,城市化水平比较低,基本上还只是处于初步发展阶段,还远远落后于西方发达国家的城市化发展水平,与它们相比,我国城市化发展水平还存在着较大的差距。

第二阶段,改革开放后,随着我国社会主义市场经济的确立和发展,我国城市化进程不断加快。改革开放促进了人们思想的解放和社会活力的释放,改革开放犹如打开了巨大的能量罐,使我国政治、经济、文化、社会各方面的发展都取得了较大的进步。随着我国经济建设的不断深入发展,我国经济发展进入了一个前所未有的发展时期。在新的发展形势下,随着世界城市化发展趋势的加强,我国城市化发展也取得了长足的进步,城市的数量和规模不断刷新,城市化水平达到了前所未有的高度。在城镇化发展的大背景下,一些新的城镇不断涌现。由于城市在长期发展中所积累的在经济、社会发展中的优势,使得城市的吸引力大增。不仅如此,随着我国社会治理体系的不断发展和完善,我国户籍管理制度的改革也在不断推进,户籍政策进一步放宽,户籍对民众的束缚不断减弱,城乡居民之间的流动加快,大批农村富余劳动力进入城市寻找发展机会,城市人口数量急剧上升,城市发展规模不断扩大。据统计数据,1978年我国城镇人口只有1.72亿,城镇化率只达到17.92%,但到了2011年,我国城镇化率已达到了51.27%,城镇人口在总人口中的比重首次超越了农村人口。近年来,随着我国城镇化的大力发展,我国城镇化率进一步提高,截至2017年,我国城镇化率已高达58.52%,预计到2020年,我国城镇化率可达到60%,将进一步拉近与西方发达国家城市化水平的距离。

二、我国城市化发展过程中带来的社会问题

(一)导致农村"空心化"现象

城市化的特点是城市的规模和人口急剧上升。在城市化发展过程中,由于城

市在教育、就业、医疗等方面具有绝对优势,大量农村人口开始向城市转移,他们在城市经过数年的打拼,很大一部分人会在城市立足安家,不再回到农村生活。这种人口大规模由农村向城市迁移,给城市发展带来充足劳动力资源的同时,却给农村社会的现代化发展带来了诸多的问题。

第一,农村经济发展缓慢,难以跟上现代社会发展的步伐。随着我国城市化进程的加快,城市作为国家发展的战略重点,得到了更多的政策方面的支持,具有更好的发展条件。不仅如此,近年来,随着社会的发展,我国户籍制度开始松绑,城市在教育、医疗、社会保障等方面的优势,又大大提高了城市对社会人才的吸引力,助推了人才资源向城市的集聚。在这样的大背景下,大量农村人口开始进入城市寻找更好的发展机会,农村人口的流失,使得农村人口在社会总人口中的比重进一步下降,农村劳动力资源也正在由富余变为不足,再加上农村发展长期面临着产业结构单一、资金投入不足等问题,直接导致了我国农村经济发展长期处于低水平,农业结构调整难度大,农村社会发展现代化所需要的人才和资金严重匮乏。因此,当前建立和发展现代农业、振兴乡村社会还存在着实质性的困难。在现代社会发展形势下,我国农村发展的困境进一步扩大了城乡之间的差距,从另一个角度来看,我国农村现代化发展乏力已成为影响我国社会发展平衡中的一个重要问题,也是当前我国城市化发展过程中亟待解决的关键问题。

第二,农村劳动力资源流失严重,农村社会"空心化"现象加剧。近年来,为了推动城市化发展,城市政府制定了诸多的优惠政策,大量吸引外来人口,在教育、医疗、社会保障等方面逐渐对外来人口实行平等对待,为他们在城市工作和生活提供便利条件。城市政府的这些举措大大提高了对农村人口的吸引力,大量农村人口开始进入城市发展。这部分群体主要以农村青壮年为主,他们基本上都是农村社会发展的中坚力量,思想活跃,具有一定的技术。这部分群体进入城市发展不仅使农村劳动力资源大量流失,还带走了资金和技术,这些都给农村经济发展带来了不利的影响,致使农村社会发展缺少了必要的人才支撑,出现人才荒现象,大大削弱了农村社会的发展基础。

第三,城乡差距不断拉大,城乡协调发展难以实现。城镇化进程推进了我国城市的快速发展,城市在整个社会发展中的优势地位凸显,由于政府在社会建设中大力推行城市化发展战略,城市也因此拥有了更多的社会发展资源,城市的发展更具活力。然而,相对于我国城市发展的风生水起,我国农村社会的发展却起色不大,发展速度和水平难以跟上城市的发展步伐,我国城乡差距不断拉大,城乡发展不平衡的矛盾进一步加剧。在我国现代化建设过程中,城乡发展的不平衡,有悖于我国现代社会共同发展的理念,难以实现社会的协调发展,不利于我国社会主义新时期基本矛盾的解决。

(二)"城市病"加剧,治理难度加大

在城市化建设过程中,大量外来人口涌入城市,为城市建设带来了充裕劳动力的同时,也加剧了城市治理方面的负担。随着外来人口的快速涌入,城市原有的公共设施和资源已难以满足急剧增长的人口需要,特别是相对落后的城市社会服务体系在暴增的人口面前更显得心有余而力不足。城市化过程中凸显出来的问题,进一步加大了城市治理的难度,城市治理基础条件建设难以跟上现代城市发展的需要,城市居民的生活品质不能得到有效保障。

第一,城市住房价格居高不下。由于我国城市化发展的时间不长,城市原有的基础设施建设投入不足,发展相对落后,大量外来人口不断涌入城市,城市的人口容量基本上处于饱和状态,很多基础设施都在超负荷运转,由此也带来了一系列的问题。其中最为突出的问题就是城市住房紧张矛盾难以解决。一般来说,物以稀为贵,住房自然也是如此。在城市化过程中,随着我国生产力水平的提高和生产规模的不断扩大,大批外来人口进入城市,他们首先需要解决居住问题,这就使得城市住房的需求量不断上升,外来人口对住房需求量的增加客观上助推了城市房价的不断飙升,居高不下的房价又给民众带来了巨大的经济压力。如何有效控制房价,使房价在一个合理的范围内波动,不仅成为现代城市发展中城市政府不得不面对的一个难题,也是城市现代化建设中亟待解决的问题,更是影响现代城市治理发展的一个重要因素。

第二,城市交通压力倍增。一直以来,我国城市发展相对缓慢,城市建设也相对保守,城市的整体发展规划缺乏前瞻性。在当前城市化的过程中,城市的规模不断扩大,城市居民的数量也在不断攀升。同时,随着我国社会经济条件的不断发展和改善,城市居民对生活品质的追求不断提高,私人轿车由过去的奢侈品开始成为普通消费品,拥有私人汽车的城市居民比例快速上升。据统计数据显示,截至2018年6月,全国机动车保有量达到了3.19亿辆,以个人名义登记的小型载客汽车和微型载客汽车(私家车)保有量达1.8亿辆,且持续增长的势头不减。城市私家车数量的急剧增长给城市交通带来了前所未有的压力,城市中原有的老旧路网很难适应当前城市发展的需要,城市交通状况不断恶化,堵车几乎成了当前我国城市化过程中一个挥之不去的阴影。近年来,尽管我国在城市交通建设方面做了大量的工作,比如拓宽旧路、建设新路,优化城市路网结构,但我国城市路网建设始终跟不上城市化发展的需求,城市交通问题俨然成为影响城市现代化发展的一个重要因素。

第三,城乡教育水平不均衡,医疗和社会保障不足等问题比较突出。长期以来,我国城市的教育水平远远高于农村地区,城市拥有的优质教育资源吸引了大批农村适龄儿童进入城市接受教育,致使农村很多中小学生源严重不足,有的学校教师人数甚至比学生人数还多,很多农村中小学不得已开始实行合并办学,这样,花费大量资金建设起来的校舍很多被弃之不用,造成了大量教育资源的浪费。相反,近年来,随着我国城市化进程的加快,城市人口数量激增,城市原本并不宽绰的教育、医疗等资源更是捉襟见肘,社会保障方面缺口巨大,难以支撑城市居民的实际发展需求,上学难、就医难已经成为城市居民的一块心病,也是现代城市治理中不得不面对的一个棘手问题。

第四,城市治理难度增加。城市化的一个显著特点就是城市外来人口的数量激增,流动人口数量庞大。根据《中国流动人口发展报告 2018》统计,从 2015 年开始,我国流动人口规模从此前的持续上升转为缓慢下降,2015 年全国流动人口总量为 2.47 亿人,比 2014 年下降了约 600 万人;2016 年全国流动人口规模比 2015 年减少了 171 万人,2017 年继续减少了 82 万人,为 2.44 亿。尽管近年来我国流动人口规模在逐年减少,但基数仍然非常巨大,基本上还是维持在较高的水平。在这些流动人口中,很大一部分是从农村流向城市的。然而,这些人口由于生活习惯等方面的差异,一时还不能有效适应城市的生活节奏,在城市生活中常常显得格格不入,难以融入城市的正常生活,再加上这些流动人口中很多人没有固定的住所,相关管理部门难以对他们进行有效的管理。这些问题必然会给城市的治理带来不利的影响,甚至还会引发不必要的矛盾和冲突,不利于和谐社会的建设发展。

(三)城乡之间发展失衡

建国以来,我国社会的发展基本上都是以城市发展为中心,城市在我国社会发展战略中的一直处于优势地位,从社会发展政策的制定到国家对社会发展的投入,城市建设都享有优先的条件。特别是近年来,我国和其他发达国家一样,把加快城市化发展作为社会发展现代化的主要目标,城市化建设不断得到加强,城市在国家发展中的地位进一步提升,影响力不断加强。可以这样说,城市化发展已经成为当今世界现代社会发展的晴雨表,我国社会发展自然也不例外。在城市化快速推进的过程中,我国现代化程度越来越高,经济水平也在不断提升,综合国力进一步增强,城市发展在社会发展中的标杆作用更加明显。然而,与城市发展不断上升的趋势相比,我国农村社会却逐渐走向衰落,农村经济发展在社会经济总量中的比重不断下降,农村"空心化"现象越来越严重,乡村发展举步维艰。近年来,尽管我国不断强化农村经济建设,实施乡村振兴战略,但由于农村人才资源的大量流失,好不容易发展起来的一些经济实体由于种种原因不断迁离农村,农村经济发展几乎又回到了过去较低水平的状况,已经严重影响到我国社会发展的平衡。要有效解决这个问题,必须进一步加快农村现代化建设步伐,振兴乡村建设。这对我国农村现代化发展提出了更高的要求,要不断创新我国农村社会发展机制,使农村社会发展跟上整个社会现代化发展的步伐,最终实现城乡平衡发展。

第二节 城市社区与基层治理现代化

近年来,随着我国城镇化规模的不断扩大,我国城市社会管理秩序面临着巨大的挑战,并在一定程度上阻碍了城市的发展。在这样的背景下,为了有效加强城市管理,促进我国城市治理的现代化,我国正积极研究和探索开放式小区建设的理论,一些地方已经进行了有益的尝试。当然,在现代城市建设中,开放式小区作为一种新的城市建设理念和社会管理模式,不可能一蹴而就,还需要经历一个长期的探索过程。

一、现代城市社区的特点

(一)开放性

开放式小区应当是无围墙的小区,即使有所谓的围墙,也不是冷冰冰的砖石工程,一般是采用自然形成的地貌形态来分隔,或者依靠一些人工形成的街道、树木或水系作为小区的边界,小区基本上都是依据城市街区的统一规划建设起来的。这样的小区,有贯穿小区内部的街区公共道路,有为整个社区提供服务的公共设施,同时,由于没有高高院墙的阻隔,大大有利于四通八达的网格状道路交通系统在街区的形成。另外,在整个街区的住区建设中,除涉及住区居民的居住隐私外,其余部分都是对外开放的,车辆可以在小区自由通行,不同小区的居民也可以自由往来,整个街区基本上形成了一个有机的统一体。

(二) 公共资源共享性

一般来说,在开放式小区中,不同小区之间的相互依赖性远远高于封闭式小区。在开放式小区建设中,自城市街区规划伊始,根据街区居民生活的实际需要,就有计划地把公共空间在不同小区进行合理规划和布局。经过科学规划后,这些公共空间设施包括公共交通、公共休闲娱乐设施等分散到街区的不同小区,使不同小区都能根据需要承载一定的街区公共职能,最终形成城市街区公共空间建设的优化配置,从而为整个街区居民的生活提供有效服务,真正做到资源共享,大大提高公共资源的利用率,充分发挥公共空间设施的社会效应。通过开放式小区建设,对整个街区公共资源进行优化,可以有效推动街区的建设发展,促进新型城市发展体系的建立。

(三) 新型化邻里关系

与封闭式小区不同的是,开放式小区由于没有院墙的隔断,不同小区之间的居民可以自由往来,再加上不同小区在公共空间规划建设了各种功能的街区休闲娱乐设施,使得居民愿意走出住宅,他们在户外逗留的时间就会大大增加,这样,不同小区居民之间邂逅的频率就会提高,邻里之间交流的机会就会增加,相互之间的联系就会加强。他们相互间的了解自然就更加深入,产生矛盾和冲突的几率就会减少。不仅如此,不同小区居民之间的交流与沟通,还会进一步促进小区内居民之间关系的改善,增强大家对社区的认同感和归属感,有助于形成邻里守望的新型社会关系。这种新型的邻里关系,大大改变了封闭式小区居民之间近在咫尺却老死不相往来的冷漠现象,有利于和谐社区的建立。

二、开放式小区建设的城市管理价值

(一) 开放式小区建设具有科学性

封闭式小区最大特点就是小区对外的封闭性,从小区内部的公共道路、各种公共设施的建设到小区各方面的管理,基本上都是自成体系的,缺乏与整个街区的有机联系。同一街区的不同封闭小区建设基本上都各自为政,缺乏统一的规划,致使整个街区的建设布局杂乱无章。与封闭小区不同,在开放式小区建设中,由于没有了小区围墙的限制,其建设规划可以围绕城市街区现状进行统一布局,有效改变过去封闭式小区对整个街区的无序分割状况。这种在街区统一规划基础上建设的开放式小区，由于没有人为的阻隔现象，能够充分优化整个城市街区公共道路交通的建设布局，从而确保整个城市街区形成"毛细血管式"的道路交通系统。这种道路交通体系一旦形成，就能够促进城市主干道和次干道上的车辆快速分流，大大减轻城市主干道和次干道的通行压力，有效缓解当前城市道路交通拥堵不堪的现象。由此可见，建设开放式小区，通过强化城市街区建设体系的整体规划，构建城市街区的网格状道路系统，把不同开放小区有机地联系在一起，形成一个协调有序的整体，从而提升城市街区的整体感，使城市街区充满活力。

另外，开放式小区的边界建设一般都进行弱化处理，不再是以高高的院墙作为分界线，小区基本上都是以广场和绿地作为边界标志。这种新型的小区边界形式，有效保证了小区与外界的空间隔离，增加了视线的通透性，住区居民借此可以增加相互间的交流，还可以进行必要的监视，这样既保证了小区边界的渗透融合，同时也增强了其安全性。由此看来，开放式小区边界由冷冰冰的围墙变为绿化、交流场所等组成的复合世界，这种柔和混沌的"边界域"，使得开放小区与城市街区之间形成了一个缓冲地带，为人与人之间的交流与活动提供了潜在的场所。

（二）有利于公共资源的共享

在传统的封闭式小区建设中，为了方便小区居民，一般都将公共空间设置于小区的中央，并用住宅将其围起来，致使小区以外的人难以利用这些公共空间。但小区一旦开放后，就没有了围墙的阻隔，不同小区的居民可以在彼此的小区内自由通行，公共设施等也一律对外开放。因此，在开放式小区建设中，公共空间和公共服务的布局，应当秉承方便适用的原则。对于规模不大的开放小区，应尽量将公共空间和设施置于小区的边缘，充分利用和发挥街道的空间作用；对于规模较大的小区，则应当将这些公共空间和公共设施依城市街道进行设置，这样可以方便其他小区的居民共享这些空间和设施，有效增强不同小区居民之间的交流与沟通。因此，在现代城市建设中，为了提高公共资源的利用率，城市建设部门应当根据实际情况，对同一街区的公共设施和公共空间进行科学规划，合理布局，这样可以有效避免在不同小区间公共设施重复建设的问题，减少公共资源的浪费，确保城市发展的可持续性。不仅如此，加强开放式小区建设，还能够相对集中公共资源，充分发挥城市街道的公共空间作用，有效促进不同小区居民在街道空间上的交往活动，提高住区的生活气息，发挥出公共设施的最大效益，使街道空间与公共设施之间形成相辅相成的良性循环。

（三）促进邻里关系的和谐

开放式小区建设的不断推进,强化了城市街区的功能,有助于把整个街区纳入统一住区管理的体系中。现代城市居住区的发展一般都强调邻里关系的和谐,如果还是像封闭式小区那样,邻里之间处于一种隔离排斥的状态,则邻里关系的发展就无从谈起,因此,构建良好的邻里关系,首先要让邻里之间有充分的交流与沟通,这就要求小区在规划建设之初,就从小区开放的角度去布局公共空间等资源,目的是把这些公共空间打造成不同小区居民活动交流的场所。具体来说,规划建设住区时,应当把公共设施分布在街道两侧,确保公众能够自由进入所有街道,使街道成为真正的公共领域,并为不同小区的居民提供必要的交流平台。在此基础上,城市街区可以通过组织各种社区活动,加强不同小区之间的联系,增进彼此的了解,减少矛盾冲突的发生,促进文明社区建设,推动和谐社会的形成。

（四）推动街道的多样性发展

小区开放一定程度上促进了居民之间的沟通与交流。小区开放后,居民之间实施交往的主要平台就是街道,这样,小区周边的街道发展也会随着小区的开放而充满活力。一般来说,公共生活应当维持在公共交往的层面上,而公共交往恰恰需要一定的公共空间作为交往的介质。在小区开放后,小区临近的街道正好发挥了这种介质的功能。这样看来,街道作为公共空间,要想具有活力,就必须有公共生活的存在,街道商业的发展和休闲娱乐设施的兴建为居民的公共生活提供了必要的条件,这些公共设施成了居民在街道逗留的重要基础。因此,推广街区制、建设开放式小区,要求街道的规划与设计必须确保街道功能的多样化,竭力避免把街道只当作行人与车辆通行的场所,街道应当承担更多的社会功能。在人们的现实生活中,为了维护住宅的私密性和居民自身的隐私,住区居民之间的一些日常交流与沟通大多在街道等公共空间进行,这又要求街道必须具有融合居民日常生活的多样性,能够把居民从封闭的住宅里吸引到街道上来,并乐于在街道上驻足,从而提高居民之间交往的概率。

（五）增强了城市的活力

开放式小区建设可以避免小区封闭导致人为阻碍城市发展的现象,使城市的规划更加科学化和人性化。一直以来,我国的城市交通建设,由于长期受封闭式小区建设的影响,缺少有效的支路网络系统建设,整个城市交通似乎形成了一个怪圈,城市主干道越建越宽,甚至主干道形成了上下几层的立体式的道路交通结构,但交通拥堵现象并没有多大改观,造成这种现象的一个根本原因,就是城市内部缺少"毛细血管式"的支路网络。在城市道路交通的高峰期,由于缺少了支路网络的分流,城市的主干道瞬间就会演变成一个巨大的停车场。因此,小区开放后,在街区道路交通的规划上,可以优先考虑城市的科学交通体系建设,建立符合现代都市发展特点的网格状城市交通系统,有效打通被小区阻断的城市街巷或支路,并充分利用这些街巷或支路发挥的道路交通毛细血管的作用,推动城市交通网格状道路交通网的形成,使整个城市的交通便利顺畅,方便居民的出行。另外,小区开放后,街道和社区可以在不同小区进行文化娱乐设施的建设布局,有目的、有计划地在不同小区开展文化活动,有效推动社区文化建设的发展,提高居民的生活品质。相应地,随着街道上人流量的增大,城市社区商业的发展被有效带动,小区居民的生活将更加方便,城市街区的活力也会进一步增强。

三、开放式小区建设方面的问题

在现代城市建设过程中,为了有效应对城市社会的治理问题,推广街区制、建设开放式小区逐渐成为城市现代化发展的主要模式。从当前城市发展的客观条件来看,全面建设开放式小区仍然具有较大的难度,尤其是对封闭小区进行开放式改造,将会面临着诸多的问题和挑战。

(一)相关法律法规的不完善

长期以来,封闭小区的建设一直是我国城市居住区发展的主要模式。在此基础上,我国有关居住区建设的法律法规和规章制度基本上都是围绕着封闭小区的建设制定的,这些法律法规的主要内容涵盖了我国城镇规划、土地使用、公共道路建设、公共设施的兴建以及小区物业管理等诸多方面。具体来说,包括有关城镇规划方面的法律法规,有关小区内的公共道路、公共设施以及公共绿地等公共空间确权的相关法律法规,有关小区内部管理权限归属等相关法律法规。由于这些法律法规都是围绕封闭式小区建设制定的,一旦实行小区开放,势必就需要对这些法律法规进行相应的调整,具体是要根据开放式小区建设发展的情况,对上述法律法规进行有效的立改废释,避免新的小区建设理念与法律法规之间发生冲突,确保推广街区制、建设开放式小区有法可依,开放式小区建设能够适时得到法律的有效保护。

（二）开发商对开放式小区建设的积极性不高

从住房货币化改革开始，地产开发商进行商品房开发时，常常把打造所谓的高品质封闭式小区作为促销的噱头。一般来说，封闭式小区建设自主性强，不用考虑与城市街区整体风格的协调性和一致性。当建设封闭式小区时，地产开发商可以只关注建筑的表象，弱化对建筑自身品质和小区社会功能的追求。这也是直接导致很多封闭小区新、奇、怪层出不穷的根源。然而，对于大多数购房者来说，他们关注的焦点恰恰就是建筑的外在表现形式，很少有人去关注小区的社会功能。对此，地产开发商也是深谙其道，它们从减少建设成本和提高投资效益的角度考虑，热衷于建设封闭式小区自然也就在情理之中了。由此看来，推广开放式小区，首先要让地产开发商转变思想，增强社会责任意识，在建设理念上要把小区的建设规划与城市街区整体发展充分结合起来，提高小区建设的社会功能。

（三）居民对建设开放式小区心存顾虑

当前，建设开放式小区最大的障碍之一就是居住区居民是否接受的问题。居民长期生活在封闭小区中，习惯成自然，早已适应了封闭式小区的生活模式，即便封闭式小区存在着这样或那样的问题，居民们也常常将其所忽视。在这样的背景下，实行小区对外开放，改变一贯的封闭式小区居住模式，促进居民居住理念的转变，应该存在着不小的难度。一旦居民对小区开放产生较强的抵触情绪，势必会对开放式小区建设形成巨大的阻力。为此，相关部门应加强推广街区制、建设开放式小区，首要任务就是要积极推动居民居住理念的转变，加大开放式小区建设的宣传力度，强调开放式小区建设在我国城镇化发展过程中的积极意义。为了有效推进开放式小区建设，相关部门还应当在开放式小区建设实践中积极寻找突破口，有针对性地对一些封闭的机关大院和老旧小区进行开放式改造，把它们作为开放式小区改造的样板，通过对老旧封闭小区的成功改造，让居民切身感受到小区开放后带来的居住区居住品质的提高，有助于促进居民居住理念的转变，积极引导居民从思想上接受小区开放的理念。

（四）开放式小区管理的难度增加

封闭式小区一般由小区物业进行全方位管理。小区内部的安全、道路、公共设施、绿化、公共卫生的管理以及物业管理费的收缴等相关职责基本上都是由小区物业自己来负责的，这种管理形式相对来说管理机构单一，权责明确，便于对小区实行统一的管理。但开放式小区由于具有开放性的特点,在小区中除了小区自身的建筑设施等空间外,还涉及一些城市街区的公共空间,这些公共空间包括街区的公共道路和街区统一规划建设的公共休闲娱乐设施等,城市街区的公共空间的管理职责一般应当由城市专门的管理机构来行使,然而,由于这些公共空间和设施与小区内部其他空间与设施紧密联系在一起,当不同管理部门对这些公共空间与设施进行具体管理时,如何厘清权责,进行有效的管理,将是一个比较棘手的问题。对公共空间与设施进行管理,如果管理的权责划分不清,就有可能出现不同管理者争相行使管理权,造成管理权重叠的现象,这样易造成不同管理者之间的冲突;另一方面,如果相关管理者对公共空间的管理职责相互推诿,不愿履行管理的义务,则又有可能出现公共空间无人管理的混乱现象。

(五)公共区域权益归属难以确定

对老旧封闭式小区进行开放式改造,往往会涉及一些公共空间的权益归属争端。对这个问题,新建的开放式小区一般在规划设计之初就已对其内部公共空间的权益归属进行了明确界定,出现权益纠纷的可能性不大。但老旧的封闭式小区,在规划建设之初,一般都将小区内的道路、绿地以及设施等公共空间明确界定归属于小区,各项费用已经计入了小区建设的预算,最终体现在小区住宅建设的成本中,由购买小区住宅的居民共同承担这部分费用。如果打开院墙,对小区实行开放,小区内的一些道路、绿地以及设施等将不再由本小区的居民独享,而是变成了整个街区共有,这样极易在公共空间权益归属上形成争端,如果这些争端在封闭小区开放改造前不能有效解决,小区的开放改造不仅难以顺利推行,甚至有可能引发群体事件,影响社会的稳定。

四、推进开放式小区建设,强化城市基层管理

(一)规范城市建设整体规划

随着我国城市化步伐的加快,我国的城市发展已经进入了转型期。然而,在很长一段时间内,由于我国对城市的发展规划缺乏前瞻性,致使城市发展建设中出现了诸多违背现代城市发展规律的乱象,影响了城市的健康发展,导致了大量"城市病"的产生。一般来说,城市规划是一个城市发展的蓝本,科学规划是一个城市发展建设的关键步骤,如果城市规划出现问题,整个城市的建设发展方向就会发生改

变,城市建设就会误入歧途。当前,很多城市的发展规划并非建立在其自身发展规律之上的,而是由一些领导干部个人的意志来决定的,这些领导干部对整个城市的规划不是从科学发展的角度出发,而是仅凭个人的好恶,对城市的建设进行随意规划。特别是一些领导干部为了个人政绩的需要,往往对整个城市进行大拆大建,严重缺乏系统性和科学性,导致城市建设显得混乱无序,城市建设规划中求变、求怪,盲目崇洋的现象层出不穷,城市的建筑风格与整个城市的自然风貌格格不入,整体风格显得不伦不类,缺乏活力。由此看来,如何加强城市的建设规划,提高城市发展的科学性和系统性,是整个城市建设发展的关键。

当前,我国已全面步入法治时代,依法办事已成为社会发展的基础,城市建设规划当然也不例外,要想避免城市发展规划中出现混乱无序的状况,就必须严格依法对城市进行规划。《中共中央、国务院关于进一步加强城市规划建设管理工作的若干意见》中,就特别强调了依法进行城市规划的原则,该意见明确规定:"严控各类开发区和城市新区建设,凡不符合城镇体系规划、城市总体规划和土地利用总体规划进行建设的,一律按违法处理。""研究推动城乡规划法与刑法衔接,严厉惩处规划建设管理违法行为,强化法律责任追究,提高违法违规成本。"这些规定为城市建设依法规划提供了重要的法律依据。在城市建设规划中,要进一步强化政府的职能,提高城市规划的代表性和权威性。具体来说,政府要根据城市发展的需要,对整个城市建设进行科学规划;相关规划部门事先要进行大量的调研工作,广泛听取不同的意见,鼓励公众积极参与城市规划。公众作为城市的主人,是城市发展规划的直接受益者,他们对城市建设感受最直接,其建议也更具参考价值。这样,在城市建设规划中才能群策群力,有助于提高城市发展规划的科学性和实用性。

(二)完善开放式小区建设体系

开放式小区建设并非简单的有无小区院墙的问题。如果认为开放式小区就是没有院墙的,其他方面建设与封闭式小区并无实质性的不同,那么,开放式小区就会犹如一个大杂院,小区内的混乱则是必然的。这样的开放式小区不用说提高居民的生活品质,有时恐怕连基本的居住条件都无法予以保障。为此,建设开放式小区首先要考虑小区开放后所涉及的诸多问题。比如,小区内公共道路交通的管理问题、公共设施的维护问题、小区安全的保障问题、居民居住空间的私密性问题等,这些问题都必须在建设规划前就考虑和处理好。所以,建设开放式小区必须依托城市自身的发展特点,进行科学合理的规划,切不可盲目照搬国外有关开放式小区建设的模式。一般来说,每个城市的建设发展都受到诸如城市的人口数量、居民的整体素质、住宅建设用地的控制情况、管理职能的分配等因素影响,不同城市的建设发展都会有所区别。因此,在进行开放式小区建设时,一定要把这些具体的综合因素考虑进去,这样才能根据城市自身的特点科学规划,减少盲目性,提高开放式小区建设的质量。推广街区制、建设开放式小区的具体规划,要从街区的面积、开放式小区的人口数量、小区的容积率以及小区内道路的比率等方面进行科学核算,制定出符合城市发展特点的最佳方案,同时,在全面推广这些方案之前还要进行有效试点,反复论证,对方案不足之处要及时进行修正。为了进一步提高开放式小区的建设水平,还要积极对开放式小区建设的效果进行有效评估,评估的主要内容包括评估的主体、评估的标准、评估的指标、评估的回应等方面。重点查找开放式小区建设过程中存在的问题,并把评估中发现的问题进行及时反馈,促进相关部门及时调整城市发展战略,完善开放式小区建设规划体系,从而确保开放式小区的建设符合城市整体发展的需要。

(三) 重视开放式小区建设的舆论宣传

推广街区制、建设开放式小区的最大障碍是居民居住理念的转变。一般来说,地产开发商开发房地产的主要目的是赢利,在这样的前提下,地产开发商投资开发房地产时,主要考虑的因素就是民众对其开发的房地产是否感兴趣。如果民众只认可封闭式小区,而对开放式小区的兴致不高,那么地产开发商在进行房地产开发时,恐怕很难与政府的城市建设规划目标保持一致,前者很大可能会放弃开放式小区的建设,把开发的重点放到受民众欢迎的封闭式小区建设上来。也就是说,民众对开放式小区的接受程度,会直接影响开发商对开放式小区建设的积极性,民众对开放式小区接受程度越高,地产开发商开发的积极性就越高。由此看来,在城市建设规划中,要想有效推广街区制、建设开放式小区,必须从以下几个方面入手。首先,加大对开放式小区的宣传力度。通过大量宣传开放式小区,帮助民众了解开放式小区建设在现代城市发展中的重要价值,使民众从内心真正接受开放式小区的居住理念。其次,相关部门还要积极推行开放式小区建设的实践。根据城市建设发展状况,有计划地进行一批开放式小区建设试点,并通过带来的城市交通、社区商业、小区管理等诸多方面的有效改善来对开放式小区进行全方位展示,使广大居民能够直观地感受到开放式小区的优越性,从而对开放式小区的建设积极支持。当然,推广街区制、建设开放式小区,政府部门还应积极起到带头模范的作用。具体来说,现在很多城市的老城区仍然存在着众多的封闭式政府机关大院,这些大院往往院墙高耸,戒备森严,给人以一种高高在上的优越感。长期以来,正是这些机关大院的建设模式对居民的居住理念产生了潜移默化的影响,很多居民从内心把那些戒备森严的封闭小区视为最理想的住区,在他们眼中,这样的小区不仅私密性强,安全舒适,同时,在这样的小区居住还会使人产生一种高高在上的优越感。因此,要想改变居民根深蒂固的居住理念,这些由政府主导的小区建设首先要摆脱对封闭式小区的执著追求,积极倡导开放式的建设模式。特别是在旧城区改造过程中,封闭式的政府机关大院更要一马当先,加大开放的力度,积极支持城市街区的规划改造,这样,在城市街区活力重新焕发的同时,还可以有效促进居民居住理念的转变。

(四)加强开放式小区管理体系建设

在小区管理方面,相对于封闭式小区的管理,开放式小区的管理体系要复杂得多,它不仅涉及小区自身内部的管理,同时还涉及小区开放后公共空间管理职能的归属问题。小区开放后在管理方面的具体变化主要有以下3个方面。

第一,城市建设规划。开放式小区的建设,涉及统一规划的城市街区道路等公共设施,这些公共设施尽管位于小区内部,但已不再由小区独享,而是变成了整个街区的公用设施。为此,城市建设规划部门对开放式小区进行管理规划时,必须强化对开放式小区管理体系的建设,根据城市街区建设发展的具体情况,分清小区内外的管理职责和权限,把开放式小区中属于街区管理的公共空间部分与小区自身管理的部分明确分离开来,这样,开放式小区的管理就可以做到责任到人,避免相互扯皮现象的发生。

第二,城市街区公共空间的管理。开放式小区由于其开放性的特点,小区中属于城市街区的道路、娱乐休闲设施等公共空间的管理应不同于小区内部的管理。从当前小区管理模式来看,小区内部管理大多数采用一站式管理模式,在这样的管理模式下,小区内的道路、娱乐设施、绿地、公共卫生以及小区内的安保等管理事项一般都由小区物业统一进行管理,管理模式完全遵照物业管理的模式,相关费用由小区居民来共同承担。但小区开放后,原先小区内仅供本小区居民独享的道路、设施等在改造为城市街区的公共空间以后,其性质上已不再属于小区专有,而是成为整个城市街区体系中的一部分,这样,对这部分公共空间的管理将发生变化,原先由小区物业管理部门进行统一管理的权限亦随之发生改变,小区内的城市街区公共道路的管理将归属于城市道路交通管理部门,由它们来承担对这些道路的建设、维护以及公共交通安全的保障;对外开放的小区内的设施、绿地等公共空间的建设和维护也由城市街区统一负责管理。

第三，小区物业管理。小区开放后，小区物业的管理职能与封闭式小区的相比将有所减少。小区物业的管理权仅限于小区内诸如楼宇安全卫生管理、公共设施管理等方面，随着管理职能的减少，小区物业的管理费用也会随之降低。因此，为了应对开放式小区管理体制的变化，加强对开放式小区的有效管理，我国有关物业管理的相关法律法规也应及时修改，要进一步明确小区开放后内、外部分的界限，分清小区不同空间的管理权责归属，以适应现代城市居住区管理发展需要。

（五）推进城市智慧管理

目前很多城市的老旧小区，基本上还是实行传统的封闭式管理方式，主要是以人力管理为主，即便是一些管理较为先进的小区也只是安装了公共空间监控设备以及进出小区和住宅楼的门禁系统，并且这些电子系统大多数是独立运行的，没有与城市街区形成完整的智能化管理体系。推进开放式小区的建设，如果仍然沿用原有的小区管理模式，已经难以适应现代社会发展的需要，容易出现管理上的漏洞，使小区居民的人身和财产安全得不到有效的保障，势必会影响居住区居民生活品质的提升。诚然，在小区开放后，如果小区的管理要做到面面俱到，就必须对小区内的每栋楼宇都设置独立的安保管理系统，这又需要耗费大量的资金，无形中会增加小区居民的经济负担。由此看来，如何有效保障居民的居住私密性以及人身和财产的安全，对小区的管理者来说将是一个非常大的挑战，解决问题的关键还是要充分利用不断创新的科学技术和先进的管理手段。

第一，在先进管理技术的应用上。要充分利用互联网优势，实现小区管理系统网络化，提高管理的质量。小区的管理主要包括安全保障管理、日常事务管理以及小区内公共道路、公共设施的管理等，这就要求在小区建立之初，就对小区整体的各项管理工作进行科学规划、明确分工。在具体的管理过程中，隶属街区的公共道路和公共设施的管理一般由城市管理部门统一负责，属于小区内部的管理事项则由小区自己来承担。小区内部的管理最为关键的是安保管理，安保问题一直是小区开放后居民最为关切的问题。由于小区开放后，没有了严格的出入小区登记制度，外来人员亦可自由进出，这将使小区的安全保障面临严峻的考验，因此，在小区开放后，为了强化小区的安全保障，必须建立统一的小区楼宇安保管理系统，设计不同楼宇不同单元各自独立的门禁系统，这样，不仅非小区居民不能随便进入楼宇，即使是本小区的居民也不能随便进入楼宇的其他单元。

第二，在具体管理制度的制定上。建立开放式小区的安全保障体系，应当积极发挥公安机关主导作用，在强化政府管理职能的同时，更要体现出政府的服务宗旨。比如,美国一般通过巡警的巡逻制度来保障辖区的治安安全,而不是在办公室里守株待兔式的被动执行公务。但就我国当前街区治安管理现状来看,要想实行全天候的警察巡逻制度,条件还不成熟。一方面是由于我国警察机关存在着人手严重不足的问题,另一方面,我国公安机关的执法理念还有待更新,服务意识还有待进一步提高。因此,为了强化小区的安全保障,在推行街区制的前提下,公安机关应有效整合城市街区的安保资源,使整个街区形成一个统一的安保体系,积极发挥社区的作用,构筑以社区民警为主导,社区治保会和物业保安为依托,社区居民积极参与的群防群治网络。这样的话,公安机关在日常安全管理中,足不出户即可对整个街区的安全状况进行有效掌控。

(六)推动新型城市社区的发展

长期以来,我国城市社区管理很大程度上围绕着"单位制"管理模式展开,"单位制"管理模式即由单位来负责小区管理的一切事务。这种对单位过度依赖的小区管理模式,随着改革开放后所有制结构的变化,逐渐失去了生存的土壤,在新的社会发展形势下,一种新型的小区管理模式——社区管理体制逐渐被人们所认可和接受。在小区开放后,社区管理作为小区管理的基本形式,在小区管理中的作用越来越明显。也就是说,建设开放式小区,必须加强社区建设,要积极发挥社区的作用,充分利用社区协调性强、深入基层的特点,有效解决小区开放后出现的各种问题,这样不仅能够弥补小区开放后相关职能部门在小区管理上的缺失,还可以通过加强宣传,号召居民积极参与社区的管理,培养他们对社区的认同感和归属感,从而提升他们参与开放式小区管理的积极性。

从当前开放式小区建设发展的趋势来看,加强社区建设的着力点主要有两个方面。第一,加强社区文化建设。社区文化建设是社区建设发展的一项重要内容。社区文化活动的开展,可以增进居住区居民之间的互动与交流,加强彼此之间的了解,为建立友善的邻里关系搭建一个良好的平台。不仅如此,由于多元社区文化的相互吸引,社区文化建设还能够有效推动社区与社区、社区与社会之间的交流与沟通,促进不同社区居民之间的联系,充分发挥社区文化建设的社会协调功能。第二,强化社区的安全保障。加强社区建设,要充分发挥政府机关、社区自治组织和小区物业管理机构等相关职能机构的作用,要把公安机关以及与治安工作相关的城市街道办事处、居民委员会、小区业主委员会、物业管理委员会和社区其他组织等相关机构的管理积极性全部激发出来。另外,加强社区安全保障,还应积极发挥小区居民参与管理的积极性。从某种意义上说,小区的安全保障很大程度上取决于小区居民的参与力度,因为小区居民既是小区安全保障的对象,也是小区安全保障的主体,只有最广泛地发动小区居民,小区安全保障才能实现群策群力,从而构建起稳固的小区安全保障体系。

第三节　多元共治与城市基层治理创新

一、城市治理现代化面临的挑战

党的十八届三中全会明确提出:"全面深化改革的总目标是完善和发展中国特色社会主义制度,推进国家治理体系和治理能力现代化。"在城市化发展的大背景下,城市治理现代化是现代城市发展的必然趋势,实现城市治理现代化,是构建国家治理体系现代化的关键。然而,随着城市化发展的加速,城市作为国家经济发展的发动机,在推动社会经济发展的同时,城市治理过程中存在的诸多问题也逐渐显现出来。

（一）城市治理理念落后,政府服务意识不强

城市治理是指各治理主体在城市治理过程中,为了解决城市公共问题、提供城市公共服务、增进城市公共利益,参与沟通、协商、合作的过程。城市治理的好坏,直接影响着城市社会的发展和稳定。概括来说,城市治理是促进城市发展的一个重要因素,也是一个城市是否具有竞争力的关键。改革开放以前,在计划经济体制下,我国社会管理一直实行以政府为单一主体的管制式社会治理模式,政府拥有绝对的权威,在城市治理过程中,政府都事无巨细,亲历躬行,担负着全能政府的职责,城市政府承担着城市治理的规划、治理资金的来源以及城市资源的调控等一切社会治理事项。然而,随着改革开放的深入,我国社会发展模式发生了根本性的变化,计划经济体制正逐渐被社会主义市场经济体制所取代,城市的人口迅速上升,城市的规模越来越大,城市社会中利益群体日益增多,不同利益群体的诉求也呈现多元化的发展趋势。具体来说,在城市化大背景下,城市治理出现了新的特点。随着城市化进程的不断加速,城市规模的不断扩大,城市治理环境越来越复杂。城市市场竞争越来越激烈、城市资本流动进一步加快,城市公共财政越来越紧张,利益

群体的分化也日趋加重,非政府组织迅速崛起,市民社会逐渐成熟,这些在快速城市化过程中凸现出来的城市发展现象,已严重影响到城市的发展平衡。因此,在城市化过程中,进行城市治理的改革,提高城市治理水平势在必行。当然,提高城市治理水平,关键是要把握现代城市的发展规律,明确城市发展思想,这是推动现代城市治理发展的基础。事实证明,计划经济时期政府单一主体的城市治理模式,已经不符合现代城市发展的需要,在当前积极倡导服务型政府建设的大趋势下,城市政府仍寄望于通过权力管制的手段来加强对城市的治理,已经很难达到有效治理的目的。

在新形势下,城市政府在城市治理中首先要加快转变治理思想,在治理理念上加快实现由管制型政府模式向服务型政府模式的转变。在城市治理过程中,城市政府要因势利导,发挥好治理的主导作用,致力于城市治理的战略规划,把主要精力放在城市治理政策的制定上,要敢于放权,把理应由市场和社会组织承担的城市治理职责果断地交给市场与社会,充分调动社会力量参与城市治理。现代城市治理要始终贯彻以民为本、为民服务的思想。新的治理理念的确定,一方面体现了服务型政府建设的发展思想,符合现代政府建设发展的趋势,同时,还可以大大减轻政府的负担,让政府权力回归本位,重点贯注于城市治理方针和政策的制定。另一方面,服务型政府建设,强调政府的服务意识,推行多元主体的城市治理理念,能够进一步推进政府简政放权,有效促进社会组织和城市居民积极参与到城市治理中来。这样,随着城市治理主体范围的不断扩大,城市治理能够充分发挥广大人民群众的集体智慧,使城市治理真正落实到基层,从而提高城市治理的针对性和有效性。

(二)城市基础条件薄弱,城市治理难度增加

人口的迅速增长,给城市发展带来了严峻的挑战。城市中原有的基础设施和公共服务已经难以满足城市发展的需要,城市中交通拥堵、环境恶化、社会不稳定等问题逐渐暴露出来,城市发展出现了严重的"城市危机"。在计划经济时期,政府垄断着城市管理权,从城市规划到资金的掌控,乃至公共产品和服务的供给都是由政府说了算。在当时的政治经济条件下,由于城市的规模不大,人口也不多,城市的基础设施建设,以及公共产品和服务的供给基本上能够满足民众的需求。但随着改革开放的不断深入,我国城市化进程在加快,城市治理的环境越来越复杂,面临的问题也越来越多。一方面,城市治理需要大量的资金,但在市场经济条件下,政府已不再是城市发展的绝对掌控者,受多种因素的限制,其对城市经济的掌控不

再能够随心所欲,正面临着公共财政不足的压力。不仅如此,随着现代城市的不断发展,民众的生活水平不断提高,他们对城市基础设施的建设以及公共产品和服务供给的要求不断提升,计划经济体制下应付式的社会治理模式已难以满足居民的生活品质追求。具体来说,城市人口的迅速增长,导致了城市规划滞后于城市社会的发展。在计划经济时期,在户籍管理上实行严格的城乡二元制结构模式,政府对人口的流动限制较多,流动人口的数量并不大,特别是在城市地区,由于受户籍制度的严格限制,外来人口在城市中很难立足。在这样的背景下,城市人口增长的方式比较单一,增长幅度也不大,城市政府对城市的发展比较容易预测,这样,城市政府进行治理规划时,也就有章可循,不会出现较大的偏差。但是,改革开放后,随着市场经济的建立和发展,城乡二元制结构体系的束缚逐渐减少,城乡之间人口流动的速度进一步加快,大量农村剩余劳动力涌入城市寻找工作机会。在这样的前提下,由于城市政府对流动人口缺乏政策性的引导,在数量上难以准确预测和控制,人口流动的盲目性大,不确定因素多,致使城市政府在社会治理中难以把握流动人口的发展规律,增加了城市治理的难度。

(三)城市人口增长过快,城市矛盾加剧

由于城市是工商业和居民住宅相对集中的地方,单位面积的人口数量较农村要大得多。一般来说,单位面积的人口数量越大,城市环境承载的压力就越大。如果城市人口增长的数量超过了城市环境所能承受的范围,必然会造成环境质量的下降,使得相对均衡的城市环境被打破,城市居住的质量将下降。另一方面,在城市化发展过程中不断增长的人口数量,除部分属于城市人口的自然增长外,大部分是在城市化过程中进入城市寻找就业机会的外来人口,这些外来人口由于得不到城市居民的身份认同,在城市生活中常常被差别对待,致使这部分人群始终处于一种自卑的状态,不能有效地融入城市的社会生活,这无形中又增加了城市社会中不同群体之间的矛盾与冲突,加剧了不同社会阶层之间的对立,造成社会的分裂,最终影响城市社会的和谐发展。

长期以来,我国一直实行城乡二元制结构体制。该体制主要特点表现为城乡之间的户籍壁垒,在这种严格的户籍制度下,我国采用两种不同资源配置制度。因此,在城乡二元制结构体制,尽管大量的流动人口工作生活在城市中,但他们却不具有城市居民的身份,难以平等地享有城市居民的各项社会权利,特别是在住房、基础教育、医疗保障等方面不能享有与城市居民同等的权利。正因为如此,大部分城市流动人口只把城市当作一个临时的落脚点,从心理上难以融入城市社会体系,缺少城市主人翁意识,对城市治理参与的积极性不高。

随着我国社会发展的不断进步,城乡一体化发展趋势在加快,限制人口自由流动的户籍制度也在加快改革,城市社会保障体系越来越完善,社会制度也越来越公平,社会歧视不断减少,城市的外来人口逐渐享有了城市居民的一些社会福利和社会保障,特别是在住房和基础教育等方面不断公平化的发展趋势,使得城市中家庭化流动趋势不断增多,流动人口在城市中的稳定性大大提高,并逐渐融入城市生活,积极参与城市治理,成为城市发展的一个重要主体。

(四)城市治理的导向存在问题,治理目标单一

由于受计划经济时期政府单一中心主体管理模式的影响,政府在社会发展中权力垄断现象依然存在。相应地,城市政府在城市治理中处于绝对的主导地位,扮演着全能政府的角色,在治理政策的制定和实施中基本上都是政府说了算,不能有效发挥其他社会组织和民众的作用,民众参与社会治理的积极性不高,缺少多元主体协调机制建设。因此城市政府的发展目标存在着片面性,很多情况下把社会发展简单等同于经济发展,城市建设狭隘地定位于经济建设,过度强调城市经济的发展,忽视城市治理中非经济因素的发展,造成城市治理政策过于片面,治理目标相对单一。在这样的前提下,城市治理充其量是对城市经济进行的治理,对城市发展涉及的基础设施建设、资源的合理配置、环境的有效保护、社会的公平正义等诸多方面的内容难以有效体现,现代城市治理的全面性和协调性严重不足,不符合城市治理发展的长远规划,不利于城市治理发展的现代化。

(五)传统的城市治理模式存在缺陷,治理乱象丛生

城市治理是一个综合的建设体系,涉及政治、经济、文化和社会等诸多方面。城市治理的水平会直接影响一个城市的发展速度和前景,是城市居民生活品质的重要保证。我国传统的城市治理模式,由于受计划经济体制下集权思想的影响,城市政府包揽城市管理事务,致使城市管理缺乏透明度,始终在封闭环境中运行,并逐渐形成了治理主体单一的封闭式城市管理模式。在这种模式下,城市政府在治理中处于绝对的主导地位,从治理的决策规划,到具体治理措施的实施,一切都是由政府说了算。不仅如此,由于城市政府在社会治理中采取垂直式的管理模式,缺乏与民众的有效沟通,致使公众参与社会治理在多数情况下只是一个理论上的存在,结果导致公众参与社会治理的积极性严重受挫,时间一长,民众渐渐就失去参与社会治理的兴趣。一般来说,城市发展过程中存在着大量的社会组织,这些组织

具有专业性强、能够密切联系群众,但在政府单一中心主体的治理模式下,城市政府利用行政权力垄断城市社会管理事务以及城市公共事务,使得城市社会组织在城市社会治理中无用武之地。当前,一个不争的事实是,我国城市治理中还存在着较多的人治现象,一些城市的领导在城市治理中专横跋扈,严重违反法律和组织原则,实行一言堂,把个人的意志凌驾于组织和集体意志之上,在城市治理中常常由领导个人的喜好来决定城市治理的发展方向,这种严重违背组织原则和法律法规的治理乱象,给城市的治理带来了灾难性的后果。由于不同的领导有着不同的治理理念,对城市的治理规划常常是换一个领导就多出一种治理模式,而这些治理模式变化根本不是从城市自身发展特点和发展规律去考虑的,更多的是为了体现领导者的意志。城市治理建设规划的反复无常,带来的一个严重后果就是城市常常在无序的建设中拆了建、建了拆,浪费了大量的城市资源,给城市政府造成了严重的财政危机,城市的发展难以走上正轨。

二、现代城市治理的有效途径

(一)改变"强政府,弱社会"的城市治理模式

改革开放以前,受计划经济发展模式的影响,我国的城市治理一直是政府作为单一中心主体。城市政府集行政、经济、社会等管理职能于一身,在治理中具有绝对的主导权,其权力范围渗入城市的每一个角落。在这种全能政府管理模式下,城市政府主导着社会管理事务,其他社会组织和民众在城市治理中的作用极其有限,城市社会管理呈现出"强政府,弱社会"的现象。该治理模式的重要特征是城市政府管理体系中权责不清,非政府组织在城市治理中力量相对薄弱,市民社会发展缓慢。随着改革开放的深入发展,我国计划经济体制逐渐被市场经济体制所替代,经济体制的变化促进了政府与社会关系的转变,自由、平等、竞争、开放成为市场经济发展的主要特征。在这样的背景下,城市政府应当及时转变治理理念,调整治理策略,逐步下放治理权限,着重调整好政府与社会的关系,加强政社合作,改进公共服务供给方式,推动政府向社会力量购买大数据资料、产品和技术服务,让社会力量积极参与到城市治理中来,把本应属于社会的权力归还给社会。概括起来,政府在城市治理中要充当引导者的角色,进一步强化政府的服务意识,建立"强社会,弱政府"的现代城市治理模式,有效推动服务型政府的建设。

(二) 加快改革户籍制度,推动城市和谐发展

长期以来,户籍制度是我国城乡区别的一个重要标志。该制度确定之初,主要目的就是严格限制城乡之间人员的自由流动,封闭城乡的管理。在计划经济时代,由于实行严格的城乡二元制结构体系,城乡之间人为地形成了一堵无形的墙,严重阻碍了城乡之间人员的交流和往来,人力资源的流动受到了极大的限制,市场机制在城市发展中的作用不能有效发挥,我国城市化发展推进缓慢,速度远远落后于发达国家。改革开放后,随着我国社会主义市场经济的建立和发展,户籍制度的改革提上日程,其对人员的束缚逐渐减少,城乡之间的交流逐渐加快,随着城市化进程的不断加快,大量农村富余劳动力进入城市寻找发展机会,无形中为城市社会的发展提供了源源不断的人力资源保障,进一步助推了城市的发展,促进了城市化发展进程。然而,尽管近年来我国在户籍制度的改革方面取得了一些成效,但城乡二元结构体系没有实现根本性的突破,城市外来人口在很多情况下仍然不能与城市居民享有同等的权利,这大大增加了城市外来人口融入城市社会的难度。因此,为了有效推动城市治理的发展,必须加快我国户籍制度的改革,只有建立公平合理的户籍制度体系,打破人为设置的户籍障碍,放宽对城市外来人口的限制,城市发展在获取充裕的劳动力的同时,充分发挥城市治理的群策群力作用,使所有城市居民都能够全身心投入到城市治理中,共同推动城市治理的发展。

(三) 推动城市治理由"单位制"向"社区制"转变

在计划经济时期,我国由于实行国家与社会一体化,城市管理一般都是由单位充当社会管理的主要机构,形成了"独特的"单位制社会管理模式。在这种管理模式下,单位组织承担着社会资源分配和公共产品供给的职责,单位代替政府机构实施对其成员的管理,理应由社区承担的社会功能,都一律由单位来承担。改革开放后,随着社会主义市场经济体制的建立,单位的性质也发生了变化,单位在社会治理中的作用逐渐淡化,相反,社区在城市治理中的作用变得越来越大。具体来说,在计划经济时期,单位作为城市治理的主体,代表着城市政府的意志,行使城市治理权,充当准政府的角色,所以在治理过程中不能有效反映民意和保障民众利益,民众参与社会治理的积极性不够,社会治理中群策群力的作用难以发挥。因此,在新的发展形势下,加强城市治理,必须充分发挥城市社区的作用,利用城市社区在城市治理中紧密联系基层和灵活性强的特点,调动广大民众参与城市治理的积极性,推动城市治理由"单位制"向"社区制"的转变。

（四）推进网格化服务管理体系建设

网格化服务管理体系是在城市管理网格化基础上发展起来的，它强调城市治理的综合发展，注重源头治理、综合治理、系统治理、依法治理，实现城市管理、社会服务、社会治安三位一体的治理模式，打造综合服务治理平台。这种治理模式有效解决了城市老城区一直以来难以实现有效管理的问题。一般来说，城市的老城区由于缺少统一规划，存在着布局不合理，人口密度大，社会环境复杂，商业布点多，人口流动量大，交通状况不佳等问题，是城市治理过程中面临的非常大的挑战。因此，如何有效加强对城市老城区的治理，提高城市治理的效率，使老城区重新焕发活力，将是城市治理的重中之重。然而，老城区的城市管理一直存在着条块分割脱节、执法力量分散、执法手段单一、部门推诿扯皮、日常监管失位等问题，致使城市治理权力难以落实到基层，导致基层街道、社区有责无权，不能有效发挥其在治理中的作用。因此，加强城市老城区的治理，必须创新城市治理方式，积极探寻城市老城区的治理模式。譬如，北京市东城区试点推广的网格化城市治理模式，经过几年的发展和完善，已经逐步发展成城市网格化服务模式，改变了过去城市管理中以行政区划范围为边界的管理模式，对城市治理进行重新规划，以一万平方米为基本单位，把整个城区分成若干个网格单元，通过构建网格单元的治理体系，形成由市级到社区的不同层级治理体系，加强对城市社会的治理。在城市治理网格化模式中，各级治理机构精准指挥，精心服务，从而形成一个有效的城市治理体系，有利于城市实行精细化管理。这种城市治理模式打破了过去城市各部门之间分割、孤立状态，强化各部门之间横向联系和互动，实现了原来各种分散的、隶属不同部门管理的力量在基层的逐步融合，城市治理权责分明，没有治理死角，减少了互相扯皮现象，真正实现城市治理由过去管理城市部件静态"物"向服务管理以"人"为主体的动态转变，推进城市治理的精细化发展。

三、构建多元共治基层治理模式需要解决的问题

（一）城市治理目标有偏差，城市发展不平衡

长期以来，发展经济一直都是我国社会主义制度建设的重中之重，一切围绕经济转，以经济发展带动一切是我国政府长期秉持的主要发展思想。在这种经济至上发展思想的影响下，我国城市的发展规划，首要目标是推动城市经济的发展，特

别是在改革开放初期,更是把经济建设的重要性提到了前所未有的高度,城市招商引资,开发区如雨后春笋般发展起来。在经济的转型期,经济增长是城市政府的首要发展目标。然而,城市政府在过度地强调发展经济的同时,常常忽略城市政治和社会的发展。这种唯经济论的片面化发展思想,对城市的发展产生了很大的负面影响,一些城市甚至为了促进经济的增长,提高城市的GDP,不惜以牺牲城市环境为代价,很多污染严重的企业通过招商引资纷纷在城市的周边安营扎寨,这些企业不仅消耗了有限的城市资源,还常常造成令人窒息的"污染围城"现象,使城市的环境遭到严重破坏,居民的生活质量大大降低,城市治理的难度大大增加。

(二)城市化发展速度过快,城市治理环境复杂

改革开放前,我国城市发展较为缓慢,因此城市在人口增长、面积的扩大以及公共产品和服务的供给上相对平稳,社会矛盾较少。但是,近年来,随着我国市场经济发展步伐的加快,我国城市化发展不断加速,城市的面积和人口也在急速增长,城市治理问题逐渐暴露出来。在当前城市发展中,城市政府一般都热衷于推进城市快速发展,新增城市区域呈现出"摊大饼"式的扩张模式。快速增长的城市面积使城市治理面临着更加复杂的治理环境。

在我国城市化过程中,大量农村人口进入城市就业,给城市规划、建设和运营等各个环节带来了严峻的挑战,对城市治理提出了更高的要求。因为,尽管这部分人能够实现职业身份的转换,但由于受户籍制度的限制,他们要想真正融入城市生活,成为一个完全的城市人,还有很长的路要走。从制度建设上来看,由于城市居民的身份呈现复杂性,导致城市治理政策的制定和落实存在着诸多不确定的因素,如何制定一个能够涵盖不同类型城市居民的社会制度,减少他们之间的差异,把他们都平等地纳入城市治理体系,充分发挥他们参与城市治理的积极性和创造力,这是制定城市治理政策中必须贯彻的一个重要原则,否则就难以实现城市治理的公平、公正、合法,其结果必然会导致城市矛盾的激化。

(三)城市治理法律手段缺失,法制化水平不高

城市治理是一项复杂的综合体系,涉及政治、经济、文化和社会等各方面,具体的治理内容覆盖了城市规划、城市建设和城市运行等诸多环节,是城市资源的运用、城市环境的治理、城市基础设施的建设、城市社会的发展等诸多内容综合体。因此,城市治理必须科学规范,不能随心所欲,要遵循城市发展的规律,因地制宜。随着城市的现代化发展,城市治理也要及时跟上时代的潮流,仅仅依靠政府行政命

令和简单的城市治理经验,已远远不能适应现代城市治理发展的需要。城市治理初期贯彻的"治理即管制,管理即执法,执法即处罚,处罚即重罚"的城市治理思想,一味地强化城市治理的处罚力度,以罚代管,以经济的手段来解决一切问题,致使城市治理手段单一,治理呈现片面化。

不仅如此,一直以来,我国城市治理过度强调行政手段的作用,缺少依法治理城市的发展战略,治理的法治化水平不高,不能有效发挥法律制度在城市治理中的规范引导作用。具体来说,我国城市治理长期存在着综合性城市管理法律法规的缺失,从而导致城市管理工作规范性不强、职责权限不清、执法手段单一、执法保障不力等问题,导致我国城市治理难以贯彻法治化的治理理念,法治观念淡漠,普遍存在着有法不依、执法不严的现象,尤其是城市管理部门的随意执法现象,加剧了城市治理执法部门与社会民众紧张关系,给城市治理造成了严重的负面影响。因此,推进城市治理,必须强化法治在城市治理中的保障作用,从制度层面上解决当前城市管理中存在的突出问题,使法律制度成为城市治理的保障之盾。

(四) 政府职能转变难,城市治理效率低

在我国计划经济体制下,城市政府既是城市治理的规划者,又是城市治理措施的最终落实者,拥有着城市治理的绝对支配权。因此,城市政府一直是城市治理的主导者,不仅拥有城市治理的决策权,同时还垄断着公共产品和服务的供给,其行政权力的范围覆盖了城市治理的方方面面。改革开放后,随着政治体制改革的不断推进,政府的职能开始发生变化,管制型政府模式正逐渐向服务型政府模式转变,政府的服务功能进一步加强。然而,由于受传统的管制型社会治理模式的影响,政府在城市治理中的职能转变还远未到位,管制职能仍占据着重要地位,政府在很多情况下仍然充当着城市治理的主角,社会组织和民众参与城市治理的权限还非常有限。这种政府单一中心主体的城市治理模式致使城市政府担负了过多的管理职责,大大超出了其能力承受的范围,最终导致城市治理的效率不高。具体来说,城市政府在向服务型政府转变的过程中,仍然存在着一些问题亟待解决。

第一,该作为时不作为。在现代城市发展中,随着服务型政府治理体系的建立,城市治理模式正由管理向服务转变。然而,一直以来,城市政府都秉承着全能型政府治理理念,即要求政府在城市治理中事无巨细,都要亲力为之。随着城市现代化发展速度的加快,城市规模越来越大,城市政府治理的事项也越来越多,城市资源越来越紧张,城市治理环境越来越复杂,城市政府在治理中心有余而力不足,一些城市的治理因此演变成了"治理秀",甚至出现了"文件治理"的奇特现象,即文件下发即告完成,根本不关心治理文件的具体落实情况。因此,为了有效发挥政府在城市治理中的作用,必须进一步强化政府的服务理念,把服务作为政府的根本宗旨,政府治理的主要目的就是提供服务。城市政府要及时调整治理思想,勇于放权,积极发挥政府在治理中的协调作用,充分调动其他治理主体参与城市治理的积极性。

第二,不该作为时乱作为。一般来说,政府在城市治理中,应当着力于治理政策的制定和落实,严格在权限范围内履行职责,而由其他治理主体管理的事项,政府坚决不插手。然而,长期以来,我国政府为了有效加强社会管理,在社会治理中事必躬亲,在理应由其他治理主体负责的领域牵扯过多的精力,致使在本应作为的领域却又着力不足,最终导致"种了别人的田,荒了自己的地"。因此,政府在城市治理中要坚决下放权力,把该管的管理好,不该管的解决放手,这样,城市政府的治理效率就会大大提高。

第三,政府职能偏离。一直以来,我国政府在社会治理中强调管理职责,把管制作为城市治理的主题,从治理政策的制定到具体治理措施的落实,政府都强调管理职能的发挥,很少提及服务职能,服务意识缺乏。然而,在城市化快速发展的今天,随着经济社会发展速度的加快,城市规模不断扩大,城市中利益群体日益增多,不同利益群体的利益诉求也在不断增长,民众的权利意识进一步加强,凡此一切,都要求城市政府在城市治理中必须尽快转变职能,把服务作为城市治理的宗旨,这样,城市治理才能真正做到有的放矢。

(五)社会组织发展缓慢,公众参与机制缺失

在服务型政府的建设中,除了政府要承担国家治理主体的职责以外,各种社会组织在国家治理中的作用也越来越明显。在城市治理中,城市政府单一中心主体地位在逐渐弱化,其他社会组织的作用则进一步提升,并很好地充当了政府与社会之间的桥梁,把政府与社会更好地联系到一起,共同促进城市治理的发展。

在传统的城市治理模式中,政府实行单一中心主体的治理模式,担负全能政府的角色,这在很大程度上压制了其他社会组织在治理中作用的发挥,社会组织参与社会治理机制严重缺失,难以在城市治理中发挥有效的作用。久而久之,这些社会组织在社会治理中的合法性和现实需求不断下降,并逐渐出现萎缩的现象,在更多情况下,它们只能是一个概念的存在,难以发挥其真正的社会作用。民众在与政府和市场的关系上处于绝对的弱势地位。因此,在传统的城市治理中,长期存在的

"强政府,弱社会"现象,使得我国公民社会的发展严重滞后,民众的权利意识和自主性不强,城市民众一直都是一个被动的受管理者,对参与城市治理的积极性不高,主体意识缺乏,治理能力有限,难以承担起城市治理主体的职责。

从城市治理的实质来看,城市治理的最终获益者应当是广大民众。因此,民众参与城市治理不仅是对自身权益的有力维护,同时也是城市治理能够取得成效的关键。近年来,城市政府也一再强调民主发展的理念,积极听取民众的意见,把民众参与作为行政的重要形式。然而,在具体的城市建设实践中,城市政府在治理中仍处于绝对的领导地位,垄断着城市治理的规划、建设和运行的各个方面,不愿将治理权下放。由于缺少参与城市治理的机制和路径,民众在城市治理中仅仅是一些事后的、被动的参与,涉及城市治理中的决策、实施等重要环节,民众则很难有所作为。也就是说,城市政府为了体现城市治理民主原则,对民众参与城市治理也作了一些相应的规定,但这些规定往往只停留在形式上,难以有实质性的突破,民众对城市治理的影响非常有限。

(六)城市治理协调机制缺失,治理组织领导不健全

城市治理是一项综合性的工程,也是一个城市发展的关键因素。城市治理主体的权威性是城市治理能够持续发展的重要基础,在城市治理中,如果治理主体的权威性不强,治理的规划与决策就不能有效地贯彻执行,特别是关系到不同部门之间的治理协调时,如果治理主体缺乏权威性,就必然会导致治理政策措施难以落实到位,城市治理就会陷入混乱之中。因此,加强城市治理领导机制建设,提高治理主体的权威性,是现代城市治理的重要基础。譬如,近年来,在北京、上海、杭州等城市进行的城市治理改革试点中,它们都建立了一个由市政府牵头的城市管理委员会,由市政府主要分管领导担任负责人,加强对整个城市治理工作的领导,建立健全职能部门的联络协调机制,统一协调城市的治理。该委员会由于级别高、权威性强,能够在城市治理中加强不同部门之间的联络和协调,使城市治理能够在高位推动和统筹协调,这样大大减少了城市管理部门工作的盲目性和被动性,有效促进城市治理工作的顺利进行。

在计划经济时期,城市政府对城市治理采用的是自上而下的垂直治理模式。各部门在城市治理中,根据分工情况,各自为政,自扫门前雪,不需要相互间有过多的交流与沟通,更不用说对一些相关的治理事项进行协调处理。在这种治理模式下,由于缺少各治理主体的协调机制,导致了城市管理行政主管部门与其他涉及城市管理的职能部门职责边界不清,在具体的治理事项中,面对一些共同的治理问题,大

家都竭力避而远之,谁也不愿主动去承担责任,时间一长,各治理主体之间由于条块分割严重,再加上不同治理主体各自为政,相互间缺少必要的协调机制,致使城市治理体制僵化,权力运行流程不畅,难以统一协调城市资源的优化配置,造成不同利益主体之间矛盾冲突加剧,相互推诿现象严重,对城市的治理造成了极为不利的影响。

四、创新城市治理模式

在城市化发展过程中,城市规模不断扩大,城市人口也在迅速上升,城市民众对公共产品和公共服务的需求成倍增长,不同利益主体的利益诉求差异越来越大,城市社会更加复杂。为了有效应对城市发展的变化,城市治理必须进行相应的改革,重点是创新城市治理模式,提高城市治理的水平。

(一)创新城市治理模式,促进城市治理方式的改变

城市治理的完善程度,代表着一个城市发展水平的高低,它是推动城市有序发展的一个重要因素。选择什么样的城市治理模式,往往与一个城市的发展状况有着密切的联系。然而,决定一个城市治理模式的因素有很多,包括城市政府的权力结构形式、城市发展的趋势、城市的历史文化、市民的文明素养以及城市的自然资源与环境等,正是这些因素综合决定了一个城市治理模式的最终选择。严格来说,城市治理模式是一个动态的变量,并非一成不变,它随着城市的发展不断调整变化,城市治理模式应当遵循城市发展规律,符合城市发展现状,与城市发展协调一致。因此,相对于不同的城市,由于城市自身的独特性,每个城市选择何种城市治理模式,并没有现成的经验可以借鉴,城市管理者要进行不断探索,找寻与城市发展状况相一致的城市治理模式。我国当前正处于社会主义市场经济体制形成和发展的阶段,经济的转型,决定了我国城市治理模式必然要经历一个不断变化的过程。在这个变化过程中,城市治理正由计划经济体制下的城市政府单一中心主体模式向市场经济体制下多元主体模式转变,城市治理的理念和具体的治理措施也随之发生了根本性的变化,城市政府的服务意识不断加强,多元主体的城市治理模式逐渐成为当前城市治理的最主要形式。

在现代城市发展中,随着服务型政府体制的确立,城市政府职能不断发生变化,权力也越来越分散。城市政府在追求自身利益的同时,进一步强化了利益多元主体的合作,凸显公共精神,确保了城市公共利益的最大化。市场机制在城市治理中的作用越来越大,市场经济体制不断发展与完善,促进了城市政府职能的转变,

推动了城市政府治理模式的创新。在社会主义市场经济条件下,企业的独立性不断加强,在城市治理过程中,企业已经能够成为公共产品和公共服务的重要提供者,这大大加快了公共产品和服务供给中生产和提供的分离,有效促进了公共事务中多元主体参与机制的形成。在此基础上,城市治理由城市政府的单一中心主体模式开始向市场、行政、社会共同参与的多中心模式转变,并逐渐实现城市治理方式的多元化。一般来说,在政府单一中心主体治理模式下,城市治理只能在治理问题出现后,采取有效的措施来解决这些问题,即"末端管理",很难实现对城市治理的前瞻性管理。而多元主体参与的城市治理中,更多贯彻的是"源头治理",治理主体从不同的角度参与到城市治理中,并通过治理经验的不断积累,找寻城市治理问题产生的根源,从源头上把这些问题消灭在萌芽状态之中,减少城市治理的成本,提高城市治理的效率。

(二)加快转变政府职能,构建主体多元的治理体系

在管制型政府治理时期,政府在城市治理中垄断治理权,市场机制在城市治理中的作用难以有效发挥,从而导致政府治理中"越位""错位"现象严重,政府忽视了决策职能,过度强化执行职能,政府的治理普遍存在着横向职能交叉、纵向权责模糊的问题。在具体的治理过程中,城市政府垄断公共产品和服务的供给,承担过多的治理事务,使得政府不堪重负,治理效率低下。为了有效应对这种状况,推动城市治理的发展,城市政府要对城市治理进行统筹规划,确定城市治理的发展方向,做好城市治理的顶层设计。城市政府在治理中应尽快转变职能,把主要精力放到决策上来,强化城市政府在治理工作中的引导作用,协调好政府与社会,政府与市场的关系,把具体的治理事项交由市场和社会,积极发挥市场和社会在城市治理中的作用。也就是说,政府在城市治理中主要做好决策者的角色,发挥好掌舵人的作用。从当前城市发展趋势来看,城市政府在城市治理中的作用应当重新定位,在积极发挥城市政府主导作用的同时,应当不断加强其他社会主体与政府的良性互动,强化政府的服务意识,加快行政改革的步伐,促进城市政府职能的转变,简政放权,将城市治理的权力下放给企业和社会组织,推进市场组织和市民社会的发展,提高市民参与城市治理的积极性,更多地强调服务型政府建设,进一步提高政府的服务意识。

我国城市治理主体的发展,伴随着我国经济体制的变化呈现出不同的特点。在新的经济发展模式下,城市的治理除城市政府一如既往地发挥着治理主体的作用以外,社会组织的作用应当充分发挥出来。社会组织一般具有协调性好、灵活性强的特点,在城市治理中能够满足市场经济的发展需求,发挥的作用越来越明显,

并逐渐形成城市政府与社会组织共同治理城市的二元治理体系。随着社会主义市场经济的进一步发展,城市发展正在步入现代化的轨道,服务型政府建设已经成为城市发展的主要趋势。为了适应服务型政府发展的需要,城市政府应当进一步贯彻执政为民的思想,把为民众提供优质服务作为城市治理的主要目标。也就是说,必须明确城市治理的实质,民众不再是被治理的对象,而更多的是城市治理的重要参与者,以民众为代表的社会组织将成为城市治理中重要主体之一,社会组织参与城市治理不仅能够充分体现政府执政为民的思想,更重要的是能够在政府和市场治理失灵的情况下,很好地承担起城市治理的重任,促进城市治理有序的发展,最终形成多元共治的城市治理体系。

(三)树立以人为本的治理思想,推动城市可持续发展

在社会主义市场经济建立初期,发展经济成为城市各项建设工作的重中之重,城市政府的主要精力集中在经济发展的指标上,各级政府把 GDP 的增长作为衡量城市发展的最主要指标。在 GDP 发展观的主导下,城市的经济发展出现了快速增长,社会财富也急剧上升,形成了城市经济大爆发局面。然而,与此同时,城市整体发展水平却相对迟缓,由于过分强调经济的增长目标,不仅造成了城市资源的过度消耗,同时也对城市环境造成了巨大的影响,环境污染日趋加重,城市的发展基础遭到破坏。这种杀鸡取卵式的城市发展,使得城市发展后续无力,难以持久,城市的可持续发展面临着严重考验。

城市治理目标的规划是当前城市治理面临的一个重要难题。在现代城市建设中,为了适应新形势下城市发展的需要,城市治理必须强调"以人为本,服务为先"的原则,改变过去城市治理中"以物为点"的做法,实现从"物"聚焦到"人和事",从"管理物"到"服务人,办好事"。也就是说,城市治理要紧紧围绕民众这个核心展开,制定的政策措施也应当以民众需求为主,把为民众服务作为城市治理的主要目标,不能把民众限定为城市治理的对象,要明确城市政府与民众之间是服务与被服务关系,把民众作为城市治理的受益者,这样在城市治理中才能真正做到以人为本。

(四)构建参与式城市治理模式,实现多元共治

随着现代城市的发展,城市化趋势在进一步加剧,城市的规模不断扩大,人口快速增长,治理环境日趋复杂。在这样的前提下,城市政府仅凭政府单一中心主体的管理模式,已经难以完成城市治理的目标,因此,一定要及时转变治理理念,强化治理主体的多元化,努力构建参与式城市治理模式。参与式城市治理是现代城市

发展的必由之路。在城市发展新形势下,城市政府不再是一个城市治理的全能控制者,其作用的发挥不再是通过控制和命令的手段强制推行城市治理的政策和措施,而是通过与各种利益相关者进行协调、对话,充分调动它们参与城市治理的积极性,有效消除城市政府权力过于集中形成的权力垄断现象,促使城市政府实现职能转换,在城市治理中,城市政府更多地充当决策者,其角色定位为"掌舵",而非"划桨",努力实现权力下放。

当然,建立参与式城市治理模式,目的是实现城市治理多元共治。其主要包括以下几个方面。第一,城市政府治理权力的有限性。在计划经济体制下,政府在城市治理中承担着过多的职责,致使城市治理效率低下、可持续性差。因此,加强城市治理的效果,首先要对政府在城市治理中的权力进行有效限制,应将其权力控制在一定的范围之内,做好城市治理的决策、监督、协调、指导等工作,在城市治理中真正实现有的放矢。政府应当管好政府该管的事,对那些不应当由政府去管或其他社会主体能够胜任的治理事项,一律实行放权或授权,让其他社会主体来承担起治理的职责。特别是在公共产品和服务供给领域,城市政府一定要充分发挥好主导作用,也就是说,在市场经济体制下,政府要界定与市场的界限,明确政府的职能,淡出超越政府职能的领域,充分利用市场机制来优化和选择公共服务供给主体,减少政府过多的公共服务供给压力,确保政府量力而行,充分发挥政府的引导功能,提高公共服务供给的效率。第二,着力培养公众的参与意识。城市治理是维护一个城市有序发展的过程,其本质是各利益主体在参与城市公共事务中合作博弈、利益整合的过程。由于不同的利益主体的利益诉求不一样,所以,在城市治理中,必须建立一个能够代表不同主体利益的共同参与治理体系,有效弥合不同利益主体之间的差异,协调不同的利益主张。因此,在城市治理中,必须积极推动参与式城市治理模式的建设,促进不同治理主体之间的合作,整合不同利益主体的利益诉求,在公平、公正的基础上,实现治理主体的共同价值认同。相对来说,公众参与是参与式城市治理模式构建的关键,它对提高城市治理效率、化解执法矛盾具有重要意义。一般来说,公众参与城市治理的程度是城市治理的最重要基础,尤其在城市治理的决策过程中,公众的充分参与,能够带来非常有益的信息资源,有助于提高城市治理决策的准确性和实用性。因此,有关部门应当通过座谈会、听证会、专家咨询、网络征询、问卷调查等方式,鼓励公众参与到城市治理决策中,这样,公众对城市治理政策的认同度将会大大提高,有利于城市治理的顺利推行。第三,加强非政府组织的建设。非政府组织主要包括企业、社会组织和社区等。在现代城市建设中,城市政府的管理职能在转变,市场化发展还不完善,城市治理环境复杂多变。在这样的大背景下,加强非政府组织的建设,并把它们打造成城市治理的主体力量之一,对城市治理来说具有重要的现实意义。推动非政府组织参与城市治理,发挥非政府组织与城市政府在城市治理中的互补功能,促进多元主体之间的协调,整合社会资源,激发社会的活力,从而在城市治理中有效实现政府治理和社会自我调节、居民自治的良性互动。

(五)利用现代信息技术,推进城市治理"大数据"战略

随着科学技术的发展,现代信息技术突飞猛进,特别是互联网技术的广泛应用,使得城市治理更加系统和便捷。具体来说,在城市治理中,运用先进的信息技术手段,能够及时发现城市治理中存在的问题,并迅速对这些问题进行归纳和分析,找出问题产生的根源,并制定出有效的应对之策。因此,现代信息技术的应用,能够使城市治理迅速适应现代城市发展的需要,实现城市治理的科学化、系统化和规范化,使城市治理的规划和管理准确、及时,更具科学性和实用性,能够更好地提高城市治理的效率。在具体的城市治理过程中,现代信息技术的广泛运用,能够使城市政府更加准确地把握城市发展的动态,了解城市发展的特点,制定出科学合理的城市治理规划体系,合理配置城市的资源,进一步提高城市的竞争力,推动城市可持续发展。不仅如此,现代信息技术在城市治理中广泛运用,丰富了城市治理的手段,使城市的治理过程更加透明,有利于促进其他社会组织和民众及时了解城市治理现状,并为城市治理的网络化发展提供必要的条件,拓宽了其他社会组织和民众参与城市治理的路径,有助于推动城市治理体制的创新,促进城市治理多元共治治理模式的形成。

在现代城市治理中,要充分利用现代信息技术进一步强化和创新城市治理体系,实施大数据战略。在具体的城市治理中,要加强数字化城市管理平台建设,建立健全城市治理的相关标准和规范,科学设置网格管理,优化数字城管考核流程,充分发挥数字城管在城市治理中的基础作用。党的十八届三中全会明确提出了"网格化管理,社会化服务",把网格化管理作为创新社会治理发展的一个重要方式。党的十八届五中全会再次强调"要推进社会治理精细化,构建全民共建共享的社会治理格局。"因此,在现代城市治理中,要积极利用现代信息技术,着力打造"多元参与、协商共治"的网格自治模式,将社区居民、社会力量和市场力量都纳入网格自治中,打造数字化城市管理平台,及时发现、统一调度和快速处理城市治理中的问题。对公共服务实施精细化的管理,通过对服务对象的精准定位、空间的精细划分和公共管理信息的实时采集传输,使公共服务供给的触角延伸到城市的基层。

不仅如此,现代信息技术的发展还有利于城市治理大数据战略的发展和应用。在国务院印发的《促进大数据发展行动纲要》中就提出了"要大力推动大数据发展和应用,在未来5至10年打造精准治理、多方协作的社会治理新模式,构建以人为本、惠及全民的民生服务新体系。"大数据战略的提出为城市治理的发展提供了重要的机遇,加强大数据的统筹,能够有效提升城市治理中行政综合执法,提高公共服务的效率和质量。这样,城市治理的发展就能够真正实现准确定位,统筹发展,以人为本,为民服务,最终体现出服务型政府建设的根本宗旨。

(六) 科学规划城市治理,完善治理体系建设

科学规划城市是城市得以良好治理的基础。城市规划涉及城市的发展方向,不仅对城市发展具有决定性的意义,同时又是城市治理的重要前提。在城市规划中一定要把握好城市发展的规律,结合城市自身的发展特点,进一步创新城市治理发展模式。第一,充分发挥城市政府在城市治理中的主导作用。从城市治理发展需求的角度来看,城市政府具有得天独厚的优势,城市政府不仅在财力方面能够提供强大的财政支持,而且在人才资源方面,城市政府也能够通过政府行为充分调动大量的专业人才参与治理的规划和实施,这些优势令其他社会主体难以望其项背。因此,在城市治理中,一定要发挥出城市政府的主导作用,最为有效的是建立一个由城市政府主要领导牵头的城市管理委员会,负责城市治理决策和规划,统一指挥和协调城市治理工作。第二,城市规划应当具有前瞻性。近年来,由于城市化发展速度过快,整个城市从基础设施的建设到城市资源的配置,乃至城市的公共产品和服务的供给,都呈现出捉襟见肘的局面。导致这种结果的主要原因就是城市政府对城市的发展缺乏科学规划,也就是说,城市政府对城市的发展规律还不能完全把握,在发展规划上缺乏前瞻性,不能有效预测城市建设发展过程中可能出现的问题和障碍,在城市的发展规划中具有一定的盲目性。因此,加强城市治理建设,一定要具有战略眼光的大智慧,要积极倡导"大城管"的城市治理思想,实现城市治理的精细化,构建城市管理、社会服务、社会治安三位一体的综合治理体系,使城市治理从"碎片化治理"向"整体性治理"转变,打造全体市民共建共享共治的社会治理新模式,使城市治理规划建设有序发展。第三,在城市规划中要充分调动社会的力量。传统的城市管理机制随着城市发展的现代化已经难以为继,城市政府对单一中心治理主体模式的迷恋,导致了城市治理危机的出现,在城市治理单一中心主体模式下,城市政府作为唯一的城市治理主体,在城市治理中习惯于我行我素,不能从科学治理的角度加强对城市治理的研究,很多情况下城市治理的策略都是政府

的闭门造车之作,民众参与严重不足,难以体现城市民众对城市治理的期望和需求,导致了这些治理政策和措施缺少一定的民众基础,难以得到民众的有效支持。从这个层面上来看,城市的治理规划,一定要符合城市的发展规律,要充分发挥其他社会力量在城市治理中的作用,有效构建城市政府、市场、社会三方协商共治的平台,摒弃城市政府万能的治理理念,确立城市治理"人人有份、人人有责"的"开放式"价值取向。这样,城市政府才能抛弃政企不分、政事不分、政社不分的全能型政府思维模式。从而在城市治理中博采众长,注重发挥其他城市主体的作用,发挥集体的智慧,促进城市治理规划科学合理,有效推动城市的健康发展。第四,城市规划要强化环境保护意识。环境是一个城市健康发展的重要条件,也是城市可持续发展的重要基础。党的十九大提出:"我们要建设的现代化是人与自然和谐共生的现代化,既要创造更多物质财富和精神财富以满足人民日益增长的美好生活需要,也要提供更多优质生态产品以满足人民日益增长的优美生态环境需要。生态文明建设功在当代、利在千秋。"城市环境是城市治理能否实现善治的关键因素之一。在城市治理过程中,城市环境一旦遭到破坏,民众的生活质量必然受到影响,城市治理的目标就难以实现。因此,相关部门进行城市治理的规划时,首先要进行环境的评估,实行环境评估一票否决制,也就是说,任何城市治理措施都必须通过严格的环境评估,治理规划的环境评估必须由专门的机构来进行,政府不能干预,同时,由于广大民众是环境保护的直接受益人,在评估中一定要充分体现民主的原则,确保广大民众能够有效参与到评估体系中来。第五,推动城市治理法制化。俗话说,没有规矩,不成方圆,城市治理也一样。城市治理涉及面广,千头万绪,如果没有一个严格的法律制度体系进行有效规范,仅仅依靠公众的自觉,治理起来将面临很大的困难。因此,加强城市治理,必须强化法治建设,用法律制度来规范城市治理,强化法律在城市治理中的作用,加大对城市治理过程中不法行为的处罚力度,真正做到城市治理有法可依,实现依法治理。第六,建立严格的城市治理考评制度。衡量一个城市治理的效果必须有一套完整的评价标准。这套标准要具有科学合理性,能够做到公平公正,真实地反映出城市治理的优劣。所以,应当建立专门的评价机构对城市治理进行评价,要将监督职能和管理职能分开,使评价机构与管理机构各司其职、各司其职、相互制约。一般来说,城市治理主体自己不能充当城市治理的评价者,否则这种评价结果将严重缺乏公正性和合理性,最终会演变成治理主体既当"运动员",又当"裁判员"的尴尬局面。在城市的治理中,对城市治理感受最深的正是广大民众,对治理的评价应当充分发挥广大民众的积极作用,由他们和相关社会组织严格依照评价标准来进行评价,相对来说更加准确,更能真实反映出城市治理的效果。

第五章　新农村建设与乡村治理方式转变

第一节　农村社会变迁与乡村治理结构的变化

一、农村社会变迁

我国是一个历史悠久的国家,数千年来,我国的社会发展在不同时期呈现出不同的特点。我国作为一个传统的农业大国,社会发展一直都是以农业为主,农民作为社会发展的主体力量,在农业社会发展中始终发挥着重要的作用。与我国传统农业社会相适应,我国农村社会是由一个个村落组成的,村落散聚是其重要特点之一。相对于现代城市社会发展面积大、人口集中的特点,我国农村社会的散聚性与其有着巨大的差异。然而,随着我国社会主义现代化建设的不断推进,我国社会发展模式也在不断变化,城市化发展趋势日益明显。在城市化发展大潮的推动下,我国农村社会也在不断发生着变化,农村社会的结构形成和发展模式也在不断变革和发展之中。

（一）传统农村社会发展模式

我国作为一个传统的农业国,在社会发展中长期实行自给自足的自然经济形式,农民作为社会发展的主体,生活相对独立,受外界因素影响较少。在我国传统农业发展过程中,由于经济结构比较单一,社会发展相对封闭,社会发展的创新能力严重不足,缺少变革思想,致使发展相对缓慢。直至近代,西方列强通过技术革命开始实现了工业化,它们为了开拓工业产品倾销市场和掠夺廉价的原材料,开始把侵略的矛头指向了世界,在世界范围内建立殖民地,大肆掠夺财富。中国作为一个古老的大国,人多地广,物产丰富,是西方列强理想的原料产地和工业产品销售市场。19世纪中期,中国的国门最终被贪婪的殖民者用大炮打开,中国传统的社会发展模式受到了严重冲击,传统的小农经济结构形式逐渐瓦解。随着外来廉价商品的大量涌入,中国自给自足的自然经济遭到破坏,农村社会结构也发生了根本性的变化,西方社会发展理念对中国农村社会发展的影响日益加深。尽管在西方列强侵略的过程中,我国农业经济发展受到了严重影响,但总体来说,在中国经济社会中,农业发展仍处于绝对的主体地位,农村社会仍然是我国社会发展的主要形式,以农业为主的社会结构体系变化不大。究其根源,主要是因为在西方列强和封建统治阶级的双重压榨之下,我国工业基础薄弱,社会经济发展严重落后,缺乏城镇化发展的条件,致使城镇化发展缓慢,农村社会发展形式一直占据主导地位。

(二)人民公社时期社会发展形式

新中国成立后,我国社会发展开始进入一个新阶段。建国初期,为了加快发展的步伐,跟上世界发展的潮流,中国政府制定了工业优先的社会发展目标,国家发展重心侧重于重工业的发展,农业必须为工业发展服务。把发展重工业作为新中国建立初期经济建设的重心,符合当时中国国情的发展需要。新中国建立前,旧中国经历了很长一段时期半殖民地半封建化的社会,这一时期,我国经济发展对外具有严重的依赖性,社会发展极端落后,特别是在重工业方面几乎是空白。针对中国工业严重落后的发展状况,毛泽东同志曾一针见血地指出:"现在我们能造什么?能造桌子椅子,能造茶碗茶壶,能种粮食,还能磨成面粉,还能造纸,但是一辆汽车、一架飞机、一辆坦克、一辆拖拉机都不能造。"[1]随着社会主义工业化和"三大改造"的基本完成,中国社会经济结构发生了根本变化。在我国实施工业化发展战略的过程中,我国社会结构形式也开始发生变化,城市人口出现了大幅度增长。1949年全国城镇人口为5 765万人,1957年增长到9 749万人,每年平均增长率达到7.06%;城镇人口比重从原来的10.6%,增长到15.4%。这是向城市化最初跨出的重要一步。[2]

建国初期,伴随着我国经济发展的连续高速增长,我国经济建设开始出现一定的盲目性,急于求成的"左"的错误很快发展起来了。在中共八大二次会议后,许多省提出"苦战三年,彻底改变全省面貌"的口号。各地各部门纷纷召开会议,相互攀

---

[1] 毛泽东.毛泽东文集:第六卷[M].北京:人民出版社,1999:329.
[2] 金冲及.二十世纪中国史纲:第三卷[M].北京:社会科学文献出版社,2009:796.

比,将经济指标越抬越高,在全国范围内出现一个"大跃进"热潮。1958年开始的"大跃进"热潮,是从农村领域起步的。在全国"大跃进"运动的推动下,我国农村地区掀起了以"一大二公"为特点的人民公社化运动的高潮。人民公社制度实行政社合一,政府担负全能的角色。在人民公社制度体制下,为了强化对农村基层社会的管理,我国采取严格的户籍管理制度,通过户籍来限制城乡之间人员的自由流动。在农村社会发展中,由于该制度的存在,农民被牢牢束缚在土地上,对土地的依附性较强,难以自由流动。具体来说,在人民公社管理体制下,农村基层社会管理实行人民公社党政一把抓,公社下设大队,大队有支委和行政领导班子,负责具体的社会管理事务,公社作为协调者,负责权钱物,对乡村进行有效管理。

(三) 改革开放后乡村社会发展形态

改革开放后,我国在经济、政治、文化和社会各方面都进行了全面的改革。随着社会主义市场经济的逐步建立和发展,我国乡村社会制度体系也发生了重大变化,人民公社制度已经退出历史舞台,取而代之的是乡镇管理体制,在县一级政府统一领导下的乡镇政府成为乡村社会治理的主体。乡镇行政管理机构的设立,不只是在名称上的改变,其管理职能也相应发生了改变,人民公社时期全能型政府管理模式不复存在,乡镇政府的管理职能逐渐减弱,服务功能进一步增强。乡镇下设行政村,乡镇政府的社会管理主要通过行政村这一级社会机构来实施,行政村不具有国家行政机关的性质,因为行政村主要行使职能的是村民委员会,依照《中华人民共和国村民委员会组织法》的规定,村民委员会是村民自我管理、自我教育、自我服务的基层群众性自治组织。

在这个时期,随着我国社会的不断发展,我国城镇化的建设步伐开始加快,乡村社会结构形式也在不断变化。中国延续数千年的以农村为主体的社会发展体系开始向城镇化发展模式转变,城镇的数量越来越多、规模越来越大,城镇在整个社会中的占比不断上升。根据相关数据统计,1978年我国城镇常住居民占到了社会居民总数的17.92%,乡村常住居民的占比则达到了82.08%;到了2000年,我国城镇常住人口比重为36.22%,乡村常住人口比重仍然有63.78%。但最近几年,随着我国城镇化发展的突飞猛进,我国城乡常住人口的比重发生了天翻地覆的变化。截至2016年,我国城镇常住人口比重为57.35%,乡村常住人口比重下降到了42.65%,城镇常住人口的比重已经高于乡村常住人口比重将近15个百分点。发生这种变化的重要原因是由于市场经济的不断发展,我国城市化的进程进一步加快,城市能够提供更多的就业机会,吸引了大量农村人口向城市转移,此消彼长,最终导致城乡人口比重的改变,整个社会结构形式由此发生了根本的变化。在城镇化大潮的推动下,我国传统的农村自然村落开始走向没落,村落数量不断减少。在社会主义市场经济发展的推动下,曾经作为乡村发展主力军的青年一代,他们绝大多数毅然选择离开农村到城市去寻求更好的发展机遇,致使农村社会"空心化"现象加剧。农村青壮年劳动力的严重流失,使农村的社会发展面临着严重的挑战,长期驻守农村的群体基本上以老弱病残者居多,这部分群体由于自身力量有限,难以有效承担起乡村振兴的重任,这些问题也给农村社会治理带来了较为不利的影响。然而,大量农村人口涌入城市,对城市的基础设施建设和社会基本服务体系建设提出了更高的要求,由于城市社会对外来人口急剧增长准备不足,基础设施和社会服务等方面难堪重负,显得捉襟见肘,城市居民的生活质量受到了一定的影响,城市治理陷于被动。

(四)新农村建设时期社会发展形态

近年来,随着我国加快农村发展战略的推进,我国社会主义新农村建设提上日程。建设社会主义新农村,就是在当前社会发展形势下,进一步加快农村发展的步伐,加大农村经济、政治、文化和社会等诸方面的改革力度,尽快适应社会主义现代化发展趋势。当前,随着我国城镇化发展的进一步推进,我国农村社会发展过程中存在的一些问题逐渐暴露出来,乡村经济建设难有起色,基层社会自治推行缓慢,社会稳定得不到有效保障,农村"空心化"现象进一步加剧。为此,加快农村建设发展步伐,振兴乡村,提高乡村治理水平,将成为今后一段时期内我国社会发展的重点。2018年中央一号文件明确指出:"实施乡村振兴战略,是党的十九大作出的重大决策部署,是决胜全面建成小康社会、全面建设社会主义现代化国家的重大历史任务,是新时代'三农'工作的总抓手。"由此可见,在新的发展时期,振兴乡村的一个重要举措就是进一步发展农村经济,促进农村经济建设上台阶,只有农村经济建设搞上去了,城乡差距才会缩小,城乡协同发展的目标才能真正实现,我国的第一个百年计划目标的完成才会水到渠成。按照我国全面建成小康社会的发展要求,到2020年我国将全面建成小康社会。从我国当前社会发展的现状来看,全面建成小康社会面临的最大挑战和难题就是几千万农村贫困人口脱贫的问题。国家统计局发布的数据显示,据对全国31个省区市16万户居民家庭的抽样调查,按现行国家农村贫困标准测算,2017年末,全国农村贫困人口3 046万人,比上年末减少

1 289万人;贫困发生率3.1%,比上年末下降1.4个百分点。① 从这里可以看出,新时期我国社会主义新农村发展的基本目标是全面建成小康社会,全面小康是我国2020年的底线目标,也是我国三大攻坚战之一,决定了我国农村社会的发展方向。

社会主义新农村建设对我国社会发展提出了更高的要求。长期以来,我国社会的主要矛盾是人民日益增长的物质文化需要与落后的社会生产之间的矛盾,但随着我国社会主义现代化的不断发展,我国社会主要矛盾也相应发生了变化。党的十九大报告中明确提出:"中国特色社会主义进入新时代,我国社会的主要矛盾已经转化为人民日益增长的美好生活需要和不平衡不充分的发展之间的矛盾。"② 我国社会主要矛盾的转化反映了我国社会发展的客观要求,为我国新时期社会主义新农村建设指明了发展方向。改革开放40年来,我国社会生产力水平显著提高,社会生产能力在很多方面进入世界前列。同时,人民生活水平显著提高,人均国内生产总值从1978年的385元增长到2017年的59 660元,年均增长约9.5%,已经达到中等偏上收入国家水平。在这个基础上,人民群众的需要在领域和重心上,已经超出物质文化的范畴和层次,只讲"物质文化需要"已经不能真实全面反映人民群众的愿望和要求。③ 故此,在新时期,农村社会发展已不再是单纯追求物质文化生活水平的提高,更多是强调人民群众生活品质的提升,人民群众对美好生活的向往已成为我国新农村建设的价值导向。

二、乡村治理结构的变化

(一)传统乡村治理结构

我国曾经历过长达两千多年的封建统治,封建统治制度实行君主专制,由封建君主实行集权统治,地方政府权力极其有限。在这种情况下,由于地方政府缺少相应的治理权限,社会治理制度体制不健全,政府缺位严重,很多情况下是通过宗族制度体制来维持乡村社会的治理。在封建统治时期,我国宗族势力盛行,宗族势力不仅控制着乡村发展的主要社会资源,同时还负责乡规民约的制定和实施,它们通

---

① 陈炜炜.2017年末全国农村贫困人口减至3046万人[EB/OL].[2018-2-2]. http://society.people.com.cn/n1/2018/0202/c1008-29802293.html.
② 习近平.决胜全面建成小康社会 夺取新时代中国特色社会主义伟大胜利[M].北京:人民出版社,2017:11.
③ 中共中央宣传部.习近平新时代中国特色社会主义思想三十讲[M].北京:学习出版社,2018:68-69.

过对社会资源的有效掌控约束民众,加强对乡村社会的管理。在我国传统的乡村治理模式下,地方政府在治理中的主要职责是制定相关管理规定,协调各方关系,加强与乡村宗族势力的联系,而真正参与乡村治理的主体则是宗族乡绅,由他们代替政府承担乡村管理职责。

这种社会治理形式是我国封建社会乡村治理的主要模式,更多体现了乡村社会自治制度的发展。第一,封建统治阶级垄断社会治理权。封建统治者通过制定相关的法律制度来加强对社会的统治,具体治理措施的实施则是由其代理人——宗族势力的地方代表来负责,民众在社会治理中没有任何自主权,只能成为被管理的对象。第二,社会治理中法治观念淡漠。封建专制统治实行君主专制,崇尚人治思想理念,法律在社会治理中作用有限。因此,在封建统治制度下,社会治理基本上是体现封建君主的意志,具体的乡村治理更多的是执行家规族法,以此来代替法律的权威,社会治理制度缺少法律的约束力,社会治理主体和广大民众在社会治理中法治观念淡漠。第三,乡绅治理成为乡村社会治理的重要形式。在封建专制统治下,乡村治理一般都是依靠宗族势力来完成的,宗族是由具有权威性的乡绅来负责领导,社会治理的重要依据就是家法族规,乡绅通过适用家法族规强化对整个宗族的统治,以此来规范社会秩序,指导民众生活,加强对社会的治理。

(二)人民公社时期的乡村治理结构

人民公社形成于社会主义建设初期,国家在社会发展中希望借助集中人力物力加快社会发展的步伐。因此,人民公社时期强调社会治理由政府统一管理,其他社会组织和民众只能被动地作为社会治理的对象。人民公社实行的是政社合一制度,社会治理权力高度集中,政府包揽着社会事务,它不仅是社会管理各项政策措施的制定者,更是具体政策措施的执行人。在乡村社会治理实践中,由公社组织进行具体的治理规划,而进行治理的直接主体一般是由下属的大队来承担的,大队又通过生产队对治理任务进行下派,这种治理层层落实,一级管一级,分工明确。在当时的社会条件下,由于存在着户籍等制度的严格限制,农民对土地的依附性强,农村人员流动少,社会相对稳定,管理也相对简单,乡村社会治理的难度不大。

(三)改革开放后社会治理

党的十一届三中全会以后,我国正式拉开了改革开放的大幕,我国社会发展也由此迈上了一个新台阶。改革开放不仅是社会制度体制的创新,同时也是思想观念的重大变化。随着改革开放的不断深入,民众的权利和责任意识开始加强,法律意识也得到了进一步提升。社会治理制度开始发生改变。由于民众权利意识的不断加强,其参与社会治理的愿望进一步提升,政府在社会治理中的地位开始受到挑战,政府单一主体的社会治理模式难以继续维持下去。这一时期,乡村治理的特点主要体现在以下几个方面。第一,无限政府开始向有限政府转变。在乡村治理中,政府的职能开始发生转变,政府通过简政放权,把应当由社会承担的治理职责交还给社会,由社会组织和民众自己承担相应的社会治理职责,不断提高社会治理自治水平,政府的职责回归服务民众的本位。第二,市场机制开始发挥引导作用。在社会主义市场经济条件下,我国社会治理更多体现市场的特点,政府在乡村治理中的服务功能进一步加强,其主要职责就是为广大民众提供优质的公共产品和服务。政府与其他社会组织和民众通过市场竞争机制共同参与社会治理,强化社会治理的效果,提高社会治理的质量,为乡村社会治理的发展打下坚实的基础。第三,社会组织开始复苏。在无限政府时期,政府包揽社会治理事务,其他社会组织难以参与到社会治理决策之中,致使社会组织发展缓慢,不能有效承担起社会治理的职责。在社会主义市场经济体制下,政府开始转变职能,逐步改变全能政府的角色定位,社会组织在社会治理中的作用不断提升,社会地位进一步提高,在社会治理的现实需要和政府的积极扶持下,社会组织不断发展壮大起来。第四,民众参与社会治理的积极性不断提高。在市场经济条件下,随着政府职能的不断调整,政府参与社会治理的职责范围进一步缩小,社会治理权力进一步回归社会,民众在社会治理中的重要性不断得到加强,基层治理自治水平得到了前所未有的提升。随着乡村社会自治观念的不断强化,民众的权利意识进一步提高,参与社会治理的积极性高涨,乡村社会治理主体多元趋势明显,并逐渐形成政府、市场、社会多元协调的社会治理体系。

(四)新农村建设时期乡村治理的发展

随着我国现代化建设的不断发展,我国城市化速度进一步加快。这一大背景下,为了实现城乡平衡协调发展,有效应对社会主要矛盾的发展变化,我国不断调整社会发展战略,推进创新协调发展机制建设,在加快城镇化发展步伐的同时,积极创新乡村社会发展模式。当前,新农村建设已经成为我国社会发展现代化的一项重要内容。为了有效推进社会主义新农村建设,必须进一步强化乡村社会治理发展的重要性,加大乡村社会治理发展的力度。新农村建设离不开乡村社会治理的发展,需要不断加快乡村治理体系建设。第一,注重乡村社会治理人才的培养。当前,现代乡村建设的一个主要短板就是缺少具有发展经验的带头人,因此,为了加快现代农村建设,提高乡村社会治理水平,关键是解决乡村建设发展人才资源匮乏问题。在这里,最有效的办法就是把原先从农村走出去的人才吸引回来,让他们承担起社会治理的重任。这样做的目的,一方面由于这部分群体长期在城市进行打拼,已经积累了丰富的社会工作经验,能够为乡村社会治理提供有益的经验;另一方面,这部分群体本身就是从农村走出去的,对农村社会比较了解,熟悉农村社会治理的各项事务,并且,从感情上来说,农村本来就是他们的根,这样,他们工作起来不仅轻车熟路,能够尽快适应农村社会治理工作,而且愿意长期扎根农村,全身心地为乡村社会治理服务。第二,加大乡村治理政策支持力度。新农村建设是建立在一定物质基础之上的,乡村治理不仅需要先进的技术条件支撑,更需要大量的资金投入。因此,为了有效推进乡村治理的发展,政府在制定相关治理政策时应当给予必要的政策倾斜,特别是社会公共服务领域建设,政府应当进一步加大投入力度,运用市场机制,不断拓宽公共产品和服务的供给途径,提高公共产品和服务的质量,努力提升农村社会生活品质。第三,发挥社会组织治理主体功能。现代社会治理的一个重要特点就是治理主体的多元化,乡村治理也不例外。在社会主义市场经济条件下,社会治理要充分发挥市场机制的作用,公共产品和服务的供给要严格遵循市场规则,通过竞争机制来提高社会治理的质量,这就需要进一步完善社会治理主体建设,推进社会组织的发展,发挥社会组织在社会治理中的作用,维护不同社会群体的利益诉求,社会治理才会更具活力,乡村社会的发展才能有序推进。第四,充分发挥农村基层党组织的战斗堡垒作用。近年来,随着现代乡村建设的不断推进,农村基层治理自治制度进一步发展和完善,广大农民群众在社会治理中的作用不断提升,这不仅体现了人民当家作主的社会主义民主建设要求,也是现代社会治理发展的必然。然而,农村现代治理体系的构建,有一个问题必须厘清,也就是如何发展和加强农村基层党组织建设,充分发挥农村基层党组织在社会治理中的作用。这是解决新时期农村基层治理中"谁来领导治理""怎么领导治理""谁来实施治理""谁来评判治理"等问题的关键。党的基层组织是开展党的活动的基本单位。农村基层党组织能够正确理解党的路线方针政策,是党联系广大农民群众的桥梁和纽带,通过农村基层党组织的大量工作,能够使党的路线方针政策得到迅速贯彻和实施。由此可见,推进农村基层治理现代化,就必须坚持党建引领基层治理,加强党组织对基层治理的领导,强化党群联动,把党的领导落实到基层治理的末端。2019年12月召开的中央农村工作会议进一步强调:"要加强对'三农'工作的全面领导,坚持农业农村优先发展,强化五级书记抓乡村振兴责任,发挥好农村基层党组织战斗堡垒作用。"

第二节 村民自治视域下的乡绅文化建设

一、农村基层组织的发展

(一) 改革开放前农村基层社会治理概况

我国基层组织的发展经历了一个不断变化发展的过程,从建国初期至今,随着社会制度的发展变化,我国农村基层组织体系也在进行着不断的变革。从新中国成立到改革开放前,我国农村基层组织建设经历了两大发展阶段。第一个发展阶段是从1949年新中国成立到1957年,这段时期,我国农村基层组织主要为行政村,行政村是乡政府领导下的行政性组织,其职责是管理村里的行政事务和上级政府交办的事项。第二个阶段是从1958年到1982年,这段时期,我国农村基层组织为生产大队管理委员会,它是政社合一的组织。所谓政社合一就是把基层行政组织和农村集体经济组织结合在一起,它既行使行政组织的职能,又行使经济组织的职能。[①] 在这两个发展阶段,社会治理有着显著的特点。第一,政府垄断基层治理的权力。在人民公社时期,政府实行命令—服从的社会管理模式,由政府包揽社会事务,公共产品和服务的供给只能由政府严格按计划进行分配,民众作为被管理对象,只能被动地接受管理。第二,民众权利意识淡漠。由于政府长期实行严格的社会管理制度,民众早已习惯于被动地接受政府的管制,在社会治理中很少表达自己的主体意愿。民众在社会治理中的消极态度,直接导致了他们参与社会治理的积极性不高,权利意识不强,久而久之,民众在社会治理中逐渐被边缘化,最终彻底沦为被治理的对象,其在社会治理中的主体职责进一步被淡化。第三,社会秩序相对稳定。在人民公社管理时期,由于政府拥有着绝对的权威,对社会进行严格管控,再加上民众自身权利意识不强,对政府制定的各项治理政策基本上都是完全遵照执行,少有异议,所以,农村基层治理基本上是按计划稳步推进,治理过程波澜不惊,社会秩序相对平稳。

---

① 白益华.我国农村村民自治制度的产生和发展(上)[J].百年潮,2017,3:5-6.

（二）改革开放后，治理主体多元趋势形成

1978年，党的十一届三中全会召开，我国在经济、政治、文化和社会等各方面开始酝酿新的变革。改革开放促进了我国社会发展迈上新台阶，我国社会治理改革的步伐逐渐加快，社会治理理念也在不断创新。在这一发展时期，人民公社体制下的政府包揽一切事务的现象已经成为过去，农村基层管理制度开始由人民公社、大队管理体制分别向乡镇、村管理体制转变，乡镇政府开始成为农村基层治理的主体，而行政村作为乡镇政府的代理机构，具体执行基层治理的权力。另外，在改革开放初期，尽管村级两委不属于党政机关，但由于历史和现实的原因，它们一直行使着政府的管理职能，是政府对农村基层进行治理的直接执行人。这一时期，农村基层治理的主要特点包括：第一，农村基层政府职能开始发生转变。乡镇政府不再像人民公社时期那样热衷于全能政府的角色，尽管乡镇政府仍然掌握着农村基层治理的主要权力，但其在行使职权的过程中更加关注公共产品和服务的供给，政府的服务意识不断加强，在基层治理中政府的职能逐步向服务的方向转变。第二，民众参与社会治理的积极性进一步提高。随着改革开放的不断推进，民主观念不断加强，民众的权利意识和法律意识进一步提高，他们参与社会治理的欲望愈来愈强烈。随着政府职能的不断转变，民众参与社会治理的机会大大增加，参与社会治理的热情也空前高涨，其在社会治理中的主体作用进一步凸显。第三，社会组织作用加强。在人民公社时期，除了政府所属的社会组织以外，其他社会组织的发展长期受到政府的严重压制，发展非常缓慢，社会治理功能逐渐减退，难以承担社会治理职责，在社会治理中发挥的作用微乎其微，基本上变成了一个摆设。改革开放后，随着我国市场经济体制的逐步确立，我国社会发展进入了一个主体多元化的发展新阶段，民众的权利意识不断加强，政府的职能进一步转变，社会组织的建设迎来了一个重要的发展契机。在多元主体治理条件下，社会组织的作用开始复苏，一些新的社会组织不断建立发展起来，这些社会组织积极参与社会治理制度的制定和实施，并在社会治理中发挥着越来越重要的作用。第四，社会治理的法治化水平不断提高。为了完善社会治理体系建设，加强对社会治理的有效控制，我国在社会治理过程中进一步强化法治的作用，把法治建设贯穿到社会治理制度建设的全过程，使法律制度逐渐成为我国社会治理的重要准则，实现社会治理有法可依、有法必依。这样，在我国农村基层社会治理过程中，政府任意行政的现象必然会大大减少，依法行政将成为社会治理的主要形式和价值目标。不仅如此，随着我国法治化进程的不断加快，民众的法律意识不断提高，维权意识进一步提升，在具体的社会

治理过程中,民众依法维权现象已经屡见不鲜,农村基层治理的法治化水平得到了前所未有的提高。

(三)新时期社会治理的创新发展

随着改革开放的不断深入和经济社会的快速发展,我国社会主义市场经济基本建立,民主与法治逐渐成为我国社会发展的主要价值追求。政府在社会治理中不断发扬民主,强化服务,不断推进服务型政府建设,逐渐形成多元共治的社会治理模式,基层社会自治得到了进一步加强。这一时期,社会治理的主要特点包括:第一,政府进一步加快简政放权的步伐。随着社会主义市场经济的建立,市场机制在社会治理中开始发挥越来越重要的作用。在这个阶段,发挥政府在社会治理中的服务功能,已经成为社会治理发展的主要趋势。当然,加强服务型政府建设,目的是强化政府在社会治理中的服务意识,但这并不能简单地理解为政府在社会治理中的作用削弱。相反,在服务型政府建设中,尽管政府在社会治理中不断转变职能,但其在社会治理中的主体作用不能有丝毫的削弱,甚至有些方面还需要进一步加强。因为,在服务型政府建设中,政府不仅是各项治理政策的制定者,还是社会治理资源的主要提供者,政府实施简政放权的目的是促进政府能够专注于"种好自己的地",实现政府权力向社会回归的本质,由社会来承担治理的主要职责。这一方面可以减轻政府的负担,使政府能够轻装上阵,集中精力,履行好政府的社会治理职责;另一方面,政府权力的下放,也给其他社会组织和民众提供了参与社会治理的机会,充分发挥出广大人民群众的集体智慧,创新社会治理机制,提高社会治理的效果。第二,多元治理主体逐渐形成。在新的发展形势下,我国社会结构开始发生变化,利益群体不断增多,不同利益群体的利益诉求存在着较大的差异,社会治理难度进一步加大。随着社会发展的不断推进,我国社会主要矛盾也发生了改变,新时期我国社会主要矛盾已经转化为人民日益增长的美好生活需要和不平衡不充分的发展之间的矛盾。我国社会主要矛盾的变化对社会治理的要求越来越高,为了有效应对社会主要矛盾的变化和社会治理发展的需要,应当积极推进代表不同群体利益的社会组织参与到社会治理中来,满足不同利益群体的利益诉求,充分体现民众的意志,使社会治理更加具有代表性,逐步构建多元共治的社会治理模式。第三,社会治理自治水平不断提高。长期以来,我国社会治理采取单一主体社会治理模式,政府在社会治理中充当全能政府的角色,垄断一切社会治理事务。尽管我国法律制度中有明确的自治制度的规定,但在社会治理实践中,治理自治制度在多数情况下还只是流于形式,难以真正实现社会治理自治。近年来,随着我国社会制度的不断发展和完善,我国民主与法治的水平也在不断提高。在现代社会治理中,基层自治制度进一步被强化,政府开始简政放权,不断转变职能,社会组织和民众参与社会治理的热情不断提高,农村基层治理逐渐实现治理主体多元化,基层社会治理的民主性进一步提高。在多元社会治理体系中,政府对社会治理的直接干预不断减少,农村基层治理的自治程度逐步提高,村民委员会在社会治理中作用开始发挥,这些都有力推进了我国村民自治制度的发展,对构建现代社会治理体制具有重要的作用。

二、乡绅文化在村民自治中的作用

(一)传统社会中的乡绅文化

我国封建统治时期实行的是君主专制,地方政府的权力相对较小,以宗族统治为主,宗族制度相对发达,宗族承担着地方社会治理的重任。在宗族制度体系中,宗族的领导者是族长,族长一般都是由本族德高望重的人担任,他们中既有退休官吏,也有地方财主。在乡绅社会治理中,乡绅依靠其身份和地位确立的权威,加强对农村基层社会的管理,乡绅治理制度的实施一般依靠相应的规章制度,或者是乡规民约,有的还可以是约定俗成的风俗。从乡绅治理制度的本质来看,乡绅的权威来自于民众对其地位的认同,乡绅治理制度有着独特的时代特征。第一,乡绅社会治理是封建社会基层治理的一个重要特征。在封建制度下,中央专制集权统治一般只能到达县一级,县一级以下的地方治理基本上是由乡绅管理来代替的,可见,在封建制度体系下,基层政府治理结构体系严重缺失。第二,乡绅在农村社会具有较高的权威性。乡绅治理要求治理者自身必须德高望重,具有较高的社会威信,在地方上影响力大,号召力强,民众愿意接受其管理。严格意义上说,乡绅权威的来源就是封建等级制度,作为封建统治核心的三纲五常和家国统治制度是乡绅制度的根本。第三,乡绅治理体现了村民自治的特征。一般来说,乡绅是由民众举荐产生的,民众依照一定的标准举荐德高望重者作为治理乡村社会的领导者。乡绅制度体现了社会自治的特征,乡绅进行社会治理一般是以民众利益为根本的,积极维护民众的利益诉求。当然,在封建统治制度下,乡绅治理必须接受政府的管理,服从政府的安排,同时还担负着政府政策措施贯彻执行的重要职责。第四,在封建社会法律制度不健全的情况下,乡绅治理更多的是依靠乡规族规。在封建君主专制统治下,封建社会法律制度发展较为缓慢,民众法律意识普遍不强,所以,乡绅社会治理更多的是依靠族规和乡规,通过这些规则来规范人们的行为。也就是说,在封建专制体制下,公共法律发展相对较弱,约束民众的更多是社会规则,而非法律制度。

(二) 乡绅制度的旁落

新中国成立后,随着我国社会主义制度的建立,封建制度体系下的乡绅阶层被逐出主流社会。在社会主义制度体制下,为了有效加强乡村社会治理,政府建立了从上至下非常严格的社会治理体系。在改革开放之前,我国行政体系是由中央、省、市、县、人民公社组成的,根据各地方不同的情况,人民公社的组织,可以是两级,即公社和生产队,也可以是三级,即公社、生产大队和生产队,它们主要承担农村基层管理的职责。这个时期的乡村治理基本上由政府来承担,民众参与较少,其他社会组织由于数量少,再加上政府对社会治理权力的垄断,仅有的一些社会组织也很难有机会参与到乡村治理中来。在这样的背景下,我国乡村社会治理实践中,乡绅治理的基本条件已经不再具备,乡绅自然也就难以参与到乡村社会管理体系中,更不用说主导乡村治理了。

(三) 现代治理体系下乡贤文化的发展

随着社会的发展,政府的职能不断调整,简政放权成为现代政府进行社会治理的主要趋势。当前,我国行政体系从中央到地方,基本上形成了中央、省、市、县、乡(镇)五级行政体系,乡(镇)之下还设立了行政村,行政村的党支部和村委会分别代表党和政府对农村基层进行有效管理。伴随着政府权力的不断下放,社会组织和民众参与社会治理的机会大大增加。按照中央的决策部署,要加快农村建设的步伐,实行城乡一体化,这不仅是今后我国社会发展的主要趋势,也是解决当前我国社会面临主要矛盾的路径选择。然而,随着未来我国城镇化进程的不断加快,农村人口继续向城市汇聚,特别是大量农村青壮年进入城市工作和生活,农村"空心化"现象加剧,这又严重阻碍了农村社会治理的有效推进。因此,在现代社会治理体系下,为了有效应对城镇化发展趋势,积极解决乡村治理的难题,必须进一步加强农村基层治理建设,推进乡贤文化的发展,提高乡村治理水平,推动农村基层治理现代化。

1. 新时期推进乡贤文化制度发展的必要性

在新的发展时期,推进乡贤文化发展是适应乡村社会治理新情况,加快乡村社会治理的有效途径之一。现代乡贤文化发展形式完全不同于封建统治时期的乡绅文化制度。在封建专制制度下,加强乡绅文化制度建设的目的是维护封建专制统治,实现封建统治者对民众专制统治的需要,它归根结底是为封建专制制度服务的。新时期发展乡贤文化,主要目的是进一步推进乡村治理,提高乡村治理水平,实现农村社会发展现代化,二者有着本质的区别。在现代社会条件下,加强乡贤文化建设,主要是基于以下几个方面的考虑。第一,农村"空心化"现象日益加剧,给乡村治理造成了一定的障碍。现代社会发展中,城市化已成为社会发展的主要发展趋势。在城市化发展不断推进的过程中,传统的乡村村落不断减少,乡村人口结构状况也发生了巨大变化。近年来,为了有效应对乡村社会的发展变化,我国乡村村落合并现象越来越多,其主要目的是推进乡村社会资源共享,强化对乡村社会的管理。在这样的社会形态下,民众生活由原来的熟人社会逐渐向陌生人社会发展,人们之间的交流越来越少,相互间的关系也逐渐疏远,这种疏离社会状态的存在,不利于和谐社会关系的形成,给乡村治理造成了一定的障碍。为此,加强乡贤文化制度建设,利用乡贤在乡村社会中的较高地位和影响力,把不同利益群体聚合到一起,促进他们彼此之间的交流与合作,增强社会凝聚力,进一步构建和完善乡村社会治理结构体系,提高乡村社会治理的效果。第二,乡村村落散居现象使乡村社会治理难度增加。乡村社会村落散居的特点,不利于政府集中统一管理,增加了社会治理的难度。为此,通过加强乡贤文化制度建设,发挥乡贤在乡村社会治理中的作用,能够有效弥补政府在农村基层治理能力的不足。一般来说,乡贤对乡村社会的发展状况比较熟悉,精通乡村社会管理事务,能够有效把握和应对不同利益群体的利益诉求,在乡村治理中能够做到有的放矢。第三,发挥乡贤的社会作用,提高乡村治理效率。乡贤主要由一批乡土精英和有学识专长、创业经验的人才构成,他们多为社会贤达,本身德高望重,具有很高的社会威信。在乡村社会治理中,乡贤的社会影响力能够充分发挥社会凝聚作用,统一民意,有效发挥民众在社会治理中的积极性和创造力。这样,不仅能够大大减轻政府在乡村治理中的负担,提高乡村治理的效率,同时,还能够节省大量社会治理成本,减少乡村治理的经济压力,有利于乡村社会治理循序渐进。

2. 乡贤制度的组织结构形式

在现代社会中,乡村治理制度的发展催生了一些新的乡贤的产生。从现代治理主体层面上看,乡贤主要包括以下几类人。第一,城市离退休行政人员。一般来说,城市离退休行政人员由于长期从事行政工作,对国家方针政策比较熟悉,能够在社会治理中很好地理解和把握国家的政策措施。同时,这些离退休行政人员在政府部门工作期间,因为工作的需要时常与社会各方面打交道,形成了较好的人脉关系,能够充分利用社会资源为乡村治理服务。因此,在现代社会治理中,积极吸收城市离退休行政人员参与乡村建设,担负农村基层治理主体的职责,一方面他们可以利用长期积累的专业知识和社会管理经验,有效应对农村基层治理的问题;另一方面,他们还可以利用丰富的人脉资源,为农村社会发展争取更多的社会资源,为农村基层治理打下坚实的基础。第二,从农村走出去的乡土精英。改革开放后,随着城市化的发展,大批农村青年精英离开农村到城市去发展,经过多年的打拼,这部分群体中很多人已经成长为城市建设发展的主力军,他们在城市发展中不仅积累了一定的财富,更多的是拓宽了视野,增长了才干,社会工作经验也得到了进一步提高。因此,积极吸引这部分群体回乡创业,参与农村基层治理工作,不仅解决了现代农村社会发展中治理人才严重不足的问题,同时还有效拓展了农村建设资金的来源渠道。也就是说,这部分群体的社会经验和经济实力将会成为农村社会治理的重要保障。第三,农村致富能手。改革开放40年来,我国的社会发展不断进步,农村发展更是成为重中之重,每年的中央一号文件都把"三农"问题作为关注的焦点。当然,农村社会的发展离不开广大农民群众的辛勤劳动,特别是在农村基层治理中,民众发挥的作用将会越来越大。然而,长期以来,由于农村社会发展状况较为复杂,推进农村经济发展,除了政府要在政策上给予大力支持外,还需要大量具有社会治理经验的人来带动。当前农村社会发展中,农村致富能手作为农村经济发展的领头羊,具有丰富的农村经济管理经验,由他们担负农村基层治理的职责,不仅能有效促进乡村经济的发展,同时还能进一步推进我国民主政治制度建设,提高我国社会治理的民主化水平。

3. 乡贤治理体系的构建

在现代社会发展条件下,乡贤治理还是一个新事物,乡贤治理制度还缺少系统性和规范性。如何规范乡贤治理体系,还需要不断地探索和研究。第一,政府应积极加强引导。加强农村基层治理,政府应及时调整社会治理策略,积极构建符合现代社会发展的治理结构体系。政府应当在充分调研的基础上,根据农村社会发展现状,做好农村社会发展的规划设计,明确农村基层社会治理的发展方向,加快农村基层治理机制建设。这样,农村社会发展才会有章可循,农村基层社会治理也才能够按部就班地推行下去,乡村社会治理成效才能充分发挥出来。第二,提高政府的服务意识。乡村治理的目标是建立现代乡村社会体系,为社会主义现代化建设打下坚实的基础。在乡村治理过程中,为了提高民众的生活品质,创建良好的社会治理环境,基层政府应把主要精力放到公共服务领域建设上来,强化政府在社会治理中的服务功能,提高政府的服务意识,推进政府职能的转变。第三,发挥市场机制的作用。乡贤治理不同于政府管理,因为乡贤本身并非政府官员,不能对社会治理政策的制定施加直接影响,但他们可以通过自身的社会影响力,积极引导民众参与社会治理,扩大乡村治理的主体范围,提高治理的社会代表性。乡贤治理不同于行政管理,乡贤不具有行政管理权限,在社会治理中主要是利用市场规律,发挥市场机制的作用,通过市场调节功能,不断完善公共产品和服务的供给,提高广大农民群众的生活质量。第四,加快社会组织建设。乡贤治理更多的是依靠社会力量来进行社会治理。社会组织作为乡贤治理的重要主体,承担着较多的社会治理职责,是实现乡村社会治理主体多元化的基础。一方面,社会组织具有一定的专业性,它们对乡村社会发展状况比较了解,贴近民众,能够与民众进行更好的交流与互动,这是政府在社会治理中所不具有的优势;另一方面,社会组织参与乡村治理,可以通过市场竞争机制,在公共产品和公共服务的供给上,为民众提供了更多的选择,这样,有效促进了社会治理方式的多样化,使社会治理制度的发展能够充分反映民意,更具社会代表性。第五,发挥村民委员会的桥梁作用。村民委员会是地区乡(镇)所辖的行政村的村民选举产生的群众性自治组织,它不是一级政权,也不属于国家机关。但村民委员会是行政村的两委班子之一,具有较高的社会威信。乡贤可以通过参与村民委员会的管理工作,发挥其在农村基层治理中的积极作用。一般来说,乡贤对乡村的风土人情比较了解,对农村社会存在的问题较为清楚,再加上乡贤一般都具有较高的政治素质和政策理论水平以及处理问题的丰富社会经验,在农村基层治理过程中,能够深入群众内部,积极加强与民众的沟通,有利于社会治理工作的推进。可以这样说,村民委员会为乡贤参与乡村治理搭建了非常好的平台,使他们在乡村治理中能够充分展现社会治理的本领和才能,同时,乡贤积极参与乡村治理,不仅解决了乡村治理主体资源匮乏的问题,还使农村基层治理结构更加合理,村民委员会的作用更加凸显,推进了我国农村基层治理自治制度的发展。

4. 乡贤治理效果评价体系建设

乡贤参与社会治理具有一定的优势,也符合现代社会发展的特点。但乡贤治理的实际效果究竟如何,在社会治理中能够产生多大的影响力,必须有一个具体的评价机制,这就需要制定一套切实可行的乡贤治理效果评价体系。乡贤治理评价机制建设具体包括:评价的标准、评价的主体、评价的客体、评价的对象、评价的方式和评价的后果回应等。这些评价涵盖了乡贤治理制度建设的各个方面,只有建立完善的乡贤治理评价体系,评价的结果才会更具有科学性。首先,评价标准的制定。乡贤参与乡村治理的效果如何必须有一个具体的量化标准,需要制定一定的评价指标。评价指标是整个评价体系的关键,如果指标的制定不科学,就不能真正发挥出评价的作用。因此,乡贤治理评价指标应当由专门部门来制定,要能够真正反映不同方面的意见,通过科学测量的方式来确定。其次,评价主体的确定。对乡贤治理的效果进行评价,应当由独立的第三方进行评价较为合理。乡贤自己不能参与评价,否则意味着乡贤在社会治理中既当"运动员"又当"裁判员",治理评价的公正性就难以得到保障。不仅如此,政府与民众也不能独立充当评价主体,因为二者与乡村治理有着直接的利害关系,在治理评价中也很难做到公平公正。因此,乡贤治理评价必须根据实际情况由专门评价机构来进行,从而确保评价的公正性。再次,对评价后果的回应。一般来说,乡贤治理评价是对乡贤治理效果的认定,如果评价效果好,说明乡贤治理符合社会发展要求,能够促进社会发展。如果评价效果差,说明乡贤社会治理制度存在着一定的问题,这就需要对整个治理制度进行重新评估与取舍,进一步完善和改进乡贤治理制度,以便其能够更好地满足乡村社会发展的需要。

第三节 社会组织在加强和创新乡村治理中的作用

一、我国社会组织的发展历程

(一)单一主体治理模式下社会组织发展缓慢

改革开放前,我国实行计划经济体制,政府在社会治理中充当全能政府的角色,包揽一切社会治理事务,从社会治理政策的制定实施到治理效果的认定,基本上都是由政府说了算,社会组织和广大民众在社会治理中的作用非常有限,参与社会治理的积极性不高。在这样的背景下,社会组织的发展尤为缓慢,在计划经济体制下,仅有的一些社会组织也都从属于政府,行使着政府授予的职权,充当政府的助手,难以真正发挥社会组织的作用。因此,在单一主体的治理模式中,社会组织由于缺少相应的发展机制,社会活动空间小,久而久之,仅有的一些社会组织慢慢被行政化,成为政府的附庸,社会组织的本职功能难以有效发挥。第一,社会组织总量少。改革开放前,由于政府担负全能政府的角色,垄断一切社会事务,社会管理中对社会组织的需求量少,再加上在当时的社会环境下社会组织生存空间有限,导致其发展非常缓慢,类别单一,在社会发展中的地位和作用没有得到相应的重视。第二,社会组织功能单一。在计划经济时期,社会组织只能在政府规定的范围内发挥固定的职能,作用的范围小,行政特征明显,在社会治理中主要发挥行政管理的功能,难以有效维护不同社会群体的利益诉求。第三,社会组织作用有限。由于政府对社会治理权力的垄断,社会组织在社会治理中只能依附于政府,充当政府的传声筒,处处体现政府的影子,不能发挥社会组织自身的社会性特点,其参与社会治理的代表性不够。第四,社会组织发展机制缺失。在政府全能的治理模式下,政府长期忽视社会组织在治理中的作用,对社会组织的作用重视不够,致使社会组织在社会治理中逐渐被边缘化,甚至扎扎实实地沦为政府的附庸。

概括起来,在计划经济体制下,我国社会组织发展缺少科学规划,在社会中的地位不高,在社会治理中作用有限,发展也相对缓慢。我国对全国社会组织的数量统计是由民政部于1988年开始进行的,当年所统计的全国社会组织的数量为0.44万个;之后这一统计工作每年由民政部进行一次,从新中国成立至1987年底,社会组织的数量变化只能根据社会政治变迁的背景进行概略估计,但其最高峰值应小于0.44万个,因为1988社会组织的统计数量为0.44万个。[1]

(二)多元共治体制下社会组织的兴起

改革开放后,我国社会主义市场经济逐步建立和发展起来。在市场经济条件下,市场机制的作用不断加强,政府的职能进一步转变,政府参与社会治理的主要形式侧重于为广大民众提供公共产品和服务。在政府职能转变的同时,社会组织的力量开始壮大起来,并逐渐担负起社会治理的职责。随着社会治理事项的逐渐增多,社会组织在社会治理中的作用不断加大,许多新的社会组织应运而生,这些新兴的社会组织分别代表着不同的利益群体,表达这些利益群体的利益诉求。特别是2013年《国务院机构改革和职能转变方案》的出台。该方案明确行业协会商会类、科技类、公益慈善类、城乡社区服务类社会组织不经业务主管单位审查同意,即可向民政部门申请登记。该方案的出台为我国社会组织的发展指明了方向,加速了我国社会组织的成长发展,使得我国社会组织建设在质和量上都取得了非常大的进步。

在多元共治体制的推动下,我国社会组织前所未有地繁荣和发展起来。第一,社会组织的数量迅速增长。从计划经济向市场经济转变的过程中,民众的思想越

---

[1] 潘修华.我国社会组织的演进历程、现状与发展路径[J].党政研究,2017(2):110-117.

来越开放,法律意识不断提高,民主观念越来越强,利益诉求不断上升。然而,由于社会民众人数众多,社会不可能满足每一个人的具体利益诉求,因此,为了有效维护自身的权益,有着共同利益诉求的民众开始联合起来,形成各式各样的社会组织。根据中国社会组织网的统计,2017 年,我国社会组织总数量突破 80 万个的关口,达到 801 083 个,其中,基金会 6 322 个,社会团体 373 194 个,民办非企业单位 421 567 个。改革开放 40 年来,我国社会组织取得了长足的发展,已经增长很多倍。尤其是近两年来,我国的社会组织发展在数量和速度上的增长都创造了一个新高,可以说,现在社会组织和整个中国改革开放同步发展到一个新的阶段,取得很大的成就。① 第二,社会组织的作用开始增强。改革开放后,在所有制结构变迁、产业结构变迁、阶层结构变迁等经济、社会因素的促动下,弱势群体和人口增多,这使得整个社会对公共产品的需求趋于旺盛,而政府难以满足这种需求。在这样的背景下,政府选择了疏导而不是打压的策略,即发动社会力量,帮助其来向社会提供公共产品。于是,社会组织的"出生率"和"出生数量"都出现了较大的增幅。② 这些变化,在很大程度上加速了我国现代治理体系的构建。在社会主义市场经济条件下,政府不断简政放权,转变职能,社会组织参与社会治理的机会大大增加。特别是在公共服务领域,社会组织通过市场竞争机制,积极参与社会治理,努力为社会提供更加优质的公共产品和服务。第三,社会组织协调能力加强。社会组织参与社会治理的主要方式是协调,通过协调不同利益群体之间的关系,找寻社会治理的最佳方案。在社会治理中,政府作为国家行政机关,主要依靠行政权力来进行社会治理,具有一定的强制性。然而,社会组织并不属于国家机关,自然也就不具有行政权力,因此,社会组织参与社会治理更多的是利用其协调能力来调整各种社会关系,通过市场机制的作用促进不同利益群体之间的沟通与交流,最终为社会治理提供更好的公共产品和服务。

社会组织的发展还有待进一步加强。由于计划经济时期政府包揽社会治理权,导致了社会组织的发展受到了严重的压制,在相当长一段时期内难以得到规范健康的发展。时至今日,尽管我国社会组织在社会发展中的作用不断加强,但由于社会组织发展的时间较短,发展过程存在着一定的盲目性,导致了社会组织发展缺乏合理的引导和规范,发展体系不健全。这些问题的存在,在一定程度上阻碍了社会组织的健康有序发展。为此,加强社会组织建设,政府应当依法进行管理,在政

---

① 张振.新时代我国社会组织发展取得十大新成就[EB/OL].[2020-5-17]. http://ex.cssn.cn/glx/glx_yc/201805/t20180517_4255817.shtml

② 潘修华.我国社会组织的演进历程、现状与发展路径[J].党政研究,2017(2):110-117.

策上给予积极的引导,在技术上给予积极支持,尽量避免出现为了发展而发展的错误导向,充分体现社会组织发展的科学性和实用性,按需设置社会组织,这样,社会组织的建设才能充分体现民意,准确反映社会治理发展需求。

二、社会组织在社会治理中的重要作用

（一）社会组织能有效弥补政府社会治理能力的不足

随着改革开放的深入发展,我国社会主要矛盾发生了变化,社会关系亦呈现复杂的发展趋势。在社会发展过程中,利益关系越来越复杂,社会需求逐渐多样化,在传统的单一主体治理模式中,政府的治理方式单一,缺乏灵活性,政府在治理中愈发力不从心,治理效果不佳。因此,加强社会组织建设,积极发挥社会组织在社会治理中的作用,不仅符合民主社会发展的要求,更是对社会治理的一个有益补充,能够有效弥补政府在社会治理过程中治理能力的不足,进一步完善社会治理手段,促进社会治理健康发展。具体来说,在新形势下,随着我国利益群体的不断增加,利益诉求日益多元化,对社会治理的要求也越来越高,如何协调不同利益群体之间的关系,正逐渐成为我国社会治理的关键。在这样的背景下,如果仅仅依靠政府的行政命令来加强社会治理,将很难达到社会治理的目标,难以适应新时期社会发展的需要。因此,在新时期,加强社会治理必须充分发挥社会组织的作用。一方面是社会组织本身就代表着不同群体的利益,容易与这些利益群体进行沟通,能够更好地发挥社会组织的协调作用;另一方面,社会组织参与社会治理更多发挥市场机制的作用,通过市场竞争方式强化社会治理,民众将会获得更多的选择,大大提高了民众参与社会治理的积极性,使社会治理更具群众基础,充分体现出社会治理的代表性。

（二）社会组织参与社会治理更具灵活性

一般来说,社会组织来源于社会各阶层,代表着不同的利益群体。这样,社会组织不仅对社会发展状况有着深入的了解,同时与广大民众联系密切,在治理中能够比较全面地反映民意。相对来说,以政府为主体的社会治理模式,由于政府治理的政策性强,灵活性不够,往往会导致社会治理的实效性差。社会组织作为治理主体,由于社会组织本身不属于政府部门,没有太多的条条框框限制,其在社会治理过程中灵活性相对较强,能够在社会治理中因时而变,最大限度地满足广大民众的

利益诉求。同时,社会组织在社会治理中还能够充分利用市场机制的作用,强化治理的沟通和协调,使社会治理体系建设更加贴近民众,更能准确反映民意,及时发现和解决社会治理中出现的问题,进一步提高社会治理的效率。

(三)社会组织专业性强

随着社会发展步伐的加快,社会治理问题越来越复杂,解决的难度也越来越大,这对社会治理提出了更高的要求。因此,加强社会治理,不能仅仅依靠政府的红头文件,更多的是要具有社会治理专业技能。具体来说,加强社会治理不仅要有发现问题的能力,更要有解决这些问题的智慧。因此,加强社会组织建设就成为推动社会治理的重要举措之一。社会组织一般具有较强的专业特点,其组成人员除了一些专业人员外,还聚集了大量的社会精英阶层,由于这些社会组织成员具有较高的专业技术水平,在社会治理中能够准确把握社会发展规律,并根据我国社会治理发展现状,制定出合理的社会治理措施,有效推进我国社会治理的发展。

(四)社会组织治理理念先进

社会组织由于对社会发展状况有着深入的了解,在社会治理中一般能够从治理问题产生的根源入手,并根据社会发展实际制定相应的应对措施。一般来说,由于社会组织在职能上不具有政府的管理权限,社会组织在社会治理过程中,主要是通过探索治理问题产生的实质,制定相应的预防措施,把社会治理问题消灭在萌芽状态。由此可见,社会组织参与社会治理与政府单一主体治理模式有着明显的差异,后者的治理重点侧重于解决已经出现的具体社会问题,在治理策略上更多倾向于"治"而非"防",这种治理模式相对来说治理成本高,且治标不治本,难以从根本上解决问题。因此,社会组织通过预防来减少社会治理问题的产生,这种社会治理模式的效率会更高。一方面,社会组织通过制定相应的预防措施,把很多社会治理问题消灭在萌芽状态之中,能够节省大量的社会治理成本,治理的方式更加经济,符合现代社会节约的理念;另一方面,从预防的角度来加强社会治理,能够减少治理问题产生的危害,有效保护广大人民群众的利益,有利于促进社会稳定发展,符合和谐社会发展的目标。总的来说,加强社会组织在社会治理中的作用,是社会治理现代化的重要基础,也是推进现代治理制度发展的必然结果。

三、发挥社会组织在乡村治理中的作用

(一) 农村社会组织的特点

近年来,加强农村现代化建设,振兴乡村已成为我国社会主义现代化发展的重要内容。党的十九大报告中明确提出实施乡村振兴战略。强调农业农村农民问题是关系国计民生的根本性问题,必须始终把解决好"三农"问题作为全党工作的重中之重。要坚持农业农村优先发展,按照产业兴旺、生态宜居、乡风文明、治理有效、生活富裕的总要求,建立健全城乡融合发展体制机制和政策体系,加快推进农业农村现代化。同时还强调要加强农村基层基础工作,健全自治、法治、德治相结合的乡村治理体系。[①] 然而,我国乡村治理体系建设过程中,乡村社会组织的发展一直落后于城市社会组织的发展,这是影响乡村社会治理发展的重要因素之一。改革开放后,我国城市化进程开始加快,城市规模不断扩大,城市人口相对集中,利益群体不断增多。在城市建设发展过程中,为了有效推进城市治理的发展,城市社会组织的建设不断得到强化,城市治理水平也在不断提高。然而,相较于城市社会组织的快速发展,农村社会组织的发展相对缓慢,这主要是由于农村社会现代化发展起步较晚,农村社会组织发展体系还没有建立起来。究其根源,一方面是由于农村产业结构单一,发展活力不足,社会组织发展基础较差;另一方面,在城镇化发展的大背景下,农村青壮年大量流入城市,农村留守人口大多数是妇女、老人和儿童,这部分群体普遍文化程度不高,能力有限,习惯于维持社会发展现状,参与社会治理的积极性不高,故农村社会组织的发展一直处于不温不火的状态,难以实现大的突破。

(二) 有效发挥社会组织在乡村治理中的作用

当前我国农村社会发展面临着一系列的问题亟待解决,如何有效解决好这些问题,是推动乡村社会治理现代化的关键。加快乡村治理建设,政府应当积极发挥引导功能,积极推动广大人民群众全身心投入到社会治理中,不断促进和完善社会组织建设,发挥社会组织在乡村治理中的作用。

首先,发挥社会组织在农村产业结构调整中的作用。传统农村社会发展采用

---

① 习近平.决胜全面建成小康社会 夺取新时代中国特色社会主义伟大胜利[M].北京:人民出版社,2017:32.

的是劳动密集型的发展模式,依靠的不是先进的科学技术,而是充足的劳动力资源。然而,改革开放后,随着城市化进程的加快,城市发展活力大大增加,大量农村青壮年劳动力开始进入城市寻找发展机会,农村社会"空心化"趋势加剧,农村劳动力资源不仅不富余,反而显得越来越不足,因此,农村产业应当及时调整发展方向,减少对劳动密集型经济的依赖,努力在技术创新上下工夫,通过调整农村产业结构,发挥现代科学技术的优势,不断推动农村社会的发展。鉴于此,加强乡村治理,就必须大力推进农村社会组织建设,培养农村发展建设人才,促进农村产业结构调整,推动技术创新,为农村社会发展打下坚实的基础。

其次,发挥社会组织的社会服务功能。农村社会生活相对分散,不像城市居民那样居住相对集中,这给乡村公共产品和服务的供给带来了诸多不便。在公共场所建设方面,农村居民分散居住的生活方式使公共场所建设面临着投资大、回报少的窘境,如果仅仅依靠政府单个主体的力量,公共场所建设就会面临着僧多粥少的尴尬局面。因此,加强农村社会组织建设,让社会组织积极参与到乡村治理过程中,发挥社会组织在资金和技术上的优势,不仅能够为乡村社会治理提供必要的财力支持,解决乡村治理经费不足的问题,同时还能有效推动乡村社会治理市场化发展,扩大治理主体范围,促进社会治理主体的多元化,提高公共产品和服务供给的质量。

再次,有利于推动乡村治理自治制度的发展。依照《中华人民共和国宪法》第一百一十一条规定:"城市和农村按居民居住地区设立的居民委员会或者村民委员会是基层群众性自治组织。居民委员会、村民委员会的主任、副主任和委员由居民选举。居民委员会、村民委员会同基层政权的相互关系由法律规定。居民委员会、村民委员会设人民调解、治安保卫、公共卫生等委员会,办理本居住地区的公共事务和公益事业,调解民间纠纷,协助维护社会治安,并且向人民政府反映群众的意见、要求和提出建议。"[1]根据《中华人民共和国宪法》的规定,村民委员会是基层群众性自治组织。然而,长期以来,由于政府对治理权的包揽,我国农村基层群众性自治制度一直得不到有效贯彻和落实。随着我国农村治理现代化的发展,政府不断转变职能,广大民众的权利意识也在不断提高,社会组织的作用进一步加强,乡村治理进入到了一个新的阶段。社会组织代表着不同群体的利益,维护广大民众的利益诉求,社会组织在社会治理中的作用不断扩大,乡村治理进一步摆脱了政府说了算的被动社会治理模式,开始向由民众主导的新型社会治理模式发展,大大促进了乡村社会村民自治制度的发展。

---

[1] 中华人民共和国宪法[M].北京:中国方正出版社,2018:53-54.

第四节　优化农村治理结构与提升基层治理能力

2019年,中共中央办公厅、国务院办公厅印发《关于加强和改进乡村治理的指导意见》(以下简称《意见》)中提出了乡村治理的总体目标。要求到2020年,现代乡村治理的制度框架和政策体系基本形成,农村基层党组织更好发挥战斗堡垒作用,以党组织为领导的农村基层组织建设明显加强,村民自治实践进一步深化,村级议事协商制度进一步健全,乡村治理体系进一步完善。到2035年,乡村公共服务、公共管理、公共安全保障水平显著提高,党组织领导的自治、法治、德治相结合的乡村治理体系更加完善,乡村社会治理有效、充满活力、和谐有序,乡村治理体系和治理能力基本实现现代化。① 从该《意见》中不难看出,乡村治理发展在社会主义现代化建设中的重大意义。可以这样说,乡村治理是国家治理的基石,没有乡村有效的治理,就没有乡村振兴,也就不能实现社会主义现代化发展。

随着我国工业化发展的不断推进,我国城镇化水平越来越高,城乡发展一体化速度在加快,城乡发展差距不断缩小,我国农村社会发展进入了一个良性循环的发展新时期。我国一直是一个传统的农业发展大国,农村、农业和农民三大问题构成的"三农问题"一直都是困扰我国社会发展的重要问题之一,因此,中央一直对"三农问题"都非常重视,基本上都是把农业放在国民经济发展的首位,提出加强农业基础地位,甚至称其为"全党工作的重中之重"。每年中央一号文件也都是围绕"三农问题"展开,这些都为我国农村发展注入了新的活力。然而,由于我国农村地区发展长期滞后,再加上城镇化的快速发展给农村带来的一些不利影响,我国农村基层治理现代化发展还面临着诸多的问题和挑战。

一、农村基层治理现实困境

(一)治理理念相对落后

在长期计划经济体制下,我国广大农村地区社会组织发展缓慢,社会组织在农

---

① 中共中央办公厅 国务院办公厅印发《关于加强和改进乡村治理的指导意见》[EB/OL].[2019-6-23].http://www.xinhuanet.com//2019-06/23/c_1124660343.htm.

村基层治理中的作用一直处于可有可无的地位,基层政府在社会治理中担负着单一治理主体的角色,广大农民群众在治理中只能被动地接受管理,社会治理政策的制定和具体治理措施的落实完全依赖政府的行政行为,特别是在公共服务领域,农村基层政府完全掌握着公共资源,垄断着公共产品和服务的供给,社会组织和广大农民群众在公共服务领域只能作壁上观,难以发挥治理主体作用。由于广大农民在农村基层治理中长期难有作为,导致了他们在治理中的积极性不高,权责意识不强。因此,由于受传统治理体制的影响,当前我国农村基层治理的主体范围不广,治理理念相对落后,治理模式的社会代表性不强,严重阻碍了农村基层治理的现代化发展。

(二)治理人才严重缺乏

随着现代社会的不断发展,社会治理理念也在不断进步,多元共治的社会治理思想逐渐成为现代社会治理的主要发展方向。与此相适应,治理主体多元化趋势加强,广大农民群众在社会治理中的权责意识不断增强,参与社会治理的主观意愿进一步提升。然而,我国城镇化发展的不断推进,给农村基层治理又带来了一些新的问题和挑战,农村人口数量不断减少,许多农村出现"空心化",农民老龄化现象加剧,农村"三留守"问题突出。更为严重的是,由于城市化的快速发展,大批农村富余劳动力进入城市寻找发展机会。在这部分群体中,绝大多数是农村青壮年,他们有知识文化、眼界开阔、具备一定的开拓精神,是农村社会发展的生力军,担负着农村社会发展的重要职责,更是农村基层治理的中坚力量,这部分群体的离开,使得农村基层治理人才的储备捉襟见肘,严重制约了农村基层治理的发展。

具体来说,在当前社会发展条件下,服务型政府建设促进了政府职能的转变,在农村基层治理中,农村基层自治得到了加强,广大农民在社会治理中的主体地位进一步提高,对农村治理人才的需求快速上升。不仅如此,在城镇化发展过程中,我国户籍制度改革不断加快,城市对外来人口的接纳度也发生了很大的变化,外来人口在城市中的地位得到了很大的提升,再加上城市长期发展中形成的医疗、教育、社会保障等优势,吸引着大批进入城市的农民制定了长久的城市发展计划,他们把发展重点放到城市,这无形中又使得农村失去了资金和人才的支撑,最终导致治理的发展受到一定的限制。

(三)城乡差距

城镇化发展是世界各国发展现代化的主要发展趋势。我国改革开放后,也在不断推动城镇化发展步伐,近年来,我国城镇化发展规模越来越大,城镇化率也在进一步提高。然而,尽管在我国城镇化水平不断提高的同时,我国农村社会的发展也得到了进一步加强,但由于种种原因,我国农村社会发展仍然相对缓慢,农村社会发展现代化水平一直落后于城市,城乡之间发展的差距一直存在,城乡发展的不平衡已经影响到我国现代化整体发展的进程。从我国社会整体发展的规律来看,城乡协调发展能够有效推动社会现代化发展的步伐。一般来说,农村社会发展水平的提高,可以使城市发展获得更多的发展空间,为城市发展提供更重要的基础保障。从城乡发展关系来看,农村不仅能够提供城市发展的基础资源,还能进一步拓展城市发展的市场,加速城市的发展。相应地,城市通过对农村进行反哺,为农村发展提供资金、技术和人才支持,加快农村脱贫致富的步伐,增强农村社会发展的活力,使农村社会发展协调有序地进行,推进城乡发展一体化进程。为此,在我国现代社会建设中,需要不断加强农村社会发展的力度,制定推进农村社会发展的各种有效措施,着力推动城乡协调发展,构建城乡一体化发展新格局。

二、优化结构,完善农村基层治理体系建设

(一)抓实农村基层党组织建设

党是领导一切工作的保证。我国政治制度建设中,一直都贯彻以党治国,党在国家发展中占据着非常重要的地位。党的领导地位是历史的选择,在革命年代如此,在社会主义建设时期亦是如此,正是在党的领导下,我们取得了民族解放、国家独立。改革开放四十多年来取得的伟大成就也是在党的正确路线方针的指引下,全国人民不懈奋斗取得的成果。党的十一届三中全会拉开了我国改革开放的大幕,中华民族的发展再次插上腾飞的翅膀,开创了中华民族伟大复兴的新道路。然而,改革开放以来,在我国经济建设取得伟大成就的同时,社会发展中一些问题逐渐暴露出来。具体表现为,在社会主义市场经济条件下,我国农村基层治理机制发展不完善,社会治理出现了主体责任不清,公共服务不到位现象,这些问题伴随着我国农村社会的发展逐渐呈现出来。究其原因,主要是由于市场经济条件下,人们热衷于对经济发展的追求,忽视政治思想文化的建设,尤其是农村基层党组织发展,在市场经济大潮的冲击下,很多地方的农村基层党组织建设基本处于停滞状态。随着城镇化发展的推进,大量农村人口进入城市发展,农村"空心化"现象进一步加重,在这样的背景下,很多农村基层党组织骨干和党员长期不在农村生活,农

村基层组织活动开展难,组织涣散,党组织工作不到位,农村基层思想文化建设相对滞后,对社会问题关注度不够,社会问题相对集中。在农村基层治理中,由于农村基层党组织工作开展不力,在社会治理中工作不到位,使农村基层治理缺少统一的领导,治理发展的目标不明确,治理效果差,民众有怨言,影响了农村社会发展的和谐。概括起来,由于农村基层党组织涣散,领导不力,致使农村基层治理缺少有效的决策核心,党政建设发展不能适应现代农村发展的需要,农村发展改革缺少主心骨,民众在社会治理中茫然不知所措,大大影响了农村基层治理的发展。因此,加强农村基层治理,必须充分发挥农村党组织的领导作用,加强组织建设,把有能力愿意为民众服务的积极分子吸引到党组织中来,发挥党组织在社会治理中的战斗堡垒作用,提高社会治理的效率。只有充分发挥基层党组织的领导作用,积极贯彻党和国家发展的方针和政策,有效推动广大人民群众积极参与社会治理,才能真正发挥基层党组织在社会治理中的重要作用。

（二）加强农村基层民主政治建设

推进社会治理体系和治理能力现代化的关键是加快推进基层治理现代化。基层治理现代化是社会治理体系和治理能力现代化的重心和难点,只有改善基层治理机制和体制,充分发挥基层社会自治功能,实现基层治理现代化,我国社会治理才能实现有效治理,并进一步促进基层社会民主的发展。俗话说,基础不牢,地动山摇。从社会治理的效果来看,社会治理的重心必须落到城乡社区,社区服务和管理能力越强,社会治理的基础就越实。[①] 当然,加强农村基层治理,在充分发挥政府引导作用的同时,还要积极发挥农村基层治理的自主性特点,推进农村基层治理自治制度的发展,完善农村基层民主制度建设。农村基层民主制度的建立是我国社会治理发展的必然结果。一个不争的事实是,农村基层民主的发展与农村经济结构的变化、国家的支持以及村民的参与有着直接的关联。改革开放以来,农村联产承包责任制的推行,在改变农村集体经济体制的同时,也对既有的权力结构体制提出了改革要求。"人民公社"体现的将政权机关、经济组织、基层社会的三位一体的体制,既无法适应农村经济结构的变革,也难以维持实行后的农村基层社会秩序,农民要求自我管理的愿望十分强烈。为此,我国1982年宪法确认了村民委员会作为基层群众自治组织的法律地位,1987年《村民委员会组织法(试行)》颁布执行。[②] 这些都为我国农村基层自治制度的发展提供了重要的法律依据,有力推进

---

① 中共中央宣传部.习近平总书记系列重要讲话读本[M].北京:学习出版社,人民出版社,2014:118.
② 俞可平,等.中国的治理变迁:1978—2018[M].北京:社会科学文献出版社,2018:142.

了我国农村基层民主制度的发展,为以后推进农村基层治理现代化建设打下了坚实的基础。由此可见,推进农村基层民主制度的发展,不仅体现了我国以人民为中心的发展思想,还为我国农村基层政治制度建设指明了正确的发展方向。在农村基层治理现代化建设中,农村基层民主制度的发展,大大提高了广大农民群众在社会治理中的法律意识和权利意识,培养了他们在社会治理中的社会责任感,加快了农村基层治理的发展步伐。习近平总书记也指出:"社会治理的重心必须落实到城乡、社区"。基层是一切工作的落脚点,要加快社区建设,推动社会治理重心向基层下移。完善以基层党组织为核心、全社会共同参与的基层社会治理新格局,尽可能把资源、服务、管理放到基层,使基层有职有权有物,更好地为群众精准有效的服务和管理。[①]

(三)创新农村基层治理模式

社会主义市场经济不断发展给农村社会发展注入了新的活力,在服务型政府建设中,政府通过不断简政放权,促进了农村基层治理主体的多元化,广大农民群众责任意识和维权意识不断加强,参与社会治理的积极性空前高涨。在这样的发展形势下,传统的全能型政府治理模式已经不能适应现代社会发展的需要。在服务型政府治理模式下,政府作用更多体现在公共服务建设上,积极维护广大民众的利益诉求。因此,农村基层治理现代化首先要加快转变政府的职能,变政府管制为政府服务,推进服务型政府建设。其次,要进一步加快农村社会组织建设。由于在我国计划经济体制下,长期忽视社会组织在社会治理中的作用,致使农村社会组织的发展相对缓慢,其在社会治理中发挥的作用也微乎其微,难以适应现代治理条件下主体多元的发展要求。由此可见,为了适应服务型政府发展的需要,必须加快农村社会组织建设,提高社会组织在社会治理中的作用,特别是在公共服务建设领域,应当让社会组织承担起更大的治理职责,发挥更大的作用。再次,要着力构建多元共治的社会治理体系。在社会主义市场经济条件下,农村基层政府应当把工作重心从管制向服务转变,政府在农村基层治理中要摒弃全能政府的思想导向,承担有限的治理职责,政府的工作职责回归到服务的本位。因此,在新的治理模式下,需要进一步弱化政府的管理职责,提升其他治理主体的作用,增强村民自治组织能力,推进自我治理制度的发展,树立多元共治的社会治理理念,协调好政府、市场和社会三者之间的关系,在农村基层治理中努力构建以政府为纽带,以市场为主导,各治理主体积极参加、各司其职的多元共治的社会治理体系。

[①] 中共中央宣传部.习近平新时代中国特色社会主义思想三十讲[M].北京:学习出版社,2018:239.

（四）加快推进城乡一体化发展

当前我国社会主要矛盾已经由"人民日益增长的物质文化需要同落后的社会生产之间的矛盾"逐渐转变为"人民日益增长的美好生活需要和不平衡不充分的发展之间的矛盾"。我国社会主要矛盾的变化表明，尽管改革开放以来我国经济、政治、文化和社会的发展已经取得很大的进步，但由于我国社会制度还不完善，还存在着发展不平衡不充分的问题，从某种意义上来讲，发展最不平衡的是城乡发展不平衡，最不充分的是乡村发展不充分。也就是说，城乡差距的存在，已经严重影响了我国社会现代化发展的进程，是我国当前社会治理面临的一大难题。因此，当前社会治理发展的一个重要问题，是如何统筹城乡发展，协调好城乡发展之间的关系，充分发挥出它们各自发展的特点，相互促进，共同推进社会治理的发展。从社会治理的成效来看，我国城乡发展的不平衡，对农村基层治理现代化发展产生了非常负面的影响，由于农村在教育、医疗和社会保障等方面与城市差距明显，导致了大量农村人口涌向城市，农村现有的常住人口中，老人、妇女和儿童占有了绝大多数，农村社会发展已面临着人才匮乏的危机。为了有效应对这种发展现状，我国一方面不断加大对农村建设的支持力度，在政策和资金上给予特别关照，促进农村产业升级，用优惠政策吸引投资者到农村投资，加快新农村建设的步伐，同时还不断加快农村文化和基础设施建设，提高农村生活水平和生活质量，着力提升农村人居环境水平，建设生态宜居幸福美丽乡村，不断缩小城乡差距。另外，在现代社会发展中，人才是推动经济社会发展的最重要的因素。近年来，为了推动农村社会发展，我国不断制定相应的农村人才发展战略，不仅要把农村原有的人才留下来，而且还通过制定优惠政策，吸引农村以外的人才到农村创业，积极推动城乡人才交流和协作，消除城乡人才流动壁垒，完善城乡人才链接，实现城乡治理的有效合作，促进农村基层治理理念的更新。

三、探索农村基层治理新路径

（一）加快农村文化建设

长期以来，我国一直忽视农村文化建设，改革开放后，我国加快文化建设步伐，但文化发展有呈现出不平衡的发展状态，城市文化发展远远领先于农村文化发展水平。我国农村文化发展水平不高，文化建设目标不到位，民众的思想相对保守，跟不上现代社会发展的步伐,一些先进的社会治理理念难以被民众接受,已经严重阻碍了我国农村社会的发展。不仅如此,农村整体文化水平发展落后,还进一步导致了广大人民群众对生活品质的追求不高,对美好生活的追求不强烈,这样,民众在社会治理中期望值不高,维权意识不强,缺少参与社会治理的积极性,不能有效形成主体多元的社会治理体系。从另一方面来看,农村文化建设的滞后,致使农村社会现代发展难以有大的突破,城乡差距有进一步拉大的危险,同时,农村生活水平不高,还会大大降低对人才的吸引力。因此,加强农村基层治理建设,必须不断推进农村文化建设,发挥农村文化引领作用。为此,政府需要进一步加大在文化建设方面的投入力度,推进城乡统筹发展,促进城乡之间的文化联系,搭好农村文化发展的舞台,加强农村与城市文化互动,积极推动文化下乡。在农村基层治理现代化建设中,还要不断推进服务型政府建设,加大政府在农村文化建设中的资金投入,引导农村文化发展方向,创新文化发展形式,把农村文化发展与新兴传媒结合起来,不断加强基层文化产品供给、文化阵地建设、文化活动开展和文化人才培养,发挥文化建设在农村基层治理中的重要推动作用。

1. 振兴乡村文化,助推服务型政府构建

党的十九大报告强调指出:"文化兴国运兴,文化强民族强。"农村公共文化事业作为向农民提供教育、知识、审美熏陶和休闲娱乐的重要载体,对解决"三农"问题、促进社会主义新农村建设具有不可估量的社会功能作用。一直以来,"三农"问题都是党中央政策关注的重点。党的十九大报告也明确指出,农业农村农民问题是关系国际民生的根本性问题,必须始终把解决"三农"问题作为全党工作重中之重。近年来,为了2020年实现全面建成小康社会的目标,我国加快了农村建设发展的步伐,农村经济发展进一步加速,广大农民群众的生活水平有了很大的提高。然而,在农村物质生活水平快速发展的同时,农村的文化建设显得相对滞后。这一方面是由于我国城镇化进程的加快,政府关注的焦点也逐渐转向城镇,社会发展的重心也进一步向城镇偏移,导致了很多农村地区逐渐被空壳化,农村社会各项建设发展出现了举步维艰的局面;另一方面,由于基层政府在城镇化的过程中,过度关注于征地、拆迁和扶贫攻坚等专项工作的建设,忽视了文化事业的发展,导致农村文化建设难以跟上社会整体发展的步伐。因此,在现代农村的社会治理中,建设服务型政府,加强文化建设将是农村基层政府工作的重点。首先,随着农村青壮年劳动力的大量入城务工,留守农村的老人、儿童需要切实的社会关怀,加强农村文化建设,提高农民的文化视野,丰富农民的精神世界,可以使广大农民群众获得精神上的慰藉。其次,农村基层文化的发展可以有效提高农民的科学文化知识,帮助他们掌握先进的科学生产技术,有助于推动农村产业结构的升级,帮助农民发家致富,缩小城乡之间的差距,实现社会全面协调发展。由此看来,农村基层政府在社会治理中,一定要加强乡村文化建设,搭好乡村文化发展的平台,充分发挥基层政府的纽带作用,加强农村与城市的文化互动,积极推动文化下乡。同时,基层政府还应加大乡村文化建设资金的投入力度,创新文化形式,注重文化内涵,努力追求乡村文化建设的实际效果。

2. 强化基层政府在乡村文化建设中的指导作用

近年来,随着社会主义市场经济的发展,农村经济建设也呈现快速发展的趋势,农村基层政府为了缩小城乡经济发展的差距,把社会治理的主要目标定位在农村经济发展和基础设施的建设上,对农村文化建设的关注度不够,在文化建设上的投入也相对较少。这样,由于农村文化底子本来就薄,再加上传媒一直以来又热衷于传播都市文化生活,导致了农村文化基础被进一步削弱。在这样的背景下,广大农村地区长期流行的一些喜闻乐见的文化娱乐形式随着时代的变迁已经难以寻觅,农村传统文化形式正在被慢慢地遗忘,农村文化基础显得更加薄弱。因此,为了有效推动农村社会治理的发展,必须进一步加强农村文化建设,发挥农村文化建设在社会治理中的思想引领作用。首先,农村基层政府要发挥好带头人的作用。作为基层政府应把发展农村文化事业作为其工作的重要组成部分。农村的全面发展,文化建设是根本,全面建设小康社会,不能只追求经济发展,更重要的是要尽快提升农民的精神生活质量。只有精神生活充实了,农民群众建设社会的热情才会高涨,对美好生活的追求才会更加强烈,农村社会只有实现了物质文明和精神文明的双丰收,农村社会的整体发展水平才会迈上一个新台阶。其次,农村基层政府要发挥好传声筒的作用。乡村文化发展的状况如何,农民的精神文化追求是什么,农村需要什么样的文娱形式,如何推动乡村文化事业的发展,对这些问题,农村基层政府最了解,也最有发言权。因此,在农村基层社会治理中,农村基层政府一定要把广大农民群众在文化方面的需求真实地反映出来,加大对乡村文化建设的投入,拓宽乡村文化发展的渠道,加强与相关文化部门的联系,积极为文化企业牵线搭桥,从而有效推动农村文化事业的发展。再次,农村基层政府要成为乡村文化发展的一个忠实参与者。乡村文化发展离不开农村基层政府的大力支持。从资金投入到人才的培养,从文化设施建设到文化思想的传播,每一个环节基层政府都要积极参与。农村基层政府只有深入到文化发展实践中,才能真正了解农村文化发展之所需,全心全意为乡村文化发展建设服务。总之,农村基层政府在乡村文化建设中,要不断深入研究,及时解决影响乡村文化发展的问题,积极找寻推进乡村文化发展的有效路径,这样乡村文化发展建设才能实现有的放矢。

3. 发挥乡村文化建设在农村治理现代化中的重要作用

乡村文化建设的根本目标是提高农村文化发展水平,丰富农民文化生活,提高农民的文化素质,推进农村精神文明建设。第一,加强乡村文化建设可以有效推进社会主义现代化的发展。加强社会主义现代化的建设,解决好"三农"问题将是重中之重,中国是一个传统的农业大国,尽管在社会主义市场经济建设中,我国城镇化发展的速度在进一步加快,但农村问题、农民问题仍是一个不可忽略的问题,加强乡村文化建设可以有效提高广大农民群众的科学文化水平,为农村现代化发展储备大量的建设人才。只有把传统的农民转变为社会主义新农村的建设者,农村社会发展才能跟上整个社会发展的步伐。第二,加强乡村文化建设可以有效促进社会主义物质文明建设。改革开放以来,我国不断贯彻物质文明和精神文明两手抓两手都要硬的方针。这就要求在我国农村社会发展中,既要把农村经济发展搞上去,同时还要加大农村文化发展的投入力度,提高农村文化发展的整体水平。农民群众的文化水平提高了,他们的思想追求才能够迈上一个新的台阶,广大农民在现代农村建设中就能够以主人翁的姿态,全身心投入到农村建设中去,把社会主义新农村建设作为理想和追求,有效促进农村经济的快速发展。第三,加强乡村文化建设有利于创建和谐美丽新农村。乡村文化发展了,农民的文化素质提高了,广大农民群众的追求不再是只满足眼前的利益,每个人都会有更高的理想、更远大的追求。与此同时,随着我国农村经济的进一步发展,农村社会文明程度也在逐步提高,民众对社会发展的满意度将会不断上升,农村的社会问题也将会越来越少,农村社会的发展就会变得更加有序。

4. 积极推动"互联网+"乡村文化建设

随着"互联网+"时代的到来,我国国际化发展趋势进一步提升,不同的社会价值观对我国社会发展产生的影响正在加剧,我国社会价值体系由单一化开始向多元化发展转变,相应地,我国文化发展也呈现出了多元化的发展趋势,出现了以马克思主义为指导的社会主义文化与其他各种意识形态形式并存的现象。在现代传媒的推进下,乡村文化发展也不可避免地受到了多元文化的影响。为了有效推动乡村文化的发展,农村社会治理一定要不断拓宽视野,创新乡村文化建设机制,有效推进新农村文化建设。首先,文化内容的创新。改革开放大大开阔了农民的眼界,使他们有了更高的精神和文化追求。因此,推进乡村文化繁荣发展,不能再拘泥于过去传统的文化发展形式,要紧跟时代发展的步伐,积极与国际接轨,在文化内容上,要把国内与国外、传统与现代文化艺术结合起来,丰富广大农民群众的文化生活,提高他们的艺术修养。其次,文化形式上的创新。随着广大农民群众整体文化水平的提高,他们已不再满足于几部戏和几场电影,他们的精神文化世界已经有了更高的追求。因此,加强乡村文化建设,要积极结合现代社会发展的特点,利用互联网等信息科技的优势,为农村文化发展提供更多的题材、形式多样的文化艺术节目,除了传统的戏曲、电影、电视以外,还要不断挖掘和创新农民群众喜爱的文娱形式,加大对农村题材的电影、电视节目的扶持力度,利用互联网等先进的传播手段,加快乡村文化资源数字化,让农民共享城市优质文化资源,丰富他们的业余生活,提高他们的精神境界。再次,发展模式上的创新。农村基层政府除了加大农村文化基础设施建设外,还要积极引导社会力量参与到农村文化建设中来,由政府牵头协调,社会组织和广大人民群众共同谋划发展。在农村文化建设的实践中,应根据农村文化发展的实际需求,积极引进驻点式文化下乡,推动与文化艺术团体、院校等结对,及时把反映我国社会发展和新农村建设的好节目引入农村,发挥专业艺术团体的技术优势,结合农村面广人多的特点,把二者有机联系起来,共同繁荣农村文化。

(二)实施精准扶贫战略

党的十九大报告明确指出:"中国特色社会主义进入新时代,我国社会主要矛盾转化为人民日益增长的美好生活需要和不平衡不充分发展之间的矛盾。"我国社会主要矛盾的变化表明,中国人民经过 70 多年的艰苦奋斗,特别是改革开放 40 多年的不断创新发展,长期困扰我们的温饱问题基本解决。在新的发展条件下,广大人民群众关注的重点更多体现在民主、法治、公平、正义、安全、环境等方面的提高,社会治理着力解决好发展中不平衡不充分的问题。因此,我国将不断加快农村社会发展的步伐,进一步落实扶贫工作,针对部分农村地区仍然存在的贫困问题,实施精准扶贫战略,大力提升农村社会发展质量和效益,提高农村社会发展水平。

1. 精准扶贫促进农村社会的全面发展

习近平总书记指出:"贫穷不是社会主义,如果贫困地区长期贫困,面貌长期得不到改变,群众生活长期得不到明显提高,那就没有体现我国社会主义制度的优越性,那也不是社会主义。"[①]因此,减少贫困人口数量,提高广大人民群众的生活水平,促进贫困地区面貌的根本改变,是新时期我国农村社会发展的主要目标。从我国社会发展的趋势来看,我国农村社会的发展经过改革开放 40 多年的不懈努力,

---

① 中共中央宣传部.习近平新时代中国特色社会主义思想学习纲要[M].北京:学习出版社,人民出版社,2019:162.

面貌为之一新,农民生活水平大大提高,农村社会发展现代化程度不断提升,然而,由于历史和自然条件等原因,我国一些农村地区还存在着贫困现象,贫困问题还没有彻底同农村告别。从1978年到2017年,我国农村贫困人口减少7.4亿人,截至2018年,我国还有1 660万贫困人口,绝对数量还比较大。这些贫困现象的存在,不仅使农村发展面临着最后一公里的难题,同时也是新时代我国社会发展不平衡不充分主要矛盾存在的一个重要根源。在这样的背景下,以党中央2013年首次提出精准扶贫为起点,以党的十八届五中全会和中央扶贫开发工作会议决策部署为标志,我国扶贫开发进入脱贫攻坚新阶段,着力解决农村贫困问题。国家统计局数据显示,截至2015年,全国农村尚有7 017万贫困人口,约占农村居民的7.2%。2016、2017年每年减少1 000万贫困人口,均已圆满完成。计划到2020年,我国现行标准下农村贫困人口全部脱贫,贫困县全部摘帽,解决区域性整体贫困。精准扶贫战略的实施,不仅能够帮助农村贫困地区迅速脱贫,同时还能够加快农村基层社会的治理,随着扶贫工作的不断推进,农村基层管理制度也在不断完善,大批有经验的扶贫干部充实到农村基层管理队伍中,使农村基层政府治理水平有了很大提高。不仅如此,扶贫工作的有效开展,在不断提高农民物质生活水平的同时,也大大提高了他们的文化水平,培养了他们的法治思想,开阔了他们的视野,提升了他们的权利意识,为他们积极参与社会治理创造了前提条件。

2. 精准扶贫促进城乡发展的平衡

我国长期奉行工业化发展战略,农业和其他产业的发展基本上都是围绕工业化发展核心展开的。在我国工业化发展过程中,我国城市发展一直优先于农村发展,城市在社会发展中享有各项优先条件,这导致了城乡社会发展不平衡现象的长期存在。近年来,为了加快建成全面小康社会,我国不断加强农业发展的力度,推进城乡发展一体化进程,在推行城镇化发展战略的同时,大力推进农业发展现代化。为了加快农业发展现代化,提高农村整体发展水平,缩小城乡之间的差距,自2013年起,我国就着力实施精准扶贫战略,积极引进技术和人才,加快农村产业结构调整,推动城乡互动发展,有效地把城乡发展融合到一起,以城市带动农村,使农村社会发展逐步迈入现代化发展的轨道,加快农村基层治理的现代化。

3. 精准扶贫带来新的发展理念

精准扶贫是一项综合工程,除了在物质上不断提高广大农民生活水平之外,在文化和精神生活上也给农村社会发展注入了新的活力。精准扶贫具有国家战略意识,有效地把农村社会发展与国家整体发展紧密联系到一起,精准扶贫的全面开展,让民众看到了国家对农村社会发展的高度重视。农村建设事业的发展充分体现了农村社会发展的价值,广大农民群众在社会发展中的获得感和幸福感大大提升,思想观念也在不断提高,对新事物的接受能力不断增强,主体意识进一步加深,这些变化不仅有利于农村扶贫工作的进一步落实,更重要的是促进了人们治理理念的更新,强化了民众在农村基层治理中的主体地位,促进了农村基层治理多元主体治理体系的构建。

(三) 大力推进生态文明建设

党的十八大报告中明确提出:"建设生态文明是关系人民福祉、关乎民族未来的长远大计。"[①]加大生态文明建设力度,有助于促进社会可持续发展,符合现代社会发展的规律。生态兴则文明兴,生态衰则文明衰。习近平总书记早在2005年就针对如何解决经济发展与环境保护兼顾的问题,明确提出了"绿水青山就是金山银山"的理念。因此,建设生态文明是关系人民福祉、关乎民族未来的大计,是实现中华民族伟大复兴中国梦的重要内容。2013年9月7日,习近平总书记在哈萨克斯坦纳扎尔巴耶夫大学发表演讲,强调指出:"我们既要绿水青山,也要金山银山。宁要绿水青山,不要金山银山,而且绿水青山就是金山银山。"这生动形象地表达了我们党和政府大力推进生态文明建设的鲜明态度和坚定决心。然而,在改革开放初期,为了吸引外资,促进地方经济的发展,我国很多地方不惜以牺牲环境为代价,加快推进经济发展,最终经济发展搞上去了,环境却遭到了巨大的破坏,水源、空气、土壤都遭到了严重污染,雾霾天气成为常态,很多河流早已鱼虾难觅,给广大人民群众的生活带来了负面影响,严重阻碍了农村社会的持续发展。因此,在农村现代化发展过程中,如何做到既推动经济的发展,又能够保护好环境,实现绿色发展,将是我国农村现代化发展的主要价值取向。为此,习近平总书记在十九大报告中强调:"我们要建设现代化是人与自然和谐共生的现代化,既要创造更多物质财富和精神财富以满足人民日益增长的美好生活需求,也要提供更多优质生态产品以满足人民日益增长的优美生态环境需要。"[②]

1. 生态文明建设是国家重要发展战略

在生态文明建设中,我国环境保护的地位日益提高。早在改革开放前的1973年,我国就召开了第一次全国环境保护会议,环境保护被提上了国家重要议事日

---

① 胡锦涛.坚定不移沿着中国特色社会主义道路前进 为全面建成小康社会而奋斗[M].北京:人民出版社,2012:39.

② 习近平.决胜全面建成小康社会 夺取新时代中国特色社会主义伟大胜利[M].北京:人民出版社,2017:50.

程。随着我国改革开放大门的打开,我们国家的发展又回归到经济建设的轨道上,在经济建设不断取得突破的同时,环境问题日益严重,环境保护的重要性日益彰显,在20世纪80年代,我国就已把环境保护确立为基本国策。在20世纪90年代,为了应对经济建设与环境保护之间的矛盾,推动经济社会可持续发展,我国又提出了可持续发展战略,尔后,加大了对环境保护的力度,大力倡导建立资源节约型和环境友好型社会。进入21世纪后,世界各国更加重视环境保护工作,我国也制定了诸多的环境保护法律法规,以此来完善环境保护制度。我国社会发展进入新时代,以习近平总书记为核心的党中央更加重视生态文明建设,把生态文明建设纳入五位一体发展战略,突出了"生态兴则国家兴,生态衰则国家衰"的绿色发展理念,使我国生态环境保护发生了历史性、转折性、全面性变化,为人民群众创造了良好的生产生活环境,使社会发展持续向前推进,大大减少了人与自然的冲突,满足了人民日益增长的优美环境需要,提高了人民群众的生活质量,使人民群众在社会建设中的获得感和幸福感大大提升,和谐的社会发展环境有助于现代社会治理的有效推进。

2. 生态文明建设有助于农业发展现代化

我国是一个资源相对匮乏的国家。我国有近14亿人口,截至2017年底,我国耕地面积达20.23亿亩,耕地面积列世界第二位,但我国户均耕地规模仅相当于欧盟的1/40、美国的1/400。为此,保护有限的耕地资源是我国农业能够健康发展的关键,也是我国粮食安全的重要保证。推动农业发展现代化,必须加大环境的保护力度,推动绿色农业发展,在农业发展中始终坚持节约优先、保护优先、自然恢复为主的方针,把农业发展与环境保护结合起来,使农业朝着健康有序的方向发展。鉴于此,党的十八大报告提出:"国土是生态文明建设的空间载体,必须珍惜每一寸国土。要按照人口资源环境相均衡、经济社会生态效益相统一的原则,控制开发强度,调整空间结构,促进生产空间集约高效、生活空间宜居适度,给农业留下更多良田,给子孙后代留下天蓝、地绿、水净的美好家园。"[①]相较于现代社会发展中人们对美好生活的愿景,加强生态文明建设,能够满足广大人民群众的美好生活追求,有利于现代社会健康有序发展。这些为农村基层治理的发展创造了重要的前提条件,大大缓解了社会发展与环境保护之间的矛盾,广大农民群众的生活水平得到了进一步的提升,在社会发展中的获得感、幸福感不断加强,对社会制度的满意度大大提高,社会矛盾少,广大民众对社会治理支持度高,有力推进了农村基层治理现

---

① 胡锦涛.坚定不移沿着中国特色社会主义道路前进 为全面建成小康社会而奋斗[M].北京:人民出版社,2012:39.

代化发展。

3. 生态文明建设加快了资本的流入

农村经济社会的发展需要大量的资金投入,单纯依靠政府的力量难以满足需要,这表明农村在现代化发展过程中需要大量引进外资。近年来,绿色发展已经成为世界各国发展的重要发展形式,很多国家充分利用科学技术,大力推进绿色可持续发展,有效应对资源匮乏和环境保护的压力,这是农业现代化的创新发展之路。为此,在我国农业现代化发展过程中,应当大力推进生态文明建设,利用现代科学技术的成果,创造更多的社会价值。当前,我国政府大力倡导绿色发展,并给予诸多的优惠条件,农业发展的潜力进一步提升,农业经济发展已经成为我国经济增长的又一热点。因此,近年来,随着现代农业发展吸引力的大大提升,外来资本也纷纷进入现代农业发展领域,这一方面推进了我国农村经济的发展,使农村经济发展充满活力,另一方面,加快了农村现代化发展,使农村经济、政治、文化和社会各方面都取得了较大的进步,农村社会发展更加稳定有序。从社会治理角度来看,稳定是社会治理的基本条件,随着我国农村经济的不断发展,人民群众安居乐业、社会和谐,这些都为农村基层治理创造了非常好的前提条件,使得农村基层治理能够在稳定的环境下逐步推进。同时,良好的经济发展状况,加大了农村社会服务的力度,提高了公共产品和服务的供给质量,能够为广大农民群众提供了更加优质的公共产品和服务,进一步提高了农村基层治理的水平。

4. 生态文明建设增强了农村对人才的吸引力

近年来,随着我国社会经济的不断发展,人民群众的生活水平大大提高,追求幸福生活的愿望更加强烈,已经由过去"盼温饱"向"盼环保"发展,人民对生活质量的追求,也由过去的"求生存"向"求生态"发展,这些变化表明,生态环境建设在广大农民群众生活中的重要性不断上升。随着生态环境重要性不断显现,生态文明逐渐成为实现人民对美好生活需求的重要条件之一。因此,在绿色发展的理念下,农村改变了过去脏乱差的现象,开始恢复碧水蓝天的自然风貌,生态环境大大改善,农村经济快速发展,农村基础设施建设大大改善,新农合、新医保等惠农政策不断推进,农民生活水平和质量有了较大的提升。农村发展良好状况,不仅使广大农民群众愿意留在农村发展,同时,优美的环境、优惠的投资条件以及国家发展农村的大战略实施等,也使得大批有志于在农村发展的人才纷纷涌入农村,投身于现代农业的建设。现代农村发展的大趋势使农村发展真正实现了"栽下梧桐树,引得凤凰来"的良性循环。农村大量人才的涌入,不仅有效解决了现代农村发展人才匮乏的问题,同时,还给农村发展带来了新的发展理念,促进了广大农民思想观念的更新。在这些经济因素的影响下,农村基层治理水平也上升到了一个新的台阶,随着广大农民群众思想观念的不断变化,他们对社会问题的认知能力进一步提高,民主法治意识也在不断加强,参与社会治理的主体意识得到了前所未有的体现,在农村基层治理中的积极性进一步提升,促进了农村基层治理主体的多元化发展,提高了农村基层治理的效率,加快了农村基层治理现代化发展的步伐。

5. 生态文明建设有助于缩小城乡差距

加快生态文明建设,在推动农村经济健康发展的同时,也大大提高了我国农村社会发展的潜力,提高了农村社会在整个社会发展中的地位。随着农村环境保护的不断加强,绿色发展的不断推进,农业现代化发展的步伐加快,逐渐建立起农村投入保障机制,在政府和外来资本的共同作用下,农村基础设施建设更加完善,并不断推进城乡基础设施的互联互通。另外,农村社会发展理念的改变,促进了农村社会发展思想的转变,有效推动了人才、土地、资本等要素在城乡间双向流动。这样,在现代社会建设中,城乡发展交流逐步加深,城乡之间的联系不断加强,在城市化发展的大背景下,城乡基本公共服务均等化体制建立和发展起来,促进了公共服务向农村延伸、社会事业向农村覆盖,加速了农村社会发展,使城乡发展的差距进一步缩小,城乡一体化进程不断加快,实现城乡高质量融合发展助推农村基层治理现代化。

第六章 网络社会与基层治理模式创新

第一节 网络社会形态对传统基层治理方式的挑战

一、网络社会的特点

随着科学技术的不断进步,互联网越来越普及。我国一直以来都比较重视新兴技术的发展,尤其在互联网技术发展方面,我国投入了大量的人力物力,着力推进互联网技术的不断发展创新。我国互联网经过几十年的发展,不断崛起,在人工智能、大数据以及云计算等方面已经处于全球领先地位。近年来,由于我国对互联网发展的高度重视,互联网在我国的普及率越来越高,互联网技术的应用也在不断创新,网民人数创纪录攀升。根据中国互联网信息中心(CNNIC)发布的第48次《中国互联网络发展状况统计报告》显示,截至2021年6月,我国网民规模达10.11亿,较2020年12月增长2175万,互联网普及率达71.6%。随着互联网在我国的不断普及,我国社会发展形态也在不断变化,社会治理模式进一步更新,网络化社会战略形态正在逐步形成。网络社会的发展不同于传统社会的发展,它是以现代信息技术为主导的一种社会形态发展模式。

第一,网络社会以强大的现代信息技术为支撑。随着互联网技术的发展,网络工具越来越先进,从电脑到手机,网络体系不断拓展,尤其是智能手机的出现,进一步促进了互联网的普及化。为我国网络化社会打下了坚实的基础。近年来,我国非常重视互联网技术的发展,在互联网技术发展上投入了大量的人力物力,用强大的科技作为支撑,不断推进技术革新,取得了重大进展,在一些技术领域更是引领了当前互联网发展的潮流。当然,最新互联网技术的发展也需要先进的科学技术基础,没有厚实的科学技术积累,互联网技术发展创新就会缺少有效的技术支撑,发展必然受限。因此,各国在推进互联网技术发展的同时,不断强化科学技术发展水平的提高,推动互联网技术不断创新发展。2018年召开的世界互联网大会,重点探讨了人工智能、5G、大数据、网络安全、数字丝路等热点议题,这些议题不仅代表着全球互联网领域的领先科技成果,也引领着世界各国发展的主要方向。

第二,网络社会具有虚拟性的特点。网络是一个虚拟的世界,也是现实世界的一个延伸。与现实社会生活相比,网络世界具有虚拟性和不确定性,网络社会中各种事项未必都是现实世界的真实反映。随着网络社会的不断发展,社会的地域界限被打破,不同地区、甚至不同国家的人可在网络这一虚拟世界中进行交流活动,人们已经习惯于通过互联网来处理各项事务,而非人与人之间的面对面交流,这也直接导致了各种社会事项的真实性大打折扣,给现实生活带来了一定的不确定性。因此,网络虚拟世界除了给社会带来不确定性以外,还会使社会治理秩序遭到破坏,由于网络社会拓展和延伸了人们社会交往的范围和空间,导致了社会管理的针对性和有效性大大降低,进一步提高了社会治理的难度。

第三,人们的网络社会规则意识缺乏。在现实生活中,有不同的法律制度、社会规范来限制和引导人们的行为,逾越了这些规则制度就要承受一定的不利后果。所以,一般来说,在现实世界中,人们的规则意识相对来说比较强,不会轻易逾越法律和一般社会规范。然而,在网络社会中,由于现实规则在虚拟世界中难以有效发挥,再加上网络世界容易掩盖社会主体的真实面目,一些人在网络社会中规则意识淡漠,不能有效控制自己的言行举止,致使网络社会违规违法现象屡见不鲜。具体来说,随着互联网的不断普及,网络安全问题日益凸显,网络攻击、网络恐怖等安全事件时有发生,侵犯个人隐私、窃取个人信息、诈骗网民钱财等违法犯罪行为也不断出现,网上黄赌毒、网络谣言等层出不穷,这些问题的存在,严重破坏了网络社会秩序,给人们的现实社会生活造成了不良的影响,影响了社会的安全和稳定,阻碍了社会的有序发展。

第四,网络社会有利于民众权利的自由表达。由于互联网技术具有信息传播快、传播方式简单的特点,因此在社会治理过程中,当不同利益群体在主张自己的利益诉求时,都能够利用网络平台及时、便捷地表达自己的意志,维护自身的权益。在这样的背景下,由于互联网受地域条件和自然条件限制少,能够迅速汇集大量民意,大大简化了人们参与社会治理的方式,能够使更多的人有效参与到社会治理中来,实现他们参与社会治理的权利。同时,网络信息交流的便捷性,有利于民众意志的表达，加强了政府与社会民众的交流与沟通，能够帮助政府及时了解民意，反映民众的需求，调整社会治理模式，更大限度地维护广大民众的利益。也就是说，互联网的发展，促进了不同社会主体之间的平等对话，有利于它们之间加强交流与互动，从而在社会治理过程有效推进多元主体、平等协商、合作共治社会治理体系建立。

二、网络社会发展存在的问题

我国互联网的发展自20世纪90年代开始，从无到有逐渐发展起来，至今也只有30年左右的发展历史。由于我国互联网发展的时间短，初期发展又比较缓慢，所以还有许多不足之处，存在着较多的问题，这些问题也是影响我国互联网持续健康发展的重要因素。

第一，我国网民数量庞大，网络管理面临着严重挑战。我国互联网技术发展尽管时间不长，但在国家大力推动下，我国互联网普及速度较快，网民人数增长迅速。据统计，截至2021年6月，我国网民数量已经越过10亿大关，这样庞大的网民群体，要想把他们组织管理好，着实具有较大的难度。尽管我国在网络管理方面采取了各种办法，也制定了很多规章制度，但总的来说，网络管理的效果不容乐观，网络管理中一直存在的"一抓就死，一放就乱"的状况没有得到根本改变，很多情况下网络管理还只是处于"头痛医头，脚痛医脚"的应付状态。另外，我国庞大的网民大军中，网民来源复杂、层次差异大，特别是占绝大多数的青年网民，这部分群体思想活跃，规则意识差，是网络管理一大难题，因此，如何有效加强网络社会的管理，建立有序的网络社会秩序，已经成为我国社会治理过程中面临的一个非常棘手的问题。近年来，我国不断加强对网络的管理，严厉打击网络违法犯罪，但一个不争的事实是，网络问题仍然大量存在，并对社会发展产生不利的影响。譬如，针对网络谣言的整治，一直屡禁不止。由于网络谣言具有鼓动性、猎奇性的特点，很多人乐此不疲。然而，网络谣言满天飞现象，不仅摧毁了社会信任机制，还造成了社会秩序的混乱，破坏社会的稳定，有的网络谣言更是把矛头对准政府部门，一些不法分子经常利用一些普通社会事件，进行煽风点火，传播社会仇恨，损害政府形象，严重扰乱了社会秩序，提高了社会治理的难度。

第二，网络规则体系不完善，难以有效监管。互联网是一个新事物，相应的规则体系还不完善，很多制度建设还处在探索之中。与此同时，互联网作为一项新兴技术，发展的速度快、变化大，各国在制定互联网规则体系时常常跟不上发展的步伐，制定的管理规则存在着严重的滞后性，前瞻性不强，难以适应互联网快速发展的需要。然而，由于网络社会具有信息量大、传播速度快、受众面广的特点，如果缺少有效的监管机制，没有强化对各类网络信息进行有效监控，在信息传播过程中就难免会出现网络违法违规现象，给社会发展造成严重的危害。

第三，互联网信息庞杂，缺少有效的过滤机制。互联网实行互联互通，网络信息基本上是以海量呈现，在这些信息传播的过程中，一些不良信息也会乘虚而入，影响我国社会的健康发展。由于互联网虚拟的特点，要想有效识别网络传播过程中存在的大量不良信息，及时阻断其传播路径，往往难度较大。很多情况下，不良信息都是在传播一段时间以后，已经造成了一定的不良社会影响，这才被关注并进行有效隔离，但此时要想彻底消除其不良影响，难度更大。也就是说，当前对互联网环境进行有效监控，净化网络环境，多数情况下还只能做到事后监管，要想从源头上遏止不良信息的传播，做好预防工作，还需要在制度建设上下工夫。只有对网络发展制定严格的法律制度，才能规范互联网空间秩序，提升互联网的自净能力，从而实现有效管理网络社会的目的。

第四，网络违法成本低，处罚力度小。互联网发展在给人们的学习和生活带来便捷的同时，也给社会治理带来了潜在的风险。网络虚拟性的特点，使得网络社会的运行模式不同于传统的社会运行模式，网络社会的运行具有更多的隐蔽性和不确定性。一些不法分子正是瞄准了网络世界难以管控的特点，利用当前网络管理规范性欠缺、管理机制不健全、管理程序有疏漏等问题，不断进行违法犯罪活动，其中较为典型的是利用网络进行诈骗、传播虚假信息和扰乱社会秩序等违法活动。对于普通网民来说，由于网络专业知识有限，很多人还只是把网络作为便捷的社会交流工具，对网络中的违法犯罪现象警惕性不高，常常会成为网络违法行为的侵害目标。据最高人民法院公布的信息，近年来，网络犯罪数量呈上升趋势，各种传统犯罪日益向互联网迁移，且危害计算机信息系统安全犯罪、电信网络诈骗、网络盗窃、网络赌博、网络侵犯公民个人信息等犯罪呈高发多发态势，严重危害总体国家安全、社会秩序和人民群众的合法权益。不仅如此，由于网络信息传播具有速度快、受众面广的特点，所以网络违法犯罪中还经常呈现出受害人面广人多的特征，社会危害后果更为严重。这也是近年来我国政府不断加强对网络社会的管理，持续加大对网络违法犯罪的打击力度，深入开展"净网"行动，规范网络秩序的主要原因之一。

三、治理方式必须适应网络社会发展需求

在计划经济体制下,我国主要采用管制型社会治理模式,这种治理模式主要以政府为核心,政府是社会治理的唯一主体,广大民众只能作为被管理的对象,难以参与社会治理的决策,政府的治理方式更多是依靠行政命令,政府管制特征明显,社会自我治理少。在管制型社会治理模式中,治理主体相对单一,治理方式也相对简单,缺乏灵活性,民众在社会治理中作用不明显,难以体现现代社会发展的民主思想。因而,在网络等现代技术快速发展的大背景下,这种治理模式很难适应现代社会发展的需要。

第一,社会治理主体单一,代表性不足。在网络社会中,民众表达自己利益诉求的渠道众多,这就需要社会治理主体能够适应社会治理事项复杂多变的特点,不断扩大治理主体的范围,实现治理主体的多元化,提高民众参与社会治理的积极性,维护不同利益群体的利益诉求。鉴于此,在现代社会发展条件下,传统社会治理模式必须进行实质性的变革,要不断弱化政府在社会治理中的垄断权,加快简政放权,提高社会组织和广大民众在社会治理中的作用,使社会治理更能代表广大人民群众的利益,充分反映民意,体现现代治理主体多元的特点。诚然,在现代社会治理中,政府作为行政权力的行使主体,是社会有序发展的首要维护者,同时政府还控制着绝大部分的公共资源,这些因素决定着政府在社会治理中必须发挥主导作用。因此,在网络社会条件下,政府维护社会发展的职责丝毫不能削弱,政府转变职能的重点是政府权力行使方式的改变,政府应当根据现代社会发展的特点,尽量弱化管理,强化服务,减少政府在社会治理中的权力垄断现象,推进服务型政府建设,使社会治理适应新形势下社会发展的需要。

第二,传统社会治理方式灵活性不够,应变性差。在政府单一主体的治理模式下,强调政府在社会治理中的绝对权威,社会治理的方式主要以政府的行政命令为主,缺少与其他社会主体的协调与沟通,社会治理体系协调性差,民众的利益诉求难以得到有效维护,民众参与社会治理不足,治理的民主意识不强。在网络社会快速发展的大背景下,社会治理更多呈现分散性特点,这样,传统治理模式下,由于政府在治理过程中处于绝对的权力垄断地位,在治理过程中具有绝对的治理主导权,治理的危机意识不强,治理形式的创新不够,治理理念落后,不能有效应对网络社会复杂多变的特点,社会治理灵活性差,不能形成统一有效的社会治理体系,导致社会治理效果不佳,民众在社会治理中的诉求难以得到满足。

一般来说,网络社会是一个多变的社会,特别是网络舆情,更是瞬息万变。如何有效把握网络社会动态,面对网络舆情的出现,及时作出回应,进一步提高社会治理的效果,这就要求社会治理主体必须尽快适应网络社会的发展特点,提高网络社会治理的技术水平,充分发挥现代信息技术的优势,因势利导,运用网络化手段推进社会治理的发展。具体来说,现代社会治理需要进一步加强对网络社会的管理,根据网络社会发展需要,加大网络建设投入的力度,制定出相应的网络规则体系,切实做好网络安全保障工作。只有这样,在网络环境下,社会治理主体能够牢牢地掌握社会治理的主动权,确保网络社会的发展能够在正确轨道运行,治理主体对网络社会的治理也就能够从容应对,遇事不惊。

第三,网络社会虚拟性强,不确定因素多。在信息化时代,人们每天面对的是海量的信息资源,这些消息来源具有渠道多、信息量大、内容复杂的特点,这就导致了社会治理存在着诸多的不确定性,治理主体必须进一步了解社会治理对象的特性,以便有针对性地对他们加以管理。一般来说,在网络社会中,网民群体与传统的社会民众有着很大的不同,传统的社会民众由于具有相对固定的特点,在社会生活中变化不大,社会敏感性不强,难以被社会舆论所左右,稳定性强。而在网络社会中,由于网民的流动性强,见识广,对互联网的依赖性强,易于被网络舆情所左右,再加上网络信息的传播快速,真假难辨,这对网络环境下的社会治理来说,的确是一个非常大的挑战。故此,在网络社会治理中,政府必须进一步加大对网络社会管理的力度,加快制定和完善网络规则体系,规范网络社会的发展,并运用先进的信息科学技术,创新网络社会治理的模式,适应现代社会发展的要求,只有这样,网络社会治理才能按部就班地进行。

第四,网络监管制度不健全,治理效果不理想。互联网技术的不断发展,促进了社会生产的不断变革,人类生活新空间不断拓展,国家治理呈现出新的特征,人们的认识水平和社会实践能力得到了极大提升。然而,由于互联网发展的新特点,互联网技术仍然处于不断发展之中,在这样的发展形势下,社会发展还有很多未知的领域需要探索,相应地,也需要制定出更多的网络管理制度来对此进行规范。在现代社会发展中,只有不断完善网络管理体系,加强网络生态建设,社会治理才能有章可循,并不断发展前进。为此,习近平总书记在第二届世界互联网大会就强调指出:"网络空间同现实社会一样,既要提倡自由,也要保持秩序。自由是秩序的目的,秩序是自由的保障。我们既要尊重网民交流思想、表达意愿的权利,也要依法构建良好网络秩序,这有利于保障广大网民合法权益。网络空间不是'法外之地'。网络空间是虚拟的,但运用网络空间的主体是现实的,大家都应该遵守法律,明确各方权利义务。要坚持依法治网、依法办网、依法上网,让互联网在法治轨道上健康运行。同时,要加强网络伦理、网络文明建设,发挥道德教化引导作用,用人类文明优秀成果滋养网络空间、修复网络生态。"①

第二节 虚拟社会环境与现实社会基层治理

一、互联网对现代社会发展的影响

(一)网络发展促进了社会治理方式的改变

随着互联网技术的快速发展,网络越来越普及,网民的数量急剧上升。网络正在改变人们的社会生活,也给社会的发展带来了巨大的影响。改革开放前相当长一段时期内,我国都是实行管制型社会治理模式。这种治理模式通过上下级之间层层传递指令的形式来进行社会治理,在治理方式上针对性强,但适用面窄,只在一定范围内产生影响,难以形成大规模的社会治理效应。随着互联网技术的发展,现代信息技术在社会治理中的作用不断提升,利用互联网技术强化对社会的管理得到了广泛的认同。由于互联网具有受众面广、信息传播速度快的特点,在社会治理中,利用互联网将技术不仅能够照顾到不同社会群体的利益诉求,扩大治理的范围,同时,互联网技术对信息的快速传播还能够提高社会治理的效率,较好地适应现代社会发展的需要。据中国互联网络信息中心(CNNIC)在京发布第47次《中国互联网络发展状况统计报告》显示,截至2020年12月,我国互联网政务服务用户规模达8.43亿,占整体网民的85.3%。各级政府依托网上政务服务平台,推动线上线下集成融合,实时汇入网上申报、排队预约、审批审查结果等信息,加强建设全国统一、多级互联的数据共享交换平台,通过"数据多跑路",实现"群众少跑腿"。由此可见,网络的发展大大改变了社会治理的形式,提高了社会治理的效率。

---

① 习近平.习近平在世界互联网大会开幕式上发表主旨演讲(全文)[EB/OL].[2015-12-16]. http://news.cri.cn/gb/42071/2015/12/16/7211s5199899.htm.

（二）民众诉求渠道多样化

在传统的社会治理中,民众的利益诉求只能通过政府管理部门层层传递的方式加以解决,传递过程往往要花费较长的时间,直接影响了问题的解决。不仅如此,传统社会治理中解决问题的渠道相对单一,灵活性差,难以适应社会多元的发展需要。因此,随着互联网技术的发展,为了有效提高社会治理的效率,政府可以通过网络设置专门的信息通道,借此积极听取民众的利益诉求,及时采取应对的策略措施。一般来说,通过网络形式反映民意,民众表达诉求的形式更为简单便捷,信息传递更加迅速,有效减少了信息层层传达易造成信息失真的弊端。由此可见,互联网技术在社会治理中的广泛运用,不仅能够拓宽民众表达诉求的渠道,同时还能够正确反映民意,及时化解社会矛盾,提高社会治理的效果,促进和谐社会的发展。据中国互联网络信息中心在京发布第 43 次《中国互联网络发展状况统计报告》显示,截至 2018 年 12 月,我国手机网民规模达 8.17 亿,网民通过手机接入互联网的比例高达 98.6%。2018 年,互联网覆盖范围进一步扩大,贫困地区网络基础设施"最后一公里"逐步打通,"数字鸿沟"加快弥合;移动流量资费大幅下降,跨省"漫游"成为历史,居民入网的门槛进一步降低,信息交流效率得到提升。根据中国互联网信息中心（CNNIC）发布的第 48 次《中国互联网络发展状况统计报告》最新数据显示,截至 2021 年 6 月,我国手机网民规模已经达到 10.07 亿,网民使用手机上网的比例进一步上升为 99.6%。互联网的发展变化,使得网络普及率进一步提高,民众运用网络手段表达诉求越来越简单,民众诉求的表达形式也更加多样化。

（三）社会治理责任明确

在传统社会治理模式下,由于政府包揽社会治理权,导致社会治理方式单一,治理主体权责不清。这种治理状况容易造成治理过程中出现相互推诿的现象,致使社会治理措施难以落实到位,民众的利益诉求得不到及时解决,民众对社会的不满情绪上升,社会治理效果不佳。因此,在互联网不断普及的情况下,社会治理应充分利用互联网技术,发挥互联网信息量大、透明度高、信息传播便捷的特点,加强与群众联系,了解民意,回应民众的诉求,并在社会治理中不断创新治理模式,强化治理主体的责任意识,推动广大民众积极参与社会治理,有效监督社会治理。为此,习近平总书记指出:"网络来自老百姓,老百姓上了网,民意也就上了网。群众在哪儿,我们的领导干部就要到哪儿去,不然怎么联系群众呢？各级党政机关和领导干部要学会通过网络走群众路线,经常上网看看,潜潜水、聊聊天、发发声,了解群众所思所要,收集好想法好建议,积极回应网民关切、解疑释惑。"① 由此可见,发挥互联网技术在社会治理中的积极作用,有利于社会治理从政策的制定到治理措施的具体落实,使整个治理过程明确有序,大大提高了社会治理的效率,推动社会治理有序发展。

(四)社会治理方式先进

在现代信息技术条件下,大力推进互联网技术在社会治理中广泛应用,社会治理的方式越来越先进,治理的覆盖面越来越广。互联网是一个社会信息大平台,亿万网民在上面获得信息、交流信息,这会对他们的求知途径、思维方式、价值观念产生重要影响,特别是会对他们对国家、对社会、对工作、对人生的看法产生重要影响。② 因此,通过互联网及时传播社会治理信息,可以了解社会治理动态,发现社会治理中存在的问题与不足。也就是说,互联网技术能够及时有效地收集各种社会数据,为社会治理的科学规划提供重要依据,加强对社会治理的顶层设计,及时推进社会治理措施的实施,对社会治理的效果进行有效评估,促进政府治理理念的转变,推动社会治理的现代化。

二、虚拟社会对基层治理影响

(一)社会治理环境复杂化

互联网不断普及,除了给民众带来更多便捷的同时,也进一步促进了社会治理的发展创新。近年来,随着互联网技术的不断进步,我国社会治理形式也在不断发展变化,新的治理模式和治理体系正在逐渐形成。然而,由于受传统治理模式的影响,我国社会治理现代化仍然有许多问题亟待解决。从社会发展趋势来看,互联网技术的发展,有效促进了我国网络社会的形成。在网络社会环境下,一个显著的特点就是网民数量的急剧增长。网络技术的革新使得网络的门槛越来越低,人人都有参与网络活动的机会,不同层次的网民在网络社会中形成了不同的利益群体,这些利益群体通过网络进行联系与沟通,他们借助网络带来的便利条件,不断提出自己的利益诉求。因此,在网络社会环境下,不同利益群体提出的利益诉求日趋复

---

① 习近平.习近平谈治国理政:第二卷[M].北京:外文出版社,2017:336.
② 习近平.习近平谈治国理政:第二卷[M].北京:外文出版社,2017:335.

杂,解决的难度加大,如果这些利益诉求不能得到及时回应,势必会引起网络舆情的广泛关注,从而带来社会治理关系的变化,直接影响社会治理的效果。从社会治理的效果来看,虚拟社会与现实社会尽管存在着一定的联系,但虚拟社会更具多变性,在虚拟的社会环境下,社会治理难度更大。网络为广大民众提供了表达不同意愿的平台,通过这个平台,不同利益群体可以主张自己的权利,并逐渐形成利益主体的多元化,致使社会关系越来越复杂,社会矛盾增多,社会不稳定因素加强,不利于社会治理的协调发展。同时,在网络社会环境下,网络由于其信息量大、信息传播便捷、监管相对宽松等特征,致使网络极易成为舆情的核心策源地和核心传播平台,在这样的背景下,网络舆情可以说是瞬息万变,如何有效加强对网络舆情的管理,并及时采取应对之策,变被动为主动,这就需要政府加快转变社会治理理念,不断创新治理模式,构建适应现代社会发展的社会治理体系。

（二）社会治理形式的变化

一般来说,虚拟世界是现实世界的另一面反映,虚拟社会治理与现实社会治理体系建设有着千丝万缕的联系。因此,在现实生活中,社会治理要能够适应时代的发展需要,政府必须实施简政放权,扩大社会治理主体的范围,让不同的利益群体参与到社会治理中来。这样,政府不仅能够充分调动广大民众参与社会治理的积极性,提高社会治理的代表性,减少社会矛盾,同时,还能够把自己从繁重的社会管理事务中解脱出来。然而,在自媒体时代,现实生活中的任何一个细枝末节都有可能在网络虚拟世界中被夸大,并迅速传播开来,如果这些信息是有害的,势必会引起社会不满情绪的上升,影响社会的稳定发展。因此,在网络环境下强化社会治理,政府应当顺应时代发展需要,主动求变,加快构建新的社会治理体系,积极引领网络社会发展,加大对网络社会的管理力度,实现社会治理健康有序地发展。一般来说,虚拟社会是现实社会的延伸,两者具有密切的关联性。但虚拟社会由于变化性强,在治理过程中难以有效掌握,因此,加强网络环境下的社会治理,应当不断推进社会治理的智能化发展,充分运用现代网络技术,创新社会治理模式。总之,在网络虚拟社会的发展背景下,通过构建智能化的社会治理模式,能够有效地把网络虚拟社会与现实世界串联起来,找寻社会问题存在的根源,制定有效的社会治理措施,推动社会治理发展。

（三）网络能够及时反映社会舆情的变化

尽管网络社会是一个虚拟的社会,网络与现实似乎相差很远,但实际情况是,网络与现实并不遥远,网络社会中暴露出来的问题常常就是现实社会问题集聚的反映。很多时候,现实社会生活中存在的问题,由于没有得到及时化解,经过互联网的快速传播和发酵后,常常在网络中被迅速扩大,并产生较大的影响。也就是说,网络舆情尽管有时存在着真实性不够和刻意夸大的现象,但很多时候网络舆情所反映的问题就是一些现实社会问题的集聚和表现,从某种程度上说,网络舆情是人们对现实社会中产生的现象和问题在虚拟社会的反映。因此,加强网络社会治理一定要把它与现实社会结合起来,从现实社会发展中寻找网络社会问题产生的根源,从源头上解决网络舆情发酵的基础,从而推进网络社会治理建设。从另一个角度来看,现实社会治理的发展也要充分利用好网络资源,相比较传统社会治理形式,网络在社会治理中具有信息量大、信息传播快速等优势,把网络作为社会治理的重要手段,能够在社会治理中迅速汇聚民意、了解社会发展动态、宣传法律法规、协调不同社会治理主体之间的关系,这样,社会治理就会做到有的放矢,进一步提高社会治理的效率。

（四）互联网拓宽了社会治理渠道

现代社会治理环境的复杂性,促进了社会治理体系的变化,传统社会治理中,按部就班的程序性的治理模式,很难适应现代社会瞬息万变的发展趋势。网络发展的不断推进,一方面给社会发展增加了不确定性因素,同时也为现代社会治理提供了更多的选择,丰富了社会治理方式,大大拓宽了社会治理的渠道。首先,网络的便捷性特点,能够迅速汇集不同利益主体的利益诉求,把握社会问题的本质,使社会治理目标更具针对性。其次,网络具有得天独厚的交流功能,能够促进人们之间的交流与沟通,推动不同治理主体的合作,协调它们之间的相互关系,减少不同治理主体之间的纷争,进一步推进协商共治治理制度建设,加快社会治理现代化。再次,网络公开透明的特点提高了社会治理的效率。通过网络传播手段,社会治理的各项政策措施能够更加快速地得到落实,减少了治理政策层层传达容易导致变样走形、贯彻不到位现象的发生。另外,提升社会治理透明度,还能够增强广大民众对社会治理的监督力度,提升广大民众在社会治理过程中的参与度,实现社会治理主体的多元化发展,促进多元共治价值目标的实现。

三、网络环境下社会治理方式的创新

在虚拟的网络社会环境下,社会治理将面临着社会信息量大、利益群体众多,社会治理环境复杂等问题,这些问题常常又与社会现实问题紧密联系在一起。因此,加强对网络社会治理的力度,是加快推进社会治理现代化的主要基础。

(一) 充分发挥政府在网络发展中的主导作用

随着互联网技术的不断发展,网络虚拟世界中的社会关系越来越复杂,社会治理中矛盾与冲突不断增加,社会稳定发展受到了一定的影响。在这种情况下,政府首先要担负起网络虚拟社会治理的重任。政府在治理过程中,应当明确虚拟社会治理是网络信息技术迅速发展背景下社会治理的变化,充分了解互联网发展态势,准确把握互联网发展的规律,积极研究和探索网络环境下社会治理理念和治理方式。在此基础上,政府要能够根据网络社会发展的特点,制定相应的网络社会管理制度,建立互联网环境下的社会治理体系,加强对网络社会的有效管理。这样,确保从源头上实施对网络社会的有效管理,引领网络社会的发展方向,推进网络社会健康有序发展,努力化解网络社会存在的不确定因素的影响,使网络社会发展有章可循,有效减少社会治理的盲目性和不确定性。

(二) 加强虚拟社会管理机制建设

虚拟社会的最大特点就是不确定因素多、变化大。为此,加强对虚拟社会的有效管理,关键还是要从制度建设上着手,要能够根据虚拟社会的发展特点,结合现实社会发展规律,制定相应的社会发展规则体系,加强对虚拟社会的管理。在互联网日益普及的今天,网络化使社会矛盾不再像过去那样难以集中爆发,由于互联网具有快速集聚信息的特点,一些社会问题如果处理不当,极有可能在互联网中迅速爆发,从而引发社会的动荡与不安。因此,政府对虚拟社会进行管理,要不断推进虚拟社会管理机制的建设,加强对网络舆情的监控,利用信息化的手段,及时回应和处理网络中反映的社会问题,并通过事先制定的各种应对预案,对存在的问题提出疏导和解决的具体措施,把问题消灭在萌芽之中,尽量避免出现问题集聚效应,不让社会矛盾与冲突扩大化,维护社会稳定,促进社会有序发展。

(三) 加强互联网法律制度建设

法律制度是对社会关系进行管控的有效手段。网络社会尽管是虚拟社会,但其与现实社会联系密切。网络社会中一旦有风吹草动,必然会在现实社会中显现出来,并对现实社会产生影响。因此,为了加强对虚拟社会的有效控制,制定相应的互联网法律法规是重要举措之一。首先,根据现代社会发展的需要,制定和完善互联网法律法规体系。由于互联网发展时间不长,其发展仍然存在着诸多的未知性和不确定性,人们对互联网发展规律的认识还需要经过一个长期的探索过程。在这样的背景下,已经制定的互联网相关的法律法规,常常因时势的变化和新技术的出现,表现出一定的滞后性。因此,在互联网技术日新月异的今天,制定和完善互联网相关的法律法规,必须具有一定的前瞻性,要能够把握现代信息技术的发展规律,为互联网健康发展提供有效法律保障。其次,要加大对互联网法律法规的宣传力度。对于一般民众来说,由于广大民众平时对普通法律法规耳濡目染,再加上政府不断宣传教育,大家对这些法律法规了解较多,并在现实生活中能够很好地运用。然而,互联网技术的发展是近年来才出现的新事物,普及的时间不长,民众对互联网的关注更多是互联网的便捷性,对互联网法律法规的关注较少,网络规则意识淡薄,这种状况的存在给网络社会的管理带来了极为不利的影响。因此,促进互联网发展的关键是要加强对互联网法律法规的宣传教育力度,使民众能够清楚认识到虚拟社会与现实社会一样,都有一定的规则体系,在网络社会中每个人都必须遵守网络规则,不能为所欲为,从而进一步净化网络治理环境,推动网络社会稳定健康发展。

(四)提高民众的网络规则意识

网络社会是一个虚拟的世界。在网络社会中,网络规则体系没有现实社会那样具体、可控性强,网络社会往往给人一种缺少规则意识的假象,似乎在网络社会中可以为所欲为、不受任何限制。因此,有些网民把网络作为情绪的发泄场,在网络中经常做出严重违背社会公德,甚至违反法律的行为,给社会发展造成了不良的影响。鉴于此,加强网络管理,实现对网络虚拟社会的有效控制,除了管理部门要不断加大相关法律法规的制定力度外,还应当从根本上解决这个问题。这就需要从网络行为主体即网民自身入手,对他们加强网络道德规范以及网络法律法规的教育,帮助他们熟知网络规则,了解网络文化,增强他们的网络规则意识,提高他们在网络社会中的自律能力。这样,在虚拟的社会环境中,通过积极宣传网络安全和网络法律制度,促进民众在网络社会中严格要求自己,遵守网络法律法规,做一个合格的网民。只有这样,网络社会的发展才能回归正常状态,网络社会治理更加规范有序,进一步促进社会的协调发展,真正实现网络社会治理的价值目标。

第三节　信息时代与基层治理现代化

一、信息社会发展的特点

在传统的社会治理时期,科学技术水平不高,社会发展也相对缓慢,社会治理基本上以政府为主导,社会治理的现代化水平不高,社会治理制度和治理体系呈现出较为保守的发展状态,治理理念和治理形式难有创新。然而,随着科学技术的发展,互联网等现代信息技术得到了不断加强,其他各项技术的发展也趁势而进。在互联网、物联网、大数据等现代信息技术的不断推动下,我国社会形态不断发展变化,社会治理也受到了深刻的影响。

首先,信息化加快了社会生活节奏。信息化的发展给人们生活带来极大便利的同时,也促进了社会形态的不断发展变化,人们的社会生活方式、社会结构形式也都随之发生了改变,社会共享成为现实。也就是说,在信息化的大背景下,人们可以利用先进的交通、网络等技术条件,实现互联互通、共享社会发展成果,这为实现社会共治提供了重要前提条件。

其次,信息化提升了社会发展的透明度。传统社会发展中,由于信息化发展水平不高,人们对社会发展状况了解有限。不仅如此,在管制型政府管理体系下,政府垄断信息资源,为了有效实现其统治,政府往往会根据需要对各类信息资源进行过滤,这些经过政府加工过的信息资源,从某种意义上说,已经很难真实反映事物的原貌,这直接导致了广大民众通过政府途径获取的信息资源存在着一定的局限性。因此,从某种意义上说,在传统社会治理中,政府对治理权力的垄断,在一定程度上剥夺了广大民众对社会事务的知情权,影响了他们对社会现状的认识和判断,广大民众参与社会治理的能力自然也就大打折扣,参与社会治理的积极性亦会受到严重挫伤。随着网络技术的不断发展,信息资源越来越透明化,政府不再是信息资源的唯一掌控者和享有者,网络信息资源基本上形成了全社会共享。因此,随着网络化发展的进一步推进,社会信息资源日益公开化,广大民众对社会事务更加了解,维护权益的意识也在不断增强。不仅如此,在信息化不断发展的过程中,广大民众还可以充分利用互联网等现代信息平台,对政府的各项活动进行有效监督,规范政府权力的行使。

再次,信息化有助于诉求表达渠道的畅通。现代网络信息技术的发展,降低了民众参与社会治理的门槛,广大民众可以通过互联网等现代信息平台,积极表达自身的利益诉求,维护其正当权益。反过来,政府也可以通过这些信息平台,及时了解社会发展动态,有效汇聚民众诉求,积极回应民众关切,简化社会治理问题处理的程序,提高社会治理的效率。这样,广大民众的利益诉求就能够及时得到回应,有利于密切政府与民众之间的关系,有效减少社会矛盾和冲突,促进社会和谐发展。

二、信息时代社会治理的变化

信息时代的到来,带来了社会发展新变化,为了有效应对现代信息技术的发展,社会治理也在不断变化,从治理理念到治理方式都在不断发生改变。

第一,信息化发展增强了社会治理的效果。在管制型政府治理模式下,政府在社会治理中担负着全能的角色,几乎什么都想管,但什么也都没有真正管理好,最终导致政府治理效率低下,社会治理水平不高。随着现代信息技术的发展,网络进一步普及,民众权利意识不断增强,利益诉求也在不断增加,对社会生活品质的追求越来越高。在这样的背景下,政府希望通过垄断治理权力、实行自上而下的统治,借此来达到强化社会治理的目标已很难实现。因此,在现代社会发展条件下,政府应当调整社会治理思路,加快简政放权的步伐,创新社会治理理念,充分利用现代信息技术条件,努力构建服务型政府,把社会治理的重心逐渐转移到公共服务的供给上,不断提高广大民众的生活水平和生活质量,增强社会治理的实效性。

第二,信息化时代利益群体多元化趋势加强。现代信息技术的发展,使民众表达利益诉求的渠道不断拓宽,随着法律制度的不断完善,民众的权利意识也在不断增强。在互联网等信息媒介的推动下,不同利益群体可以自主表达自己的利益诉求,维护自身的权利和利益。一般来说,在任何一个社会中,社会成员所处的地位不同,社会分工不同,他们的利益诉求也不同。所以,在现代社会发展条件下,由于不同利益群体在权利主张上千差万别,由此形成了多元的社会利益结构体系,并对社会治理产生重要的影响。一方面,多元社会结构体系的形成,是现代社会民众权利意识增强的自然反应,另一方面,社会利益群体的多元化也加速了多元社会的发展,符合现代社会发展规律,促进了社会治理主体的多元化。同时,随着现代信息技术的不断发展进步,社会发展逐渐呈现透明化的发展趋势,政府对社会治理权力的控制开始减弱,其他社会治理主体不断发展壮大起来,并逐渐担负起社会治理的重任,大大推进了多元共治社会治理体系的形成。

第三,社会治理方式不断现代化。当前,现代科学技术的发展日新月异,社会治理方式也不断发展变化,互联网、大数据等现代信息技术在社会治理中的广泛运用,促进了社会治理理念和治理方式的变化,为社会治理提供了更多的选择路径。在现代信息技术的有效推动下,政府能够根据现代社会发展的需要,充分利用互联网技术,做好社会治理的顶层设计,加强对社会治理的有效指导,引领社会治理的发展方向。同时,社会治理主体通过广泛运用现代信息技术,能够在社会治理中迅速汇聚各类信息资源,充分了解民意,拓宽治理主体与广大民众的沟通渠道,使社会治理的路径选择更具科学性和合理性,更具时代特色,符合现代社会发展要求,更好地推进社会治理的现代化发展。故此,网络社会的发展给社会治理带来的既是挑战,又是机遇,政府应当充分利用现代网络技术,提高社会治理的效果,凸显信息网络技术在现代社会治理中的重要作用。为此,2016年4月,习近平总书记在网络安全和信息化工作座谈会上明确提出:"善于运用网络了解民意、开展工作,是新形势下领导干部做好工作的基本功。各级干部特别是领导干部一定要不断提高这项本领。"

第四,协商民主不断推进。随着互联网技术的不断发展,网络在社会发展中的作用不断加强,网络对人们社会生活的影响越来越大。在协商民主制度建设过程中,由于互联网技术的广泛运用,民众越来越多地通过互联网形式参与民主政治生活。也就是说,信息化的不断发展,促进了政府电子政务建设水平的不断提高,广大民众参与民主政治生活也更多采用电子形式,充分利用网络便捷、高效的特征,积极参政议政,以此影响政府公共政策的制定与决策,并有效参与到具体的公共事务中,使协商民主制度建设真正落实到实处。因此,在现代社会治理中,网络协商的发展,使民众参与社会治理的形式逐渐多元化和简单化。民众通过网络平台,表达利益诉求,参与社会治理,进一步降低了民众参与社会治理的门槛。在这样的发展形势下,网络不仅充当了不同治理主体相互协作的平台,同时,网络通过其强大的信息技术功能,还能够快速汇集民意,并通过有效的筛选,把民众的意志集中表达出来,使民众在参与协商的过程中不断提高民主素养和民主技能。这样,网络协商使得社会治理能够及时反映民意,表达民众的意愿和诉求,以达到最佳的社会治理效果。

一般来说,协商民主的主体是多元的,即协商过程的所有参与者都是享有民主权利的主体,不管是某个政党,或者政府,还是普通的公民。[①] 因此,为了充分发挥不同民主主体的作用,就必须建立一套有效的民主协商形式,使不同民主主体的意志都能够表达出来。在这里,网络信息技术的发展为协商民主建设提供了重要条件,不同民主主体可以通过网络表达自己的政治立场,参与社会制度建设。这样,不同民主主体的意志就能够通过网络真实地表达出来,有利于汇聚民意,凝聚社会共识,这种民主表达形式不仅便捷有效,而且大大降低了协商民主的实践成本,可以这样说,网络空间已成为协商民主的重要实践场所。由此可见,网络信息技术的发展,拓宽了民主发展的途径,丰富了民主协商的形式,使民主协商的巨大潜能被充分地激发出来,加速了我国民主制度的发展。鉴于此,党的十九大报告中明确提出:"协商民主是实现党的领导的重要方式,是我国社会主义民主政治的特有形式和独特优势。加强协商民主制度建设,形成完整的制度程序和参与实践,保证人民在日常政治生活中有广泛持续深入参与的权利。"[②]

三、促进信息时代社会治理能力现代化

随着我国社会主义现代化建设的进一步发展,我国在政治、经济、文化和社会生活各方面都取得了显著的进步。然而,随着现代信息技术的不断进步,我国社会形态不断发展变化,这对社会治理的发展和创新提出了更高的要求。

第一,转变思想,创新治理方式。我国现代社会的发展变化,给我国的社会治理发展带来了新的变化,与此同时,经济全球化的发展趋势也对我国社会治理的发展造成了一定的冲击,原有的自上而下的单方面的社会管制体制正面临着治理体制创新的挑战,因此,建立一种新型的社会治理模式势在必行。随着社会主义市场经济发展的逐步建立和完善,社会体制不断更新,为了适应社会发展的需求,社会治理模式也要不断创新,社会治理模式由管制型逐步向服务型过渡。在现代信息技术不断推进的条件下,网络普及率进一步上升,网络化社会发展的程度越来越高,这些变化为我国服务型政府的构建提供了重要条件。具体来说,政府在现代社会治理中,可以通过网络信息平台及时了解社会所需,适时做出决策,积极回应社会诉求,为广大民众提供更加优质的服务。因此,现代信息技术的广泛运用,促进了现代社会治理模式的改变,在新型社会治理模式下,政府由原来的管理者变成了

---

① 俞可平,等.中国的治理变迁:1978—2018[M].北京:社会科学文献出版社,2018:125.
② 习近平.决胜全面建成小康社会 夺取新时代中国特色社会主义伟大胜利[M].北京:人民出版社,2017:38.

服务者,而民众则由过去的被管理对象转变为服务的对象。这样,现代信息技术的不断发展,有力推动了现代社会治理模式的创新,促进了社会治理的进一步发展。

第二,实现治理主体多元化,完善协同治理。社会治理的主要目的是为广大民众提供更好的公共产品和服务。社会需要何种公共产品和服务,政府必须进行充分的调研,广泛征求群众的意见建议,避免闭门造车,更不能为了追求政绩大搞面子工程,致使社会治理的效果华而不实,缺乏实效性。因此,网络信息技术的不断发展,促进了社会治理决策的科学化和治理方式的精细化,政府在社会治理中,能够充分听取广大民众的意见,并通过现代信息技术手段,有效促进广大民众参与到社会治理中来,提高广大民众在社会治理决策中的发言权,并最终形成多元共治的社会治理体系。严格意义上说,网络社会的发展,增强了社会治理的自主性,弱化了政府在社会治理中的管理职责,强化了政府的服务职能。简单地说,政府在社会治理中要充分发挥引导功能,积极推动公民社会的发展,强化民众的主体地位,提高民众和社会组织的社会责任意识,发挥市场机制的主导作用,协调好政府、市场、民众和社会组织之间的关系,最终形成主体多元的社会治理体系。

第三,发挥市场机制的作用,推动治理体制的现代化发展。管制型政府治理模式中,政府作为社会治理决策的制定者和执行者,在社会治理中始终扮演着全能的角色。然而,在现代社会中,广大民众的权利意识不断提高,参与社会治理的手段更加丰富,参与社会治理的积极性也在进一步上升。因此,政府在现代社会治理中,为了应对社会发展的需要,应当加快转变职能,努力构建服务型政府,社会治理要围绕市场展开,以市场需求为主要目标,在公共产品和服务的供给上,政府的计划要让位于市场的调节。同时,在治理方式上,应当摒弃计划经济时代由政府一锤定音的社会治理模式,政府管制应当让位于市场主导的自主治理模式。也就是说,政府在社会治理中的作用是补充市场,而不是替代市场。概括起来,现代社会治理应当进一步强化市场机制的作用,发挥市场在资源配置中的决定作用,为社会治理的现代化发展创造条件。

第四,完善治理绩效评估体系,实现科学治理。社会治理是一项复杂的工程,社会治理的好坏,直接关系到整个社会发展的进程,因此,建立社会治理绩效评估机制,对社会治理的效果进行科学的评估,能够为政府的治理决策提供必要的支持。不仅如此,进行社会治理绩效评估,还能够通过绩效评估这种形式,给社会治理主体施加影响,倒逼社会治理水平的提高。对社会治理进行绩效评估,首先要建立科学的社会治理绩效评估体系,具体包括评估标准的确定、评估的具体内容、评估的主体范围、评估结果的回应等。在评估标准的确定上,要改变过去唯经济论的评价模式,实现投入和产出挂钩,把全面发展作为社会治理效果的评价标准。在评估主体的确定上,为了体现评估的独立性和公正性,一般实行评估主体的多元化,不能由政府部门独立充当评估的主体,否则就会出现政府在绩效评估中"既当运动员又当裁判员"的现象,评估结果将会丧失客观性和公正性。因此,从评估目的来看,社会治理绩效评估的主体除了政府以外,还应当包括社会公众和专业的第三方。只有充分发挥政府、社会公众和专业第三方在绩效评估中的作用,社会治理绩效评估才具有代表性和可靠性。一般来说,对社会治理进行绩效评估的目的是更好地促进社会治理,提高社会治理的水平,因此,在社会治理评估的过程中,不能为了评估而评估,必须建立完善的评估反馈机制,确保评估的结果能够得到政府的及时回应,从而进一步完善社会治理体系建设,推进社会治理现代化发展。

第五,坚持依法治理,实现治理的法治化。改革开放以来,党和国家一直强调依法治国,特别是党的十八大以后,以习近平同志为核心的党中央把依法治国作为推动中国特色社会主义现代化建设的一个重要手段。十八届四中全会又进一步强调加强依法治国的重要性。依法治国就是要求我们的政府,在行使管理国家的权力时,一定要依据法律的规定,依法行政。依法行政是当前政府有效建立现代行政管理制度的基础,也是政府行政的重要依据,更是政府在社会治理中必须遵循的基本准则。在现代社会治理中,必须强化法治原则,减少人为因素对社会治理的影响,规范社会治理制度,强调社会治理权责一致原则,加大对社会治理违法的惩治力度,推进社会治理沿着法制化的轨道运行。

第七章　服务型政府与治理方式的现代化

建设服务型政府是现代治理发展的重要基础和价值导向。服务型政府强调以人为本的社会治理思想，充分体现了现代社会发展的主要特点，也是推进社会治理现代化的重要保障。治理现代化是现代社会发展的必然趋势，实现治理现代化，必须加快转变政府的职能，创新社会治理模式，构建多元共治的社会治理体系。建设社会主义新农村，必须推进服务型政府建设，进一步完善农村公共文化服务体系，促进农村基层治理的现代化。

第一节　服务型政府的内涵与定位

随着我国社会主义市场经济的建立和发展，社会治理中不同利益主体的权利意识进一步加强，治理主体多元化趋势逐渐形成。相应地，社会治理方式也发生了变化，传统的以政府为核心的单一主体的管理模式开始向多元主体治理模式转变，政府的职能也由"全能"转向"有限"，政府在社会治理中的服务意识不断提高。建设服务型政府，需要进一步强化政府的引导功能，以服务为宗旨，不断加大政府在公共产品和服务供给上的投入力度，提高服务的质量，满足现代社会发展的需要，促进社会治理的现代化发展。

一、服务型政府的内涵

（一）服务型政府的基本特征

在我国社会主义现代化建设过程中，服务型政府建设经历了一个不断发展的过程。党的十六届六中全会就明确提出了"建设服务型政府"的目标要求。党的十七大报告从政治高度也明确提出"加快行政管理体制改革,建设服务型政府"的目标和任务。党的十八大再次指出"要按照建设中国特色社会主义行政体制目标,深入推进政企分开、政事分开、政社分开,建设职能科学、结构优化、廉洁高效、人民满意的服务型政府。"党的十八届三中全会又进一步强调"必须切实转变政府职能,深化行政体制改革,创新行政管理方式,增强政府公信力和执行力,建设法治政府和服务型政府。"党的十九大报告中再次强调"深入转变政府职能,深化简政放权,创新监管方式,增强政府公信力和执行力,建设人们满意的服务型政府。"[①]从上面的表述可以看出,建设服务型政府多次在党的全会上被提及,充分说明了建设服务型政府在社会主义现代化建设中的战略意义,也是国家治理现代化的一项基本要求。

　　服务型政府是指树立为人民服务的理念,转变政府的工作重心,提高政府在教育、科技、文化等公共服务方面的支出,以群众的需求为出发点,提高政府的办事效率,重塑群众对政府的信任。其具体特征包括:第一,职权的有限性。服务型政府改变了管制型政府大事小事一把抓的管理方式,在具体的治理过程中,实行简政放权,实行政企分开,让市场机制在社会治理中得到充分的发挥,努力做到社会治理的管放结合。对具体的管理事务,尽量化繁为简,政府治理的重点放在治理决策的制定上,责任落实到具体的个体,政府只需做好引导和监督作用。这样,政府可以有更多的时间进行社会治理政策的规划和决策。第二,行政方式的公开性。服务型政府的工作重心围绕着服务展开,其主要职责是为社会提供优质的公共产品和服务。在社会治理过程中,为了有效提高服务的效果,政府应当把服务的内容、服务的方式、服务的对象以及政府的职责范围等具体情况向社会公开。这一方面能够确保民众对政府治理有明确的认识,并积极参与到政府的治理中,另一方面也便于民众对政府治理的过程进行有效监督,减少政府违纪行为的产生,促使行政机关依法行政。第三,治理的民主性。实行人民民主,保证人民当家作主,要求在治国理政时在人民内部各方面进行广泛协商。[②] 由此看来,政府的治理也应当充分体现民主。政府进行社会治理的最终目的是为民众提供优质的服务,民众在社会治理中不仅是服务的对象,更是社会治理的重要参与者。加强服务型政府建设,政府要积极与民众进行协商,听取民众的意见和建议,保证民众在社会生活中享有广泛持续深入参与的权利,真正实现还政于民,这样才能确保社会治理的有序推进。

---

　　① 习近平.决胜全面建成小康社会 夺取新时代中国特色社会主义伟大胜利[M].北京:人民出版社,2017:39.
　　② 中共中央宣传部.习近平新时代中国特色社会主义思想三十讲[M].北京:学习出版社,2018:172.

（二）服务型政府建设的主要内容

服务型政府建设是适应现代社会发展的一种新的社会治理形式。与过去管制型政府模式不同的是，服务型政府更能体现现代社会发展的特点，适应现代社会治理的需要。第一，服务型政府建设的宗旨是为人民服务。我国基本政治制度强调人民主权的原则，人民群众在国家社会生活中处于主体地位，国家政治制度的发展要以为人民服务为核心。为此，习近平总书记在十九大报告中强调指出："人民是历史的创造者，是决定党和国家前途命运的根本力量。必须坚持人民主体地位，坚持立党为公、执政为民，践行全心全意为人民服务的根本宗旨，把党的群众路线贯彻到治国理政全部活动之中，把人民对美好生活的向往作为奋斗目标，依靠人民创造历史伟业。"[①]在现代社会治理中，政府要时刻想着人民群众的利益，把人民群众作为服务的对象，要不断贯彻"坚持人民主体地位"的社会治理理念，全心全意为人民群众谋利益。第二，服务型政府治理的主要方式是服务。服务是一个经济的概念，它不同于管理，管理更多地强调管和治，政府在管理中实施的是控制和指挥职能。服务主要是提供便利条件、创造机会的功能。在服务型政府建设中，政府治理主要是运用市场机制，从服务的角度来行使社会治理权力，积极为民众提供优质的公共产品和服务。第三，服务型政府的治理手段是协商。习近平总书记指出："有事好商量，众人的事情由众人商量，是人民民主的真谛。"[②]社会主义民主是协商民主，政府行使职权时一定要贯彻以人为本，切实维护好实现好人民群众的根本利益。中共十八届三中全会强调，在党的领导下，以经济社会发展和涉及群众切身利益的实际问题为内容，在全社会开展广泛协商，坚持协商于决策之前和决策实施之中。[③] 因此，在服务型政府建设中，政府治理行为一定要体现人民当家作主，反映民众的意志，要与民众积极协商，共同推进治理的发展。第四，服务型政府建设的目标是实现中华民族伟大复兴的中国梦。我国改革开放四十年来，各项事业已经取得了举世瞩目的成就，但要实现中华民族的伟大复兴，使中华民族再次屹立于世界之巅，还必须加快改革的步伐，推进社会主义现代化建设进一步发展。在现代社会治理中，政府要加快转变职能，实施简政放权，强化服务意识，为社会发展提供更多更优质的公共产品和服务。因此，建设服务型政府，推进社会治理现代化，必须

---

① 习近平.决胜全面建成小康社会 夺取新时代中国特色社会主义伟大胜利[M].北京：人民出版社，2017：21.
② 中共中央宣传部.习近平新时代中国特色社会主义思想三十讲[M].北京：学习出版社，2018：172.
③ 习近平.习近平谈治国理政：第二卷[M].北京：外文出版社，2017：291.

不断强化政府的责任意识和服务功能,努力提高人民群众的生活水平,创造更多的社会财富,为中华民族的再次腾飞打下坚实的基础,早日实现两个一百年奋斗目标,再现中华辉煌。

(三)服务型政府与管制型政府的区别

十九世纪后期,西方国家开始由自由资本主义向垄断资本主义过渡,在这个时期,管制型政府治理模式逐渐兴起。在管制型政府模式中,政府管理必须实现职业化和专业化,克服"政府分赃制"所造成的政府动荡和低效,努力适应工业生产对政府职能所提出的要求,促进社会的稳步发展。但随着经济社会的发展,管制型政府模式存在的问题也日益显现出来。管制型政府模式一直存在着管理主体单一,政府的管理权限无限扩大,管理的透明度不高,管理效率低以及难以体现社会公平等诸多问题,这些问题的长期存在,使社会治理难以有效开展,严重阻碍了社会治理发展的现代化。因此,在新的发展阶段,建设服务型政府,强化政府的服务意识,减少政府对权力和资源的控制,已经成为政府治理走向现代化的必然趋势。

服务型政府与管制型政府是两种不同的社会治理方式,两者有着根本的区别。管制型政府固守权力本位原则,在行政过程中全力贯彻"管"和"罚",强调政府在社会治理中的绝对核心地位。服务型政府贯彻以服务人民为宗旨,强调发挥政府在社会治理中的服务功能。由此可见,两者之间有着明显的差异,具体体现在以下几个方面:第一,在管理的权力上。管制型政府模式中,政府具有绝对的权威,在社会治理中无处不在,其权力的范围也是无限的。服务型政府模式提倡简政放权,强化政府的服务意识,积极促进政府职能由管理转变为服务。第二,在管理的理念上。服务型政府强调以人为本,政府权力的行使始终围绕服务人民的基点展开,以追求人民最大福祉为根本目标。管制型政府则是以国家公权力为本,宣扬权力的至高无上性,强调民众对权力的绝对服从,以追求政权稳定、社会有序、经济有效运作为宗旨。第三,在管理职能上。服务型政府以向公民、社会提供公共产品和服务为基本内容,是在管理中体现服务的政府。而管制型政府则以规制公民行为,监控社会、经济主体活动为基本内容。第四,在管理方式上。管制型政府在管理过程中一般采用"自上而下"的管理方式,侧重于内部决策,公民参与政府治理的渠道不畅,政府是以命令、审批、许可、强制、处罚为基本手段。服务型政府倡导"自下而上"的公民参与政府管理机制,政府以公民参与、公民合作以及说服、指导、协商为基本方式,政府的决策和实施过程充分体现民意。

(四) 建设服务型政府面临的主要障碍

在新的形势下,加强服务型政府建设已是大势所趋。但由于我国长期受计划经济下的政府管理模式的影响,推进服务型政府建设仍然临着一系列的问题和挑战。

第一,全能型政府管理模式的体制惯性。长期以来,我国政府治理实行全能型政府管理模式,政府事无巨细都身体力行,不愿放弃丝毫的权力。政府在社会治理中不仅担负治理决策工作,而且还要承担大量的具体治理事务。可以这样说,全能型政府治理模式,主要是以政府管制为主,强调权力至上的原则,民众对政府的权力要绝对服从,政府既是治理政策的制定者,又是具体治理事项的执行者,同时还是治理效果的最终评判者。民众作为社会治理的对象,必须无条件服从政府的计划安排,在社会治理中只能作为被动的接受者。全能型政府治理模式下,由于政府的权力过于集中,社会组织和民众经常被排除在治理决策体系之外,民众在社会治理中的主体地位不能得到有效保障,自我治理的目标难以实现。因此,由于社会组织和民众在社会治理中很难有发言权,其参与社会治理的积极性必然遭受重挫,最终导致社会治理演变为政府自己的独角戏,难以形成多元共治的治理体系,不能有效促进社会治理的进一步发展。

第二,政府治理能力不足。管制型政府治理时期,由于我国社会发展水平不高,社会的阶层结构比较简单,利益相对集中,民众权利意识不强,再加上民众长期处于政府管制体系之下,对命令-服从的管理方式早已经习以为常,政府在社会治理中尚显游刃有余。但随着我国改革开放的不断深入,我国经济社会的发展水平得到了很大提高,民众的视野进一步拓宽,互联网技术的发展带来的海量信息,使得民众的社会认知能力有了显著的提升,民众参与社会治理的意愿不断强化。在这样的背景下,如果政府不能积极应对现代社会发展的需求,缺少对社会问题的系统性研究,必然会导致政府制定的治理政策和措施缺乏科学性和全面性,难以体现以人为本的客观要求。因此,在新形势下,政府仅仅依靠对权力的垄断已很难达到实现社会的良好治理,政府应当因势而谋、因势而动,根据社会发展需要,及时转变治理理念,进一步增强民主意识,强化政府的服务功能,积极构建适应现代社会发展的科学治理体系,使社会治理能够跟上时代发展的步伐。

第三,利益集团盘根错节。管制型政府模式中,政府权力高度集中。对于过度集中的权力如果缺少必要的监督,极易为心术不正者所利用,成为他们谋取不当利益的工具。因此,在服务型政府建设中,不断强化政府简政放权,推进社会治理主体的多元化,强化社会治理的公开性和透明性,增强对政府行为的监督力度。具体来说,服务型政府倡导的多元共治的变革措施改变了以政府为核心的执政方式,进一步强化了民主与法治意识,大力发扬民主,倡导服务意识,真正建立公正合法的社会治理体系。鉴于此,在服务型政府建设中,要积极打破既得利益者对公共事务管理权的垄断,斩断他们伸向利益的魔爪,使他们失去了谋取不当利益的机会,因为这些既得利益者为了维护其非法利益,常常在社会治理中夹带私货,想方设法为自己谋取不当利益,竭力阻挠新型社会治理模式的建立,是现代社会治理发展的重要障碍之一。

　　第四,公众参与度不高。在管制型政府治理中,政府一直作为社会治理的核心,主宰着社会治理的全部,是社会治理政策的制定者和执行人,民众作为社会治理的对象,在社会治理中长期被边缘化,难以体现其主体地位。因此,在管制型政府治理中,由于民众在社会治理中没有话语权,难以参与到政府的治理决策过程中,民众参与社会治理的积极性不高,责任意识不强。同时,政府在社会治理中实施权力垄断,表现为高高在上的态势,也极易导致民众对政府的治理活动产生排斥心理,难以与政府达成治理共识。由此看来,建设服务型政府治理体系,必须坚持以人为本的治理原则,制定符合民众利益的治理政策和措施,创新治理模式,充分体现民意,提高民众参与社会治理的积极性。

　　第五,政府治理的信息化程度不高。随着科学技术的进一步发展,信息化已经成为现代社会发展的一个重要特征。管制型政府采用科层制行政体系,实行自上而下的社会治理形式,上下级之间只有简单的命令与服从关系,下级机关的主要职责就是完成上级机关交付的工作任务。因此,管制型政府的治理工作只是上下级之间简单的信息交换,政府的决策也不需要民众的参与。在这样的前提下,政府对社会的治理方式仍然只是简单的管制,不需要有大量的信息资源的传达,况且,政府少有的信息交流仍然保留着层层传递的传达方式,信息化程度不高。同时,民众也由于缺少对政府治理信息的了解,难以参与到社会治理实践中,其意志得不到有效体现,不利于服务型政府治理体系的构建。

二、服务型政府的定位

（一）政府职能定位

在管理型政府模式向服务型政府模式转变的过程中,政府的职责定位也随之发生改变,政府不再充当全能政府的角色,政府的职责回归服务人民的本位,"官本位"思想趋向淡化,并逐渐开始"以政府为中心"向"以公众为中心"的执政理念转换。服务型政府的本质是服务,强调尊重行为人的主体资格与自主权利,实质是以社会、企业、公民为本位的服务。社会、企业和公众的意愿要求是政府管理的出发点,政府只不过是一个具有高度权威的公共服务组织。服务型政府是有限政府,它不再是无所不包的全能型政府。在社会治理中,政府的主要职责是加强治理的决策和管理,积极发挥政府在公共服务供给方面的主导作用,并对的社会治理状况实施监督和评估。也就是说,在现代治理体系下,政府正在由原来的对社会事务实行大包大揽的社会管理者逐渐转变成提供公共服务的社会服务者。

(二)政府工作目标

在服务型政府建设中,政府的工作始终围绕为民众服务这个主题展开,民众的需求就是政府服务的方向。在社会主义市场经济条件下,政府不仅要承担管理者的角色,政府的工作还要不断创新,其工作目标已不再是满足于简单地完成任务,更为重要的是要体现出政府的责任担当。在现代社会治理中,政府应当承担更多的社会责任,在环境保护,维护宏观经济的稳定,保护和促进市场竞争,维护社会公平等方面要加大管理的力度,不仅如此,政府还要把更多的精力放到公共产品和服务的供给上。政府工作人员,必须时刻牢记为人民服务的宗旨,明确作为人民公仆的角色定位,在行使权力的过程中,一心想着民众,一切为了民众。只有这样,政府在社会治理中,才能有更多的治理手段和更大的活动空间,才能真正想民众之所想,认真履行职责,为民众提供更多的优质服务,最终实现为人民服务的宗旨。

(三)政府工作方式

服务型政府强调为社会提供优质的公共产品和服务。如何为社会提供优质的公共产品和服务,政府必须改变过去自上而下家长式的管理模式,在具体社会治理过程中,要敢于打破权力垄断的壁垒,实行权力下放,扩大社会治理主体的范围,提高社会组织和民众的参与度,实现社会治理主体的多元化。只有这样,政府的社会治理才能符合社会发展的需要,才能及时有效地为社会发展提供必要的公共产品和服务,民众对政府的社会治理才会满意。由此看来,在社会治理中,政府的治理工作一定要充分体现民主,治理方式要公开透明,政府的治理过程始终在阳光下运行。要进一步加大对政府权力的限制,明确政府的责任,将政府权力的行使程序化,加大对政府权力的监督力度,从而能够有效预防腐败现象的发生,提高社会治理的效率。

三、建设服务型政府的重要价值

（一）发展社会主义市场经济的需要

随着改革开放的深入发展，我国社会主义市场经济逐步建立和完善。社会主义市场经济的一个重要原则就是发挥市场机制在社会发展中的调节作用，一切围绕市场展开，市场需求成为公共产品生产的重要目标。在市场经济条件下，政府计划已经让位于市场调节，因而，政府在社会治理中的角色定位也随之发生改变。在传统的政府管理体制中，政府作为政策的制定者和实施者，凡事都是由政府一锤定音，其他社会主体基本上没有话语权，伴随着市场主体地位的确立，原先的社会管理模式已经被市场竞争模式所代替，政府治理不再是对民众进行管制，而是适应市场的需要，尊重市场的主体地位，为民众提供必要的服务，强化政府的服务意识，政府提供的公共产品和服务也必须符合市场的发展需要。另外，随着社会发展速度的加快，社会发展面临的形势也更加复杂，社会治理的事项更加繁琐，如果社会治理仍然依靠单一的政府管制手段，已经很难适应现代社会发展的需要。因此，政府在社会治理中，必须加快转变政府职能，强化服务意识，实行社会治理主体多元化，实现社会治理方式的创新，进一步加强对社会的管理。

（二）深化政治体制改革的需要

管制型政府发展时期，由于实行全能型政府发展模式，政府的职能无限扩大。与此同时，随着政府组织体系的进一步加强，政府机构也不断膨胀，这给国家财政造成了巨大的压力。为了减轻政府的财政压力，提高行政的效率，加强政治体制改革势在必行。在新的社会发展时期，加强服务型政府建设，强调建立有限政府，必须实行精兵简政。其着力点就是严格限定政府的职权范围，积极贯彻执行，政府不应当管理的事项坚决不管，理应由政府管理的事项也必须简化程序，大力发挥市场机制的作用，实行管理主体的多元化，推动行政管理体制改革。政府在社会治理中应当侧重于政策的制定和引导，强化监督机制的建设，确保其他社会组织和民众能够有效参与社会治理，并通过社会治理的改革来推动我国行政制度的进一步发展。

（三）社会发展的现实需要

在社会主义市场经济条件下，利益群体越来越多，不同利益群体的权利诉求呈现出多样化的趋势,社会结构体系越来越复杂。不仅如此,计划经济时期长期存在的社会发展不均衡现象,也给社会发展带来了诸多的问题。在传统治理模式下,由于政府治理存在着治理主体单一、治理方式简单和民主观念不强等问题,使得该治理方式已经难以适应现代社会发展的需要。为此,在当前发展阶段,加强社会治理的变革,建设服务型政府治理模式已刻不容缓。服务型政府治理模式对政府治理提出了更高的要求,政府治理必须因时而变,要敢于突破旧观念的束缚,积极探索社会治理新思想,要能够适应从绝对管理者到社会服务者的角色转换。建设服务型政府,强调政府能够从服务的角度,深入研究当前社会的发展现状,充分了解民众的社会需求,积极寻找解决社会治理问题的办法,及时、准确地为社会提供优质的公共产品和服务,促进社会治理稳步有序地发展。

(四)"互联网+"时代信息对称的发展需要

传统的社会治理模式中,存在着信息不对称现象,既包括政府的信息不对称,也包括行政人员的信息不对称,政府工作缺少透明性,民众也缺乏参与的途径。随着现代信息技术的进一步发展,人类社会开始步入信息化时代,人类社会逐渐进入了以信息技术为中心、以知识经济为支柱的发展时期。互联网技术的普及,使得信息传播的速度得到了前所未有的提升,民众获得信息的速度已经丝毫不逊于政府部门。在这种的情况下,管制型政府实行的科层制政府管理体制已很难适应现代社会的发展,政府凭借职权掌控信息,并根据需要对信息进行加工处理,以此来加强对社会管理的模式已难以发挥效用。为了适应信息化发展的需要,政府必须尽快转变治理理念,改变传统治理模式中政府对权力的垄断,简政放权,实行政务公开,实现政府信息的开放共享,把服务作为社会治理的主要目标和根本的出发点。现代社会治理强调协商与共享,政府在社会治理过程中要积极与民众进行沟通协商,强化与民众的协作关系,这样不仅能够为民众参与社会治理决策提供有效路径,充分体现民主,而且还能够促进政府加快分权,精简机构,提高社会治理的效率。

第二节 加快政府治理现代化进程

加强和创新社会治理,是社会主义现代化建设的重要内容。社会治理是国家治理的重要领域,社会治理现代化是国家治理体系和治理能力现代化的题中应有之义。加强和创新社会治理,逐步实现社会治理结构的合理化、治理方式的科学化、治理过程的民主化,将有力推进国家治理现代化的进程。①

一、政府治理方式的演变

(一) 政府治理的涵义

治理是指在一个既定的范围内运用权威维持秩序,满足公众的需要。联合国全球治理委员会对治理的定义是"治理是各种各样的个人、团体——公共的或个人的——处理其共同事务的总和。这是一个持续的过程,通过这一过程,各种互相冲突和不同的利益可望得到调和,并采取合作行动。这个过程包括授予公认的团体或权力机关强制执行的权力,以及达成得到人民或团体同意或者认为符合他们利益的协议。"

政府治理是指国家行政机构依法在一个既定范围内运用法律赋予的权限来管理社会公共事务,满足公众需要的活动。在社会主义市场经济条件下,政府治理不仅是政府的一项重要权利,同时也是政府的一项重要职责。在现代社会,政府治理呈现出以下的特点。

第一,政府治理的法治化。法律是治国之重器,法治是国家治理体系和治理能力的重要依托。②在政府治理中,治理主体必须具有法定的权限,其权力的来源必须具有法律的明确规定。治理主体行使社会治理权时,必须在法律规定的范围内实施,不能超越法律规定的权限。

第二,政府治理的民主化。我国政府是人民的政府,全心全意为人民服务是政府的宗旨。政府在社会治理中,必须自始至终体现出人民的意志。政府治理的最终获益者是广大人民群众,政府治理必须做到想民众之所想,必须充分反映民意,其中最有效的办法就是让广大民众充分参与到治理中来。因此,政府治理的决策和措施要进行充分论证,通过举办听证会等形式,与民众进行积极协商,让民众与政府一道共同制定社会治理的政策和措施,监督政府的治理,借此加快社会治理的民主化进程。

第三,政府治理的多元化。在经济全球化的背景下,社会主义市场经济得到了

---

①② 中共中央宣传部.习近平新时代中国特色社会主义思想三十讲[M].北京:学习出版社,2018:234,183.

进一步的发展,社会阶层亦呈现出多元化的发展趋势。因此,政府治理也要因势利导,要与现代社会的发展趋势相一致。在市场经济条件下,社会群体的多元化导致了利益诉求的复杂化,社会矛盾进一步加剧,社会治理面临的问题和挑战越来越大。面对纷繁复杂的社会状况,如果仅仅依靠政府单个的力量来加强社会治理,治理的实效性将会大打折扣。因此,在社会治理的过程中,政府要积极吸纳、引导和培育社会组织和民众参与到政府治理中来。一方面,政府可以充分听取和吸收民众的意见和建议,使得政府的治理更具代表性;另一方面,社会组织和民众的参与,能够有效扩大政府治理主体的范围,适应利益群体多元化的发展需求,充分体现民意,提高社会治理的针对性和实效性,从而推动政府治理的不断发展。

第四,治理的透明化。治理的公开透明是政府治理现代化的标志。在现代社会治理中,政府治理的内容、治理的方式和手段、治理的程序等都应当公开透明,让民众知悉,一切都应在阳光下进行。这样,政府治理不仅能够调动广大民众参与社会治理的积极性,同时还有助于民众和其他社会组织对政府治理进行有效监督,防止暗箱操作和腐败现象的发生,这不仅有利于提高政府治理的效率,同时还能大大提升政府的公信力。

第五,治理的信息化。随着互联网时代的到来,社会发展的信息化水平进一步提高。无处不在的互联网技术使得政府治理更加便捷、有效。在政府治理过程中,治理决策的形成,民意的收集,治理措施的实行,民众的参与,治理效果的评估等都能够通过先进的网络技术进行有效地实施。这样,在提高政府行政效率的同时,社会民众也能够通过现代信息技术积极参与到政府治理中来,能够对社会治理的发展起到很好的推动作用。

(二)政府治理方式的发展变化

人类社会发展的历史,迄今经历过原始社会、奴隶制社会、封建制社会、资本主义社会和社会主义社会。在这五种社会形态中,由于原始社会没有阶级和国家,因而也就不存在政府治理的问题。自从人类社会进入奴隶制社会以后,阶级和国家就出现了,政府治理也由此拉开了序幕。奴隶制社会和封建制社会实行的是君主专制统治,君主享有至高无上的权力,真所谓"普天之下,莫非王土,率土之滨,莫非王臣"。[①] 因此,这两个社会发展阶段的国家治理都是采用统治型政府治理模式,该治理模式的治理主体是君主,君主拥有绝对的权威,治理体系以权力为基础,尽管治理中也存在着法律制度,但它们仅仅处于辅助地位。统治型政府治理的对象

---

① 出自《诗经·小雅·北山》。

是广大被剥削压迫者,治理的形式是绝对服从。这一时期,社会发展主要以农业为主,所以该社会治理时期又被称为前资本主义社会治理时期。

随着工业化大生产的发展,社会结构形式发生了根本性的变化,社会治理的方式也随之发生了改变,管制型政府治理模式逐渐成为主要的社会治理方式。这个阶段是工业化发展时期,所以又称为工业社会发展时期。该时期社会治理的主体是政府组织,客体则变成了社会公共事务。管制型政府治理是以法律为依据的,侧重于法律在社会治理中的主导作用,而权力的治理功能已大大削弱,只限制在法律规定的范围内行使。

伴随着工业化发展的进一步加深,以信息科学技术为标志的信息化时代已经到来,人类社会开始进入信息化时代,该阶段被称为后工业化社会时期。在这一时期,互联网技术得到了广泛运用,社会发展也发生了翻天覆地的变化,社会治理更加注重以人为本,体现政府的服务意识。在这个时期,公众作为社会治理客体的特征越来越弱化,而作为主体的特征却进一步强化,与之相反,在该阶段的社会治理中,政府作为管理者的角色逐渐减弱,而作为服务者的角色却越来越突出。为此,后工业化社会时期的社会治理中,服务型政府治理模式逐渐成为这个时期社会治理的主体发展模式,该模式大力倡导以人为本的原则,充分体现政府为公众服务的特点。同时,服务型政府治理模式还进一步强调了以德治理的重要性,把德治作为重要的政府治理手段,在强调法律运行、权力行使的同时,更加观注于多种治理方式并行,实现法治与德治的结合,实现"德法并治"。

二、加快政府治理现代化的必要性

(一)有利于消除社会治理障碍

由于受传统的专制思想的影响,我国的社会管理中,一直存在着"官本位"的价值导向,政府权力高度集中,从社会治理的决策到具体治理措施的实施,政府是唯一的治理主体,从治理决策的形成到具体治理措施的落实,基本上都由政府自己说了算,民众只能被动地接受政府的管理,治理理念落后。由于政府的权力过于集中,直接导致了社会治理中政府的"一言堂"现象,治理主体单一,社会的治理完全按照政府的意志来实施。大多数情况下,政府的治理活动都是围绕着社会管理展开的,强化政府对社会权力的控制,维护政府的权威是政府治理的基本出发点和根本目的。不仅如此,政府一直以来都是把社会管理作为第一要务,忽略了现代社会治理中所倡导的服务精神,政府的主要精力放在了推动农村经济发展和社会稳定上,对公共产品和公共服务的供给重视程度不够,缺乏完整的社会服务体系。公共服务体系所确定的公共教育、劳动就业创业、社会保险、医疗卫生、社会服务、住房保障、公共文化体育、残疾人服务等八大领域的建设,很多还只是象征性地开展,很难有实质性的推进,公共服务体系建设不健全。为此,加强政府治理现代化,要加快转变治理理念,坚持以人为本,发挥市场机制的作用,建立多元共治的社会治理体系,有力推动社会发展的现代化。

(二)有利于加快转变政府的职能

政府治理现代化要求政府治理必须贯彻以人为本,强化政府的服务功能。在传统的管制型政府体系中,政府一直充当着全能政府的角色,忽视发挥其他社会治理主体的积极作用,导致社会治理效率低下,大大降低了政府的公信力。因此,加快政府治理现代化,就必须强化政府的责任意识。政府治理要严格依照法律规定的权限和职责进行治理,不越权、不逾规,在行使行政权力的同时,严格履行法定的义务,做到权责一致。在社会治理中,要把建立有限政府作为权力行使的基础,充分发挥市场机制在社会治理中的主导作用,降低政府治理的成本,提高治理的效率。这样,政府一方面可以集中精力做好社会治理的决策指导工作,避免由于处理过多的事务导致社会治理效果不佳,另一方面,在社会治理中引入市场机制,能够有效推动社会力量的介入,提高民众参与社会治理的积极性。相对来说,这些社会力量更加了解社会的发展状况,在提供公共产品和服务时,更能体现民众的意志,凸显民众的主体地位。

(三)有利于推进社会主义民主政治建设

人民当家作主是中国特色社会主义制度的基本特征。一切依靠人民,一切为了人民是我国社会制度发展的基本立足点和价值取向。政府进行社会治理,必须一心一意为民众着想,顺从民意,切实为民众提供优质的社会服务。在社会治理中,政府服务的对象是广大民众,民众既是社会治理的主要对象,同时又是社会治理的最大受益人。因此,实现社会治理现代化,一定要发动民众积极参与到社会治理中来,发挥他们在社会治理中的主体作用,体现社会治理的民主化。只有广大民众参与到社会治理中,实现社会治理主体的多元化,社会治理才会更具代表性,才能充分体现人民当家作主的社会主义本质。不仅如此,广大民众积极参与社会治理,还可以有效拉近政府和民众的关系,从源头上减少社会矛盾与冲突,共同推动社会治理的发展。可以这样说,服务型社会的重要特征之一是"公民本位",强调基于公民社会基础上的公民参与,公民参与是民主治理的基础,公民参与程度越高,民主治理的程度也就越高。

(四)有助于构建和谐社会

近年来,随着改革开放的深入,我国城镇化发展进程进一步加快。但由于城乡二元制结构体系的存在,在推动城镇化的过程中,农村社会发展面临的形势依然严峻。受社会主义市场经济发展的影响,城镇化发展对农村原有的社会价值观产生冲击,民众开始关注自身的利益,对社会治理也表现出了前所未有的热情;与此同时,城镇化的发展还促使农村传统的社会结构体系发生解体,农村社会空壳化现象越来越严重,社会关系更为复杂,农村基层社会的治理难度加大。为了应对新形势下社会发展的需要,各级政府必须坚定不移地贯彻国家的方针与政策,加快推进城镇化发展战略的实施,利用城镇化发展带来的有利时机,因地制宜,加快农村产业结构的调整,推动农村市场机制建设,缩小城乡之间的差距,确保社会发展协调有序。

三、以文化建设推进政府治理现代化

(一)文化建设能够有效培育民众的民主意识

党的十九大报告明确指出:"文化是一个国家,一个民族的灵魂。文化兴国运兴,文化强民族强。没有高度的文化自信,没有文化的繁荣兴盛,就没有中华民族伟大复兴。"[①]由此可见,文化是一个社会发展的重要动力。在社会主义发展新时期,加强文化建设,发扬社会主义新文化,能够有效提高人们的思想境界,促进社会整体素质的提高。在农村社会治理中,加大文化建设的力度,能够提高广大民众的文化素养和法律水平,促进社会民主意识的形成和发展。随着改革开放的不断深入,农村基层治理的主体逐渐多元化,民众在农村基层治理中的作用越来越大,其主体意识不断加强,民主观念逐渐深入人心,权利意识不断增强,这些都为广大民众积极参与社会治理创造了前提条件。在市场机制的主导下,民众参与社会治理的积极性高涨,并逐步形成政府、市场和社会等不同治理主体相互协调的共同治理

---

① 习近平.决胜全面建成小康社会 夺取新时代中国特色社会主义伟大胜利[M].北京:人民出版社,2017:41.

体系,有助于农村基层治理有序发展。总的来说,民主是现代国家治理体系的本质特征,是区别于传统国家治理体系的根本所在。通过文化建设,提高民众的民主意识,有利于促进社会治理的发展。①

(二) 文化建设能够提高民众的法治意识

习近平总书记在党的十九大报告强调,要加强农村基层基础工作,健全自治、德治、法治相结合的乡村治理体系。在现代治理体系建设中,加强文化建设是推进社会治理进一步完善的关键。加强文化建设,有助于提高民众的思想文化水平,强化民众的规则意识。随着民众权利意识的增强,他们的维权意识不断上升,其参与社会治理的诉求也不断高涨,这对建设农村基层自治有着重要的推动作用。不仅如此,民众通过文化教育,法律水平不断提高,依法治国的理念也得到了进一步强化。在新时期,必须加强社会治理,必须严格遵守法治原则,贯彻依法行政的思想。全面依法治国是中国特色社会主义的本质要求和重要保障,是国家治理的一场深刻革命。法治是国家治理体系和治理能力的重要依托。② 在社会主义市场经济条件下,强化法治思想,必须加大文化发展的力度,通过文化教育,提高民众的思想文化水平,民众的规则意识和法律水平才能不断提高。在法治原则指导下,民众在社会治理中,维权意识不断加强,参与社会治理的欲望也不断提升,农村基层自治水平进一步提高,有利于社会治理的有序发展。

(三) 文化建设能够加强民众的社会责任意识

一直以来,农村基层治理的最大问题,就是缺少民众的参与。由于全能型政府时期的大包大揽,几乎垄断了全部的公共事务管理,民众在社会治理中的主体地位一直得不到重视,久而久之,民众对社会公共事务渐渐变得漠不关心,社会责任意识也越来越淡漠,参与社会治理的积极性不高,更不愿在社会治理中担负重任。导致本应由政府、市场和社会三者协作共同构建的社会治理体系,也几乎变成了政府部门一个人的独角戏,不能发挥多元主体的共同推动作用,难以适应现代社会复杂多变的事态发展需求。因此,加强文化建设,提高民众的文化知识水平,能够丰富民众的精神生活,提高民众的社会责任感,强化民众的社会责任意识。这样,随着维权意识不断得到加强,民众参与社会治理的积极性也就会越来越高,这正是现代社会治理价值追求的重要体现。一般看来,国家治理的理想状态是善治。简单地

---

① 俞可平.论国家治理现代化[M].北京:社会科学文献出版社,2014:5.
② 中共中央宣传部.习近平新时代中国特色社会主义思想三十讲[M].北京:学习出版社,2018:183.

说,善治就是公共利益最大化的治理过程,其本质特征就是国家与社会处于最佳状态,是政府与公民对社会政治事务的协同治理,或称官民共治。随着社会的发展和政治的进步,公民在公共管理中的作用将变得日益重要。[①]

(四)文化建设能够激发民众的奉献精神

现代社会的治理需要付出极大的社会投入。政府作为社会治理的主体,不仅要在社会治理发挥重要的引导功能,同时还必须担负起一定的管理职责,积极发挥在政策制定、资金划拨等方面的重要作用。然而,在现代社会治理体系下,政府在社会治理中的核心作用开始减弱,民众作为社会治理的参与者和受益人,其重要性进一步凸显,可以这样说,民众在社会治理中作用的发挥,直接关系到社会治理的成败。因此,在新的发展时期,加强文化建设是社会主义精神文明建设的关键,随着社会主义文化事业的进一步发展,人民群众的文化水平越来越高,民众的精神境界得到进一步提升,奉献意识加强,能够全身心投入到社会治理中,不计个人得失,一心为公,这样,社会治理主体多元化体系才能真正建立起来,社会治理才能逐渐走向正轨。

第三节 农村公共文化服务体系建设与服务型政府的构建

党的十九大报告强调指出:"文化兴国运兴,文化强民族强。"农村公共文化事业作为向农民提供教育、知识、审美熏陶和休闲娱乐的重要载体,对解决"三农"问题、促进社会主义新农村建设具有不可估量的社会功能作用。

一、建设服务型政府是社会主义新农村建设的重要前提

(一)增强服务意识,为新农村建设提供正确的发展方向

社会主义新农村建设是指要加快农村改革的步伐,建设符合现代社会特点的农村发展模式,强调农村建设实现"生产发展、生活富裕、乡风文明、村容整洁、管理

[①] 俞可平.论国家治理现代化[M].北京:社会科学文献出版社,2014:4.

民主"的现代农村发展模式,适应社会主义市场经济发展的需要。在建设社会主义新农村的过程中,农村基层政府要加快转变职能,加大组织领导的力度,强化服务意识,提高服务的质量,形成一个有效的服务型政府,为建设社会主义新农村打下坚实的基础。第一,服务型政府建设强化农民本位。农村基层政府一直以来"官本位"思想严重,在农村社会治理中,强调政府的意志高于一切,很少关注民意,难以接受民众的意见,把"官治民"作为进行社会治理的一个重要原则。社会主义新农村建设,贯彻以人为本,强调以农民为中心,把农民作为农村发展的主要推动力。随着农村文化建设的发展,农民的文化水平有了一定的提高,法律素质也不断增强,广大农民在农村社会建设中的积极性和管理能力得到了大大提升,有助于推动农村社会的发展。第二,服务型政府强调市场主导。在建设社会主义市场经济的大前提下,农村社会发展模式也随之发生了改变,农村的社会发展更加需要注重实效。在农村基层治理实践中,农村基层政府必须把服务群众放到首要位置,进一步强化服务意识,为农民提供更加优质的公共产品和服务,推动农村社会的协调有序发展,带领广大农民群众走出一条健康的发展道路。第三,服务型政府以全面发展为目标。在我国长期的社会发展过程中,社会发展都是以工业发展为中心的,农业等其他产业作为工业发展的辅助性产业,必须无偿地支持工业发展。随着我国改革开放的深入,我国工业化发展水平已经取得了巨大的进步,但农业发展明显滞后。因此,实现社会发展的现代化,应当在促进社会全面发展的前提下,加大对农业发展的投入比重,推动工业反哺农业,实现社会各产业的协调发展。在服务型政府建设中,农村基层政府一定要认清当前社会发展的形势,积极找寻阻碍农村社会发展症结所在,制定出切实有效的应对办法,把国家对农业发展的各项优惠政策落实到位,确保社会发展稳定有序地推进。

(二)提高服务水平,为新农村建设提供必要的物质支持

社会主义新农村建设的重要任务之一就是要改变农村的落后面貌,提高农民的生活水平,加快农村物质文明和精神文明建设步伐。加强农村物质文化建设,政府要强化责任意识,加大资金的投入力度,完善农村基础设施建设,改善农村经济发展的环境,积极吸引外资。同时,还要加大农村社会的保障力度,加快推进基础教育、公共医疗卫生、公共安全和秩序等方面的建设,确保农村社会发展跟上现代化发展的步伐。由此可见,建设社会主义新农村,农村基层政府要增强服务意识,提高服务水平,为农村基层社会创造有利的治理环境。第一,农村基层政府要做好社会建设的规划预算。农村基层政府要深入社会,积极研究农村社会发展的现状,

加强对社会发展资金的预算工作。对上级政府拨付的建设款项,进行统筹规划,合理使用,争取把钱用在刀刃上,真正发挥建设资金在农村社会发展中的作用。第二,农村基层政府要学会两条腿走路。由于农村地区长期发展的滞后性,社会发展基础比较薄弱,社会发展建设面临着巨大的资金缺口。因此,推动农村现代化建设,基层政府除积极争取国家的财政支持外,还要学会利用市场规律,创新农村经济发展模式,发挥社会组织和民众在农村社会建设中的作用。具体来说,农村基层政府不仅要做一个合格的管理者,还要做一个出色的经理人,要学会因地制宜,善于运用市场规则,积极引进外资,扩大农村建设资金的来源渠道,为建设社会主义新农村打下坚实的物质基础。

(三)强化责任担当,为新农村建设提供制度的保障

建设社会主义新农村,强化服务型政府建设,实施简政放权,并不是政府对社会管理放手不管,做甩手掌柜,更不是政府可有可无,起不了多大作用。农村基层政府在社会治理中必须要做好政策引导工作。尽管服务型政府更多的职责是为社会提供公共产品和服务,但政府的管理职能仍然存在,基层政府的社会治理,必须有完备的制度保障,政府要做到有管有放,放管结合,在充分保障民众权利的基础上,制定出合理的农村社会发展计划,并确保这些计划能够得以顺利地实施。不仅如此,在依法治国的前提下,政府的一切行政行为,都必须遵守宪法和法律,严格依法办事。建设社会主义新农村,还要做好法律的宣传工作,依照法律的规定制订出科学的发展计划,发挥法律的规范作用,政府的社会治理必须在法律规定的范围内实施,对违法行为要及时处理,确保农村社会发展沿着法制的轨道有序推进。总之,在社会主义新农村建设中,农村基层政府要把服务放到第一位,要有责任担当意识,敢于直面农村社会发展中遇到的问题,不论问题大小都能够积极应对,强化政府责任,切实为社会主义新农村建设提供强大的制度保障。

(四)加大监督力度,为新农村建设提供良好的发展环境

建设社会主义新农村不仅要创新社会治理体制,更要加强对社会治理的监督,促进社会治理科学有序地发展。在现代社会发展中,政府绩效评估体系是评定政府工作效果的重要手段,能够对政府工作进行科学的评价,不仅有利于促进政府工作的进一步完善,同时还有利于社会民众通过评估体系加强对政府工作的监督力度。农村基层治理中,由于缺少社会治理效果评价体系,政府的社会治理效果一般由政府自己来评定,政府既是治理政策的制定者和实施者,同时还兼任社会治理效

果的评判者,也就是说,政府在社会治理中实行行政、监督、评价一体化。由于缺少系统的社会治理评价体系,有些农村基层政府开始大搞形式主义,近年来,农村基层政府中开始流行"痕迹管理",在工作痕迹上大做文章,以"痕"论政绩,不注重实绩的效果,致使农村基层治理中"假痕""虚痕"现象严重,形式主义泛滥,给农村基层社会治理带来了很大的负面影响。因此,在社会主义新农村建设中,通过构建政府绩效评估体系,对政府的农村基层治理工作进行科学评价,并对政府治理评估中发现的问题进行及时回应,努力提高政府的治理水平,加速推进社会主义新农村建设。

三、加快农村公共文化服务体系建设,推进农村基层治理现代化

(一) 农村公共文化服务体系建设有助于政府职能的转变

在社会治理中,政府一直以来都充当管理者的角色,强调以政府为中心,实行自上而下的管理形式,其主要职责是加强对社会的管控。服务型政府强调服务为先,民众不再作为社会管控的对象,政府也不再是单纯的管理者,其更多的职能是为民众提供公共产品和服务。因此,随着服务型政府的提出,政府治理的现代化进一步发展,农村基层政府的基本职能也发生了相应的改变。第一,弱化了政府的管理职责。传统的政府管理,由于集权思想的存在,权力垄断现象严重,政府往往对社会各项事务进行严格管控,采取一把抓的方式来加强对社会的治理,其结果导致了什么都去管,什么没管好的尴尬局面,不仅荒芜了"正业",同时也影响了"副业"。为此,实行行政管理的现代化,关键要紧跟时代发展步伐,加快行政体制的改革,实行简政放权,提高市场的调控能力。尤其是农村基层政府,随着民众主体意识的不断加强,民众对政府的期望值进一步提高,不再满足政府只提供简单的政策指引,更多的是希望政府能够成为实实在在的发展带头人。因此,农村基层政府应当着重发挥引导和调控职能,把农村基层治理的主动权交给市场,强化市场机制在社会治理中的主导作用。这样,农村基层政府除在一些人事安排,安全保障等方面继续强化职责以外,对引进外资,发展农业,创新农村文化建设等诸多方面应充分发挥市场的主导作用,强化民众的主体功能,实现民众生活民众建,民众想法民众做,充分体现民众在社会治理中的主体作用,提高他们参与社会治理的积极性。第二,强化服务意识。农村基层政府面对的是广大农民群众,其职责是要为广大农民群众

提供优质的公共产品和服务。因此,衡量农村基层政府执政能力的主要标准就是看基层政府能否为农村社会创造更多的发展机遇,为广大农民提供更好的社会服务,想农民之所想,全心全意为农民服务,提高广大农民的生活水平。第三,充分体现民主。农村基层政府的服务对象是广大农民群众,因此,农村基层政府的社会治理决策一定要充分体现广大农民的意志。农村基层政府的主要工作目标是确保基层社会稳定有序地发展,而维持农村稳定、促进农村经济发展的中坚力量恰恰是广大农民群众。所以,农村基层政府只有把广大农民群众的意志贯彻于执政理念之中,一心想着民众,其社会治理的决策和措施才会得到民众支持和拥护,农村社会的发展才能稳步前进。

(二)农村公共文化服务体系建设有助于深入推进依法行政

在管制型政府模式下,基层政府职责是上传下达,做好传声筒即可,社会治理方式单一,创新不足,民众对社会治理的效果关注度也不高。服务型政府的社会治理,强化了政府的服务意识,政府在社会治理中,治理的方式、治理的内容、治理的效果,乃至于民众对社会治理的满意度都有一个量化的过程,政府仅仅作为传声筒已经不能适应现代社会治理的发展需求。特别是农村基层政府,面对的是广大农民群众,人数众多,社会关系复杂,如何有效贯彻执政理念,时刻保持与社会主义市场经济发展协调一致,就必须创新社会治理形式,依法行政。第一,行政主体要合法。农村基层政府的行政管理,一定要依据法律的规定,行使权力的机关必须具有法律规定的权限。在具体的社会治理中,政府不能任意设置机构来进行社会治理,未经合法授权的任何组织机构行使的社会治理行为都不具有法律效力,否则,不仅行政管理的目的难以达到,甚至还会导致民众对政府的不信任。第二,行政内容要合法。基层是整个社会的神经末梢,是党和国家方针政策的最终落脚点。基层群众是国家方针政策的最终落实对象,农村基层政府是国家方针政策的最后执行者,其直接面对的是广大农民群众。因此,农村基层政府在进行社会治理时,必须依据法律的规定,严格遵照国家的方针和政策,不能越雷池一步,要秉承服务农民的理念,始终把广大农民的利益放在第一位,确保农村基层社会治理中不会出现应作为而不作为或乱作为的混乱现象。第三,行政程序要合法。程序的合法性是行政机关有效行使权力的基本保障,同时也是行政权力能够最终产生法律效力的重要条件之一。一般来说,农民的法律意识不是很强,农村基层政府在社会治理中,面对的恰恰是广大农民群众,因此,农村基层政府的社会治理工作一定要细致合法,不能简单粗暴,更不能视行政程序于不顾,任意行政,否则的话,极易导致农村基层干群关系的紧张,不利于农村基层社会的稳定发展。

(三) 农村公共文化服务体系建设有助于创新和完善公共服务方式

农村公共文化服务体系的建设发展,丰富了民众的文化知识,提高了民众的文化水平,民众权利意识进一步提高,对公共产品和服务的供给提出了更高的要求。在现代治理体系下,政府的工作重心就是抓好公共服务领域的建设,为民众提供优质的公共产品和服务,这是政府工作职责之所在。对于非基本的公共服务领域,则需要充分发挥市场主体的作用,放手让市场来调节,充分发挥市场机制的作用。在农村基层治理中,政府要把更多的精力放在谋大局上,统筹社会发展,进一步强调权责意识,避免工作繁杂导致社会治理的混乱,提高社会治理的效率。

建设服务型政府,其宗旨就是为广大民众提供优质的公共产品和服务。现代信息技术的发展,为农村社会治理提供了非常重要的条件,政府在社会治理中,可以通过互联网等现代信息手段,进一步拓宽社会治理的路径,丰富社会治理的手段,加大对社会治理的力度。现代信息技术的发展,打破了政府对信息资源的垄断,政府不再能独占信息资源,从而避免了政府治理的暗箱操作,有效减少了社会治理中的权力"寻租"。在新的社会发展形势下,农村基层政府应当把握好信息化发展带来的契机,加快转变政府的职能,推动电子政务的发展,打破政府在公共服务领域的垄断,简政放权,在公共产品和服务的供给上,建立起跨越基层政府、社会组织和农民群众之间的互动机制,使政府在社会治理中由管制型向服务型转变,并利用互联网等现代信息技术,更加快捷、准确地为广大农民群众提供社会服务,发挥政府在社会治理中的服务功能,提高社会治理的效率。

(四) 农村公共文化服务体系建设有助于农村基层治理的现代化

政府治理的现代化既是政府治理的目标,又是政府治理的手段和方式。党的十八届三中全会明确提出:"完善和发展中国特色社会主义制度,推进国家治理体系和治理能力现代化。"基层政权是地方权威的载体,是执政党、中央政府或地方政府贯彻其政策和意图的枢纽,也是遏制基层社会矛盾滋生和扩展的阀门。[1] 加强基层治理现代化建设,是建设服务型政府的必要条件,它能够有力推动我国基层治理的有序化发展。第一,促进基层治理的民主化。服务型政府以为人民服务为宗旨,体现了人民当家作主。因此,基层政府在社会治理过程中,一定要体现出人民群众在社会治理中的主体作用,改变管理型政府模式下,政府在社会治理中的绝对

---

[1] 刘建军.加强公共治理 建设服务型政府[J].探索与争鸣,2009(8):37.

主体地位，让民众有序参与到社会治理中来，真正实现人民当家作主。第二，加速基层治理的法制化。法制化政府是治理现代化的重要体现。改革开放以来，我国一直倡导依法治国，加强社会治理的法制化，关键是要完善法律制度建设，实现科学立法，严格执法，公正司法。在基层社会治理中，严格依法执政，体现法制的权威性，最终形成基层政府严格执法、依法办事，人民群众信法、守法、尊重法律的权威，这样可以大大提高基层社会治理的效果，减少社会矛盾的发生。第三，实现基层治理主体的多元化。基层社会治理的主要目的是为广大人民群众提供更好的公共产品和服务。基层群众需要什么样的公共产品和服务，基层政府应当进行充分的调研，不能闭门造车，更不能为了面子工程而做华而不实的工作，因此，基层政府在提供公共产品和服务时，应当多听取民众的意见，尽量让民众参与到政府治理体系中来，形成主体多元的社会治理体系。第四，加快治理技术信息化。随着社会的进一步发展，农村社会状况也发生了翻天覆地的变化，城镇化的发展，大量农民工进城务工，农村的社会组织结构发生了前所未有的改变。加强农村基层治理，必须充分发挥现代科技的优势，加快农村基层管理信息系统数据库建设，利用无处不在的互联网和广泛普及的智能手机，对基层社会进行全方位的治理，这样可以有效了解民意、传播信息，协调各种关系，使公共产品和服务的供给能够及时到位。

参 考 文 献

[1] 习近平.习近平谈治国理政:第二卷[M].北京:外文出版社,2017.
[2] 李传军.管理主义的终结:服务型政府兴起的历史与逻辑[M].北京:中国人民大学出版社,2007.
[3] 宋增伟,等.服务型政府建设的理论与实践[M].北京:中国经济出版社,2011.
[4] 何增科,陈雪莲.政府治理[M].北京:中国编译出版社,2015.
[5] 张康之.公共管理伦理学[M].北京:中国人民大学出版社,2003.
[6] 张翼.当代中国社会结构变迁与社会治理[M].北京:经济管理出版社,2014.
[7] 赵秀玲.中国基层治理发展报告(2017)[M].广州:广东人民出版社,2017.
[8] 习近平.决胜全面建成小康社会 夺取新时代中国特色社会主义伟大胜利[M].北京:人民出版社,2017.
[9] 时树菁.中国基层治理问题研究[M].北京:中国社会科学出版社,2015.
[10] 樊红敏.新常态下地方社会治理[M].北京:中国社会科学出版社,2016.
[11] 陈家刚.基层治理[M].北京:中央编译出版社,2015.
[12] 孔凯,马光焱.新时代背景下政府社会治理创新研究[J].南方农机,2018(13):120.
[13] 许晓东,张乐.加强和创新基层社会治理[N].人民日报,2019-12-17(09).
[14] 李文钊.辩证认识基层社会治理的根本性问题[N].北京日报,2019-12-23.
[15] 王永祥.确保基层治理正确方向[EB/OL].[2020-07-03].https://www.cqcb.com/topics/xjpbd/2629800_pc.html.
[16] 马丽娟.充分发挥政府在社会治理中的主导作用[J].辽宁行政学院学报,2015(1):54-57.

后　　记

本书是安徽省社会科学创新发展研究攻关项目"社会转型背景下基层治理结构与路径研究"(2019CX145)、安徽省社会科学普及规划项目"国家治理体系和治理能力现代化的新使命"(LZ201927)、合肥学院科学研究发展基金项目"社会基层治理研究"(20RW02HQ)、教育部人文社科后续项目"社会基层治理理论与实践"(0390838017)等课题研究的成果。全书由李德才教授、王能引副教授两人合作完成，李德才作为课题组主持人承担了拟定研究框架、写作提纲和撰写任务；王能引承担了资料收集、整理和撰写任务。书稿的统纂、修改工作由李德才完成。

在课题研究和本书的写作过程中，我们广泛学习和借鉴了有关专家、学者的理论成果，有的在文中作了明确标注，限于篇幅，有的没有列出具体参考书目，也在此表达感谢和抱歉之情。

本书的顺利出版离不开合肥学院科研处的大力支持和中国科学技术大学出版社的热情帮助，在此深表谢意！

社会基层治理研究是个宏大的课题，涉及的问题非常广泛，由于我们研究视野和学术水平有限，本书难免存在疏漏和不当之处，敬请同行专家和广大读者不吝赐教。

李德才
2021 年 10 月
于南艳湖畔